瞭 望 者

J

暨南文库·新闻传播学
JINAN Series in Journalism & Communication

编 委 会

学术顾问　林如鹏　范以锦　杨兴锋

主　　编　支庭荣　刘　涛

编　　委　曾一果　郑　亮　林仲轩　罗　昕
　　　　　　张建敏　赵建国　吴来安　晏　青
　　　　　　林爱珺　杨先顺　甘险峰

暨南大学新闻与传播学院
全媒体前沿教材资助项目

瞭望者 J

暨南文库·新闻传播学 ②

JINAN Series in Journalism & Communication

专业新闻
与深度报道

曹 轲 主编

暨南大学出版社
JINAN UNIVERSITY PRESS

中国·广州

图书在版编目（CIP）数据

专业新闻与深度报道 / 曹轲主编. -- 广州 ： 暨南
大学出版社，2024. 9. --（暨南文库）. -- ISBN 978
-7-5668-3982-4

Ⅰ. G210

中国国家版本馆 CIP 数据核字第 2024LH2699 号

专业新闻与深度报道
ZHUANYE XINWEN YU SHENDU BAODAO
主　编：曹　轲

出 版 人：阳　翼
责任编辑：武艳飞　王莎莎　林玉翠
责任校对：孙劭贤　黄子聪
责任印制：周一丹　郑玉婷

出版发行：暨南大学出版社（511434）
电　　话：总编室 （8620）31105261
　　　　　营销部 （8620）37331682　37331689
传　　真：（8620）31105289（办公室）　37331684（营销部）
网　　址：http://www.jnupress.com
排　　版：广州尚文数码科技有限公司
印　　刷：广东广州日报传媒股份有限公司印务分公司
开　　本：787mm×1092mm　1/16
印　　张：21
字　　数：380 千
版　　次：2024 年 9 月第 1 版
印　　次：2024 年 9 月第 1 次
定　　价：69.80 元

总　序

如果从口语传播追溯起，新闻传播的历史至少与人类的历史一样久远。古人"尝恨天下无书以广新闻"，这大约是中国新闻传播活动走向制度化的一次比较早的觉醒。

消息、传闻、故事、新闻、报道，乃至愈来愈切近的信息、传播、大数据，它们或者与人们的生活特别相关、比较相关、不那么相关、一点也不相干，或者被视为一道道桥上的风景、一缕缕窗边的闲情抑或一粒粒天际的尘埃，转眼消失在风里。微观地看，除了极少数的场景外，新闻多一点还是少一点，未必会造成实质性的差别；本质地看，人类作为社会性的动物，莫不以社会交往，包括新闻传播的存在和丰富化为前提。

这也恰好是新闻传播生存样态的一种写照——人人心中有，大多笔下无。它的作用机制和内在规律究竟为何，它的边界究竟如何界定，每每人见人殊。要而言之，新闻传播学界其实永远不乏至为坚定、至为执着的务求寻根问底的一群人。

因此人们经常欣喜于新闻传播学啼声的清脆、交流的隽永，以及辩驳诘难的偶尔峥嵘。重要的也许不是发现本身，而是有越来越多的研究者参与其中，或披荆斩棘，或整理修葺。走的人多了，便有了豁然开朗。倘若去粗取精，总会雁过留声；倘若去伪存真，总会人过留名。

走的人多了，我们就要成为真正的学术共同体，不囿于门户之见，又不息于学术的竞争。走的人多了，我们也要不避于小心地求证、深邃地思考，学而不思则罔。走的人多了，我们还要努力站在前人、今人的肩膀上，站得更高一些，看得更远一些。

这里的"我们"，所指的首先是暨南大学的新闻传播学人。自1946年起，创系先贤、中国第一位新闻学博士、毕业于德国慕尼黑大学的冯列山先生，以及上海《新闻报》总经理詹文浒先生等以启山林，至今弦歌不辍。求学问道的同好相互砥砺，相互激发，始有本文库的问世。

"我们"，也是沧海之一粟。小我终究要融入大我，我们的心血结晶不仅要接受全国同一学科学术共同体的检验，还要接受来自新闻、视听、广告、舆情、公共传播、跨文化传播等领域的更多读者的批评。重要的不完全是结果，更多的是过程。在这一过程中我们特别关注以下剖面：

第一，特定经验与全球视野的结合。文库的选题有时是从一斑窥起，主要目标仍然是研究中国全豹，当然，我们也偶或关注印度豹、非洲豹和美洲豹。在全球化时代，我们的研究总体会自觉不自觉地增添一些国际元素。

第二，理论思辨与贴近现实的结合。犹太谚语云"人类一思考，上帝就发笑"，或许指的是人力有时而穷，另外一种解释是万一我们脱离现实太远，也有可能会堕入五里雾中。理论联系实际，不仅是哲学的或革命的词句，也是科学的进路。

第三，新闻传播与科学技术的结合。作为一个极具公共性的学术领域，新闻传播的工具属于拿来主义的为多。而今，更是越来越频繁地跨界，直指5G、云计算、人工智能等自然科学的地盘。虽然并非试图攻城拔寨，但是新兴媒体始终是交叉学科的前沿地带之一。

归根结底，伟大的时代是投鞭击鼓的出卷人，我们是新闻传播学某一个年级某一个班级的以勤补拙的答卷人，广大的同行们、读者们是挑剔犀利的阅卷人。我们期望更多的人加入我们，我们期望为知识的积累和进步贡献绵薄的力量，我们期望不辜负于这一前所未有的气势磅礴的新时代！

编委会

2024 年 5 月

主编的话

世界这么复杂，你需要一套刀法

一切两半的时候，这个世界就不再神秘。切进去的那一刻，就打开了一个缺口，找出了一条通路。练就一套刀法，再也不会无从下手。接下来大卸八块，还是拼成七巧板，这个世界任你拆解组装。

专业新闻与深度报道，无法穷尽所有的领域，也无人抵达所有的深度。300 多位同学同时出手，乱刀之下，大有斩获。本书 21 章，30 余万字，其实只讲了一句话：练就一套刀法，就有无数的切法。

庖丁解牛，游刃有余，看的是肌理和纹理，没有那么多大道理。道和术，都在刀法里了。看看导师们的导语，看看众生的金句，刀法、切法已在其中。再退一步，随手翻翻目录，也能看出个大概。

一、行业划分，换一种切法

哪些专业报道的概念理念在变动调整？

哪些新出现的专业报道领域值得关注？

——期中作业：探讨专业新闻的专业转换

深度报道中的专业性如何体现？

深度报道中的价值观如何呈现？

——期末作业：探讨深度报道的专业转换

期中和期末作业要求至少 2000 字，不是二选一。同时思考这两个问题，自定主题发表自己的见解。

"专业新闻与深度报道"课的作业，连续三年，都是如此。以后也是。

上课第一天就布置了。不用藏着掖着，搞突然袭击。

因为这是一个真问题：怎么划分行业领域，就是怎么看世界。

行业、专业，不断地切分、再细分，不断地交融、再切分。重新划分与组合的过程，就是重新命名、重新定义的过程。比如，最传统的农业报道，也能推演到乡村振兴报道、农村电商报道、新农人报道。最常规的经济报道，不会再简化成农业、工交、财贸。财经报道也分出了金融报道、证券报道、商业报道，甚至延伸到消费报道、美食报道。

产业、事业，也在两种定义的变迁与交织中并行不悖。比如，明确划分的文化事业与文化产业、体育事业与体育产业，竭力避免产业化的教育行业、医疗行业，试图产业化探索的科普工作。刀法后面是心法，是看法，是做法。

同一件事，也可以从不同专业维度切入，形成不同专业领域的专业报道。比如，2024 年 4 月底广州市白云区的那股龙卷风，是突发、灾难，是救援、应急，是科普、卫生，是城市、乡村，是生活、交通，也涉及教育和文化。因众包修订失败而未能收录于本书的城市报道、应急报道、环境报道、健康报道、辟谣报道，像空气一样，天天见，随处见。同学们没有选择的主题报道，更是无所不包，无处不在。

从农业化、工业化，到城市化、商业化，再到信息化、数字化，几代人共生，多种形态并存，导致当下常规分类无效。在此情况下，任何新的分类都暴露出新的局限和缺陷，明显具有代际更迭、混乱交织的特征。所以，横切竖切的 21 组专业报道，每一块都涉及政治、经济、社会，又没有办法简单归类。

每一种切法，就是一个维度，就有一个切面，报道尚能自成一体、自圆其说，这就够了。

二、专业报道，换一种打法

谣言如同尘嚣，蔓延污染着人们的思想，但我们每个人都有责任去追求真相，守护智慧和清明。辟谣不仅是信息的滤网，更是道德的守望，让理性和公正永远闪耀。

——辟谣报道小组　苏赢

众包修订失败的 5 组专业报道中，特别让人痛心的是辟谣报道。不是辟谣不重要，而是我们没有掌握这一类报道的特点和规律，起码没有说清楚。不怪同学们，网上有专门的辟谣网站、专门的频道和栏目，但媒体机构里从来没有单列这样的采编部门。每一个行业都有谣言，都需要辟谣和证伪。每一个行业的记者都可能碰到这类问题，只是它难以成为一个相对独立的专门报道领域。

这就是新闻专业常常面对的难题，恰恰又是新闻专业的用武之地。换个切法，就会有新打法。

新闻专业也是一门专业，专门观察报道所有专业领域的专业。也就是说，通过专业性报道，体现报道的专业性。通过跟踪报道对象和所在领域的变化，进行专业化的视角转换、话语转换，从而及时准确地捕捉和记录这种变化。

但这仍不够。不仅是因为周围的环境变化太快，不确定、不稳定的因素太多，还因为信息永远都不够，就像谣言永远都没完。所以，新闻报道不仅要专业，还需要深度。不仅要简单明了地讲清是什么，还要讲讲前因后果为什么。

考验媒体报道观察能力、捕捉能力、判断能力、分析能力这些专业能力的时候到了。专业人士的发言就代表专业意见吗？会不会是在不顾一切地替所在行业代言？一个专家在超出所在专业领域之外的问题上的发言，会不会大失水准？如何处理不同的专业意见之间的争议？免费的意见和付费的建议，都有失灵的危险。具体来说，科技报道本身是否科学？健康报道本身是否健康？这时候，既需要报道的专业性，又在考验着报道的专业性。

21 个领域的专业新闻、专业报道，本书统一称为专业报道。新闻与报道、报道与宣传、新闻与传播，内部的微妙差别不难区分，却又经常混用。这门课和这本书，专业新闻与深度报道，专业新闻可以替换成专业报道，比如财经新闻与财经报道、科技新闻与科技报道。有几种专业报道已经约定俗成，比如人物报道、调查报道、深度报道。本书各章定为报道而不是新闻，就是希望相对统一。唯有舆情报告，既不是新闻，也不是公开报道，却已成主流媒体主推的新产品、新服务，姑且以专业报道之名切之、统之。

三、深度报道，换一种解法

只能说此书比较新、比较全，显得比较专、比较深；预备着随时被刷新覆盖，随时被淹没、被替代。面对新的三百六十行，新闻专业空间注定要同步更新、调整扩展。

——《专业报道深度谈》后记

专业与深度的割裂，也是这门课、这本书要解决的另一个尴尬问题。《专业报道深度谈》作为这次众包修订的底本，已经提出了一个解决办法：以深度带专业，以专业求深度。支庭荣教授在底本的前言中也直接提出："新闻非寻常，专业即深度。"

没有专业性，深度无从谈起。也就是说，书中虽然只有一章专门谈深度报道，还删掉了深度报道与非虚构写作、解困式报道等流行概念，但在所有专业报道的章节中，都贯穿了专业与深度的双重要求，让知识宽度与专业深度合而为一。

陆小华教授也有类似的见解，他讲到新传播、新经济两个重要规律：一是专业性的内容在传播中创造超专业的影响，以更多知识溢价、服务溢价的方式提供更大的传播价值；二是知识性服务可以构建更强劲的传播链，进而拓展演化出服务链和价值链。

张涛甫教授不断提醒新闻学子，不必把专业看扁了，也不要把就业走窄了。要以专业自觉和专业智慧，凝聚共同体的力量，破解传播社会化、流量化带来的专业化浓度稀释、专业护城河破防的问题，推动深度媒介化社会向善、向好。要把新闻传播专业打造成与众多专业形成强关联的枢纽专业，把新闻传播业建设成社会系统的中枢系统。

杜骏飞教授用他一贯的诗性语言讲出一个结论：要以新闻人本主义熔铸新闻的专业性。如果要奠定一种新的新闻业，就要让新闻业超越信息劳动而回归知识分子行业。这也意味着，新闻绝不应满足于专业性、中介性和过程性，新闻人和传媒机构绝不应满足于新闻信息的搬运，在机器崛起、人工智能觉醒的"数字人类世"，回归批评、挖掘、鉴别、权衡、协调和洞察力，回归一种具有高度理性、高度责任感、高度职业能力的职业要求，是新闻业最好的救赎。

大段援引几位教授的专业意见，还有一个想法，就是成书之后专门研讨一下，专业新闻到新闻专业的本质是什么，什么是中国式的新闻专业知识体系。光批评不建设，只会导致基础缺失，遭受更多的质疑和降维打击。

专业即深度，可能是深度报道的新说法，未尝不是一种新解法。类似于媒介技术派、治理能力论，都在推动着一种全新的可能。专业精神、专业技能，想必不仅不会过时，还一定会脱胎换骨。

四、众包修订，换一种学法

何为权威？如果以社会身份而言，学生反倒是最没有权威的个体，人多却声弱。这次众包，是学生群体集体发出的声音，万人拾火。

——战争报道小组　廖璜

众包之举，不光冒险，本身就是冒犯。不光冒犯权威，也会犯了众怒。总之，众包依然有歧义、有贬义，有争议、有怀疑。

压力来自三方面：一是不屑，认为编书编教材，是专家的事，轮不到一般人，更轮不到学生。二是反感，认为所谓众包，就是拉一帮学生拼凑攒书，自己挂名当主编。三是担心，认为众包可能高效速成，但初稿参差不齐，风格不一，把关和修改会很费劲。

本想授人以渔，反而授人以柄？要命的是，众包开始后，这三种压力一样都没少。众包众筹用于知识生产，确实还不多见。2023 年 9 月开学，356 名学生自组织，分成 26 个小组，已经花去三四周。框架体例不统一，文字风格不统一，引用格式不统一。初稿出来了，毛病很多：有的缺概念，有的只有概念；有的缺框架，有的只有框架；有的缺案例，有的只有案例。扣不住专业特征、抓不住行业趋势，是初稿通病。

赶紧启动第一道防线，学界业界专家组成的导师团，分头进入各组，具体把关，精准指导。人民日报社体育部原主任、《新闻战线》总编辑薛原老师写下近 2000 字的指导意见，中国交通报社原党委书记蔡玉贺老师手机上截图逐句批改，《羊城晚报》法治记者董柳逐字推敲。

期末收齐 26 篇，第二道防线启动，20 位博士、硕士组成的助教团进场，核查所有的文献、注释、案例等原始资料，按照大体相同的框架重新编校。2024 年 3 月到 5 月，助教们连改三轮。最终淘汰 5 组（学生作者 55 人），选出 21 组（学生作者 301 人）。博士张姣反复稽查，终于大功告成。硕士常琳反复核对，确保众生名单无误。20 位导师导语点评，犹如画龙点睛。导师关、助教关，确保众包生产形成完整闭环。

学生自编教材的过程中，自我组织，自我修正，自我提升，收获是肯定的。张昆教授呼吁改进教育教学方式，以学生为中心，而不是以教学为中心、以科研为中心，这是众包修订行动的最大意义。包括淘汰的 5 组，既是失败的教训，也是众包经验的一部分。不高估自己，不排斥异质，这是包容的本质，也是众包的特征。风格、体例、表达、用词等等不尽统一，恰恰意味着包容、协同，意味着更丰富的纹理和色调。

五、众生颠倒，换一种活法

我是熊猫的儿子还是鹅的儿子？

是学生还是老师？

答案是：以上全对！

——熊猫阿宝（电影《功夫熊猫3》）

成全学生最为重要，挑战和冒犯权威倒在其次。希望在学界业界导师们的加持下，在研究生助教们三轮修订的助力下，学生用众包之作，证明自己不是"乌合之众"，不是"群氓之族"，而是众生之识、众生之力。

众包是协同生产，不是闭门造车。众包是专业训练，不是固守经验。众包是分享共享，不是孤芳自赏。众包是双向互动，不是你说我听。

说得更远一点，按照"邓巴数字"的推论，超过150人的合作，就是具有社会性意义的集体创造性劳动。而这正是人类所独有的劳动模式，也是人类胜出自然界其他物种的根本原因。《人类简史》作者尤瓦尔·赫拉利发现：通过文字创造出想象的现实，就能让大批互不相识的人有效合作。走上这条快速道路之后，智人合作的能力一日千里，很快就远远甩掉了其他所有人类和动物物种。

我们是智人，我们是众生。回到现实，在学生面前，老师也可以是学生。你讲的时候就是老师，你听的时候就是学生。

2024 年 6 月 6 日于暨南草堂

目 录

第一章

法治报道：合情合理与合法合规

导　语

党的二十大报告首次将"坚持全面依法治国，推进法治中国建设"作为专章予以强调，并提出了"在法治轨道上全面建设社会主义现代化国家"的重大命题。

如何做好法治报道，助力"在法治轨道上全面建设社会主义现代化国家"，是新闻从业者特别是法治报道从业者需要思考的一个时代课题。当下，准确理解法治报道的意义、认识把握法治报道的特征、着力规避法治报道中存在的问题、学习提升做好法治报道的方法，具有立足于现实的紧迫性。

——《羊城晚报》记者　董柳

法治报道小组有导师 1 名：董柳；助教 1 名：杨丽娟；学生 14 名：林莹莹、杨知怡、郭嘉盈、郑昕晅、芦颖琳、邱奕君、岑芷仪、周彦同、吴萱柔、蔡静颖、姚兰、刘宪军、袁杨、朱洪利。

一、法治报道的概念辨析

法治报道作为当前新闻报道的一种特殊类型，承担着向社会大众传播和科普法理知识、培育和提高公民法治素养的责任。法治报道需要关注与法律制度相关的社会政治、经济、文化中的法律现象和法律问题，同时注重对法治意识、法治观念、法治精神、法治原则的阐发，注重体现对法的价值追求以及对人的尊严和权利的维护。[1] 华东政法大学传播学院院长、法治新闻研究中心主任、中华全国法制新闻协会常务理事兼理论研究专业委员会常务副主任范玉吉将法治报道定义为："对依法治国过程中产生的与科学立法、依法行政、公正司法以及全民守法等有关的新闻事件的报道。法治报道的主要目的是弘扬法治精神、公开法治信息、普及法律知识、宣传教育民众、全面推进依法治国，其内容一方面要突出'法'，另一方面要体现'治'，用法治精神、法理思维和法治观念去报道法治事件，每篇报道都应当尽量做到崇法、信法、懂法、明法，用积极正面的报道塑造自由、平等、公正、法治的国家形象。"[2]，本章主要采纳这一定义。

我国法治报道的发展历程伴随我国法治化进程同步展开。1980 年我国第一份法治类报纸《中国法制报》创刊，此后政法机关、中央与地方媒体竞相开辟法治报道版面或法治专栏，创办了一大批法治类专业报纸和节目。《检察日报》《法治日报》等法治报刊、《南方周末》法治版、中央电视台《今日说法》《法治在线》等法治节目的开设，凸显了法治报道的重要性。[3]

全面推进依法治国，法治报道应当充分发挥向公众科普法律知识、法律观念的作用，利用媒体监督功能报道重大案件，向公众阐释法律规范、法理精神，以正确舆论导向培育公民法治精神。习近平总书记在中国共产党第二十次全国代表大会上提出要"弘扬社会主义法治精神，传承中华优秀传统法律文化，引导全体人民做社会主义法治的忠实崇尚者、自觉遵守者、坚定捍卫者"[4]。新闻媒体作为党和人民的耳目喉舌，要及时、客观地报道法治案件，用专业准确、通俗易懂的语言传播法律知识、传递法治精神、讲好法治故事。法治报道工作者要自觉承担起责任，

［1］刘斌.法治新闻传播学［M］.北京：中国政法大学出版社，2012：31.

［2］范玉吉.法治新闻报道与国家法治形象塑造［J］.青年记者，2019，（34）：68-71.

［3］杨漾.司法改革进程中的法治报道：基于《东方早报》"浙江张氏叔侄冤案"系列报道的个案分析［D］.上海：复旦大学，2016：12.

［4］习近平.高举中国特色社会主义伟大旗帜　为全面建设社会主义现代化国家而团结奋斗［M］.北京：人民出版社，2022：10.

坚持正确导向，发挥媒体机构的传播力、引导力、公信力，与国家法治建设同频共振，提升法治报道对社会生活的指导作用。[1]

二、法治报道的特征

法治报道是新闻与法治的结合，兼具新闻属性与法治特征。一方面，法治报道本质上是新闻报道，无论是在采访写作还是报道过程中，都遵循新闻规范；另一方面，法治报道作为专业类型的新闻报道，其自身具备法治化特征。总体而言，法治报道的特征可以概括为专业性和严肃性、融合性和互动性、社会性和教育性三方面。

（一）专业性和严肃性

法治报道的专业性体现在法治领域受到法律界专家、学者的监督。法治报道不仅发挥着新闻报道的信息发布、社会宣教作用，同时也搭建起法治系统、社会法治建设与公众交流的桥梁。法治的权威性要求法治报道具有严肃性。法治报道记者必须了解报道涉及的法律条文、熟悉并尊重司法机关的办案程序、保证报道过程中各方的权利受到保护、获取采访线索与材料的合法性等等。[2]法治报道是推动社会普法进程的重要手段，是让违法犯罪行为曝光的有力武器。法治报道记者在某种程度上决定着部分犯罪行为是否被揭露。

法治报道是严肃的，只有严肃的报道才能更好地树立社会法治精神。法治报道记者必须牢牢树立马克思主义新闻观，坚定自身的政治立场，充当依法治国理念的宣传者、阐释者，通过翔实、客观的法治报道引导舆论，弘扬正气。新闻机构应对法治报道记者开展思想教育，从价值立场坚决抵制低俗化报道、抵制不良金钱诱惑。[3]

（二）融合性和互动性

融合性是指在不同媒介形态融合的基础上，综合运用数据、文字和视频图像等多种媒体表现手段进行信息传播。法治报道传播过程具有融合性，体现在法治报道多关注动态发展的事件，且其中含有的法治相关信息，需要通过数据和内容进行系统化的解

［1］谢卓，谢建晓. 法治新闻报道如何强化"法治"内涵［J］. 新闻爱好者，2023（7）：59-61.

［2］钟华. 传媒聚变：第3卷［M］. 山东：济南出版社，2020：376.

［3］钟华. 传媒聚变：第3卷［M］. 山东：济南出版社，2020：375.

[1] 段立红，徐文思，张春昱.“消失”的胡鑫宇｜3D梳理江西失踪高中生事件[EB/OL].（2023-01-29）[2024-04-21].https://www.bjnews.com.cn/detail/167498320614585.html.

读和普及。如《新京报》创新使用 3D 技术加入胡鑫宇案件的报道中，在《"消失"的胡鑫宇｜3D 梳理江西失踪高中生事件》[1]中通过 3D 技术模拟还原案件脉络，呈现了法治报道的多元维度和严密逻辑。

法治报道的互动性体现在法治报道的互动式传播过程中，互动双方就法治报道中的法治信息展开交流。在法治报道中，因案件社会影响大、受众关注度高，受众会通过互联网等不同渠道参与新闻报道的互动。媒体与受众不断挖掘相关信息，补充缺失的信息，呈现法治案件全貌。例如，昆山反杀案、于欢刺伤辱母者、刘鑫江歌案等报道中，受众与法治报道信息形成的互动式传播产生巨大舆论，甚至影响了部分案件的判罚。互动式传播使法治报道信息得到多方位解读，法治信息获得更大程度的发掘和普及，给受众传递更丰富的法律知识。[2]

[2] 刘徐州，陈路坤.法治新闻传播的当代特征[J].新闻与写作，2012（11）：31-34.

融合性、互动性的传播促进了法治报道的连贯性，体现了新闻媒体人的责任与使命。法律案件的侦破和推进需要依照法定程序进行，具有一定的时间跨度，要求新闻媒体开展持续跟踪报道，跟进案件进展和最终结果，形成系统性、连续性的报道。案件从发生、调查到起诉、审理、宣判等全流程耗时较长，如果只是跟风报道，缺乏对案件的持续关注和跟进，就会造成"断头新闻"多发的现象。报道不连贯，公众就无法准确获取完整、全面的真实信息，不利于社会法治建设。

（三）社会性和教育性

法治报道具有社会性和教育性，可以通过案件报道和案例分析宣传、科普相关的法律知识，提高公众的法治观念、法治精神。法治报道记者要坚持全心全意为人民服务的传播理念，树立高度的社会责任感，彰显新闻媒体的社会效应[3]，做连接法律与普通公众的桥梁。因此，法治报道一方面要积极传播法律知识、报道法律案件；另一方面也要发挥媒体的舆论监督作用，揭发和报道社会不公现象，做好群众喉舌。新闻媒体是社会的传声筒，是法律传播的重要参与者，社会教育作用突出。[4]法治报道将法律规则"翻译"为人民大众喜闻乐见的语言，让法律在潜移默化

[3] 徐杰，刘慧.社会化媒体中法治新闻报道的失范及对策[J].青年记者，2017（9）：38-39.

[4] 贝尔纳·瓦耶纳.当代新闻学[M].丁雪英，等译.北京：新华出版社，1986.

中深入社会生活，成为公民的道德规范和行为准则，实现社会教育的职责。

三、当前法治报道存在的不足

我国的法治建设在不断进步，法治报道的写作也在不断发展。但囿于现实原因和各种因素，法治报道写作中存在报道内容失实，议题单一；报道情绪化、低俗化；法治专业知识缺失，报道深度不足以及媒介审判与新闻侵权等问题。

（一）报道内容失实，议题单一

当前我国法治报道在内容上存在报道失实、议题单一的问题。首先，法治报道应该遵循新闻专业主义原则，实事求是、客观中立地进行报道。但部分媒体在实践中过分追逐快速、轰动的效果，未能严守新闻报道的客观性原则，造成报道内容与事实不符，混淆视听、扰乱大众认知。2020年8月中国商网登载报道《安徽萧县一商人为借贷双方牵线被公诉，此前曾诉多名公职人员》的文章[1]，称王武忠等几位公职人员欠债不还，假借扫黑除恶之名，罗列材料，以李德敏涉黑涉恶、高利转贷等不实问题，对其进行恶意举报，致使李德敏被抓。报道还称，涉及王武忠等多人的400万元债务一直都未偿还。该文报道后，王武忠发起诉讼维护个人名誉权，最后二审法院认定报社侵权成立，判决报社删稿并赔偿王武忠精神损害抚慰金。真实是新闻的生命，部分法治报道往往居高临下，指点江山，看似理直气壮，实则缺乏法治思维，甚至无意中成为某利益集团代言人。[2]

报道议题单一体现在媒体报道内容千篇一律、报道形式模式化，缺乏新意，导致读者审美疲劳。这类法治报道主要表现为照搬执法办案单位通稿，大多千篇一律、言语乏味。对同类、同一案件的报道，切入角度和报道内容大致相同，对案件中的背景补充、细节挖掘较少，也缺乏对案件中相关议题的关注。这反映出媒体对法律案件话题的捕捉能力还不够强，缺乏对案件整体的把握，采访、调查等环节不足，使得报道整体议题的多样性受到损害。[3] 提高新闻媒体对案件的整体认知，寻找不同的报道视角，

[1]媒体报道失实侵犯他人名誉权 法院判其赔偿精神损失[EB/OL].（2021-09-03）[2024-04-20].https://www.sohu.com/a/487512510_120276452.

[2]中共福建省委宣传部,福建省新闻工作者协会.福建优秀新闻工作者践行"四力"实录[M].厦门：厦门大学出版社,2020：25.

[3]路鹃,张君昌,朱时雨.法治报道实施舆论监督的新闻框架呈现：以"聂树斌案"为例[J].传媒,2018（24）：90-93.

拓展相关议题的讨论和介绍，丰富报道内容，把报道写活、写实，对于应对报道议题单一问题尤为重要。

（二）报道情绪化、低俗化

个别媒体的法治报道沉溺于表面现象，热衷于搜奇猎异，将庸俗、低俗的情节作为噱头炒作，有的甚至构成新闻侵权，呈现出情绪化、低俗化特征。在术语运用上，除了因缺少法律素养而造成法律术语的混淆误用以外，一些新闻媒体还经常在写作和报道中使用不恰当、带有引导性和主观色彩的词语。江歌案的报道过程中，个别媒体的失范行为推动江歌案的舆论逐步走向了极端。[1] 部分专业媒体聚焦于伦理和道德方面，刻画江歌母亲的悲惨形象和刘鑫的冷漠形象，而忽视了对案件本身的聚焦。

为了凸显法治报道的准确性，法治报道要求记者在报道过程中用专业法律知识准确地报道。法律术语是严密、严肃、严谨的语体，在使用上不容混淆，规范使用才能科学准确地报道。法律的专业性、学理性规定了记者在报道中必须更加客观和理性，根据现实情况、法律条款和法律专家意见来进行报道。例如一些记者在报道时混淆"法定代表人"和"法人"，认定两者为同一概念，但实际上前者指的是作为企业董事长的自然人，后者指的是一种非生命组织，如公司、经济组织等。法律术语使用失范导致无法精确把握和表述不同案由或罪名，如"上诉"与"抗诉"、"调解"与"调节"等不同的词汇有不同的指涉，不能互用或换用。[2] 如果从事法治报道的媒体缺乏法律专业素养，术语使用不够规范，势必会削弱媒体的专业度、公信力，甚至引发公众在认知上的混乱，不利于法治报道发挥其社会功能。

法治报道涉及重大案件，牵动社会大众关注，在表达用语上更应严谨准确。部分法治报道中，媒体受到大众愤怒情绪的影响，用道德视角对待法律问题，导致报道情绪化，缺乏公正客观性。如在报道中预设被告人罪行，偏听偏信，选择性呈现新闻事实，推高公众情绪，影响司法审判的独立性。

（三）法治专业知识缺失，报道深度不足

法治报道是专业性报道，需要新闻工作者具备良好的法律素

[1] 刘栢慧.从江歌案透视后真相时代专业媒体舆论引导失范行为：以"局面"为例[J].新媒体研究，2019，5（2）：54-55.

[2] 刘建明.法律术语在法制报道中的运用[J].新闻与写作，1990（4）：33-34.

养和丰富的专业知识。但在实际的报道实践中，却出现许多法治专业知识缺失，报道浮于表面、深度不足等现象。首先是术语混用、使用不当。一些新闻媒体对法律术语认识不足，缺乏严谨的态度和探索求知的精神，搞不清"被告"与"被告人"在性质、法律范围的不同。其次是报道缺乏深度，浮于表面。许多法治报道仅对案件基本情况和进展流程进行介绍，没有具体展开、深挖事件底层原因，缺乏法治分析、教育警戒。

法治报道应向外延伸"最后一公里"，增强新闻质感，增加采访调查，丰富报道内容，积极为受众提供法律服务的"附加值"。[1] 法治报道记者应谨记自身承担的开展法律科普、提高民众素质的责任，从读者的角度出发，提升法治报道的广度与深度。再者，新媒体发展使网络空间表达更为自由，虽拓展了法治信息传播主体，但也导致大量自媒体涌现冲击法治精神，稀释了法治报道的专业性，还以错误的信息和解读误导受众，助长谣言扩散。

（四）媒介审判与新闻侵权

模糊道德和法律的边界是记者专业知识缺失的表现之一。"媒介审判"又叫"新闻审判""舆论审判"，指的是新闻媒介利用其公开传播的新闻报道或评论干预、影响司法独立和司法公正。[2] 媒介审判本质是一种媒体暴力，借助文字、图片等符号暴力，给被告人、受害人带来舆论压力，削弱司法程序的公正性。媒介审判主要表现为新闻媒体越过司法程序提前为涉案人员定罪，对处于审理过程中的案件定性，并煽动舆论来干预司法结果。新闻媒体具有开展舆论监督和批评报道的权利，但在行使监督权时必须把握好尺度，一旦越过法律规定的边界，就会滑向媒介审判、新闻侵权。

新媒体时代的舆论呈现情绪化、极端化特点，媒介审判屡屡发生。在陈永洲事件中，以央视为代表的主流媒体在嫌疑人还未完全结束司法程序时，就在节目中播出了道歉视频，并在报道中使用了"坦承""悔罪"等褒贬意义鲜明的词汇，先于法庭审理，对"嫌疑人"定罪，未审先判，缺少对嫌疑人的尊重，妨碍了司法公正，也严重损害了媒体自身的公信力。[3]

[1] 谢卓，谢建晓. 法治新闻报道如何强化"法治"内涵 [J]. 新闻爱好者，2023（7）：59-61.

[2] 慕明春. "媒介审判"的机理与对策 [J]. 现代传播，2005（1）：64-66.

[3] 刘力铭，黄阳. 从陈永洲事件析媒介审判现象 [EB/OL]. （2014-12-01）[2024-04-28]. http://media.people.com.cn/n/2014/1201/c382352-26127008.html.

我国新闻媒体享有采访权和报道权，但权利的行使也受到法律和道德的制约。新闻侵权作为侵权行为的一种类型，是指以新闻手段侵害他人合法权益的行为。[1] 常见的新闻侵权有侵犯公民或法人组织的隐私权、名誉权、肖像权等。如采用偷拍、偷录等不正当方式公开公民隐私，侵犯了公民的隐私权；在报道中故意夸大或歪曲事实，严重损害当事人名誉，或报道时采用侮辱、谩骂或贬低性的词语对公民进行人身攻击而侵犯了公民的名誉权；未经许可使用公民肖像或通过编辑处理恶意丑化图片而侵犯公民的肖像权等行为。新闻侵权行为并不少见，新闻官司常成为社会关注的热点。欲减少新闻媒体侵权带来的被动局面，需要新闻媒体加强行业自律，不断提高法律素养，明确法律边界，以事实为根据、以法律为准绳进行报道。

［1］张诗蒂.新闻侵权、舆论监督与隐私权保护［J］.现代法学，1998（2）：93-97.

四、法治报道的写作方法

当下，作为法治报道记者、受众应该怎样正确地"围观"法律案件，并具备怎样的法律素养？法治报道写作中需更重视立场与方法，下文将结合案例分析探讨写作立场、叙事和话语表达方面的注意事项。

（一）立场客观公正，践行法治精神

1. 坚持客观公正，维护法治权威

法治报道要有客观公正的法治品格，维护法律的权威和尊严。客观公正的法治精神和法治逻辑就是法治报道的"脊梁"。[2] 法治报道要保持公正公允，不刻意回避对政府机构的监督报道，不恶意贬低事件被告人，不对犯罪嫌疑人进行审判，避免错误引导社会舆论。对消息来源和新闻材料进行多方求证核实，保障新闻报道的真实性。如果因信息尚未完全公开或解读方向错误导致报道内容失实，新闻媒体要敢于承认错误，及时纠正失实内容，维护法律和新闻的权威性。例如，2016年"刺死辱母者"一案，《南方周末》前期报道中弱化当事人于欢的暴力行为，使用"还

［2］谢卓，谢建晓.法治新闻报道如何强化"法治"内涵［J］.新闻爱好者，2023（7）：59-61.

不清的高利贷""只有死路一条""不存在防卫的紧迫性"等具有倾向性的标题和词句，在一定程度上引导了读者情绪，并对"正当防卫"的界限发出了质疑。[1] 在案件后期，包括《南方周末》在内的媒体就报道不严谨、用词不当等失误进行了自我修正，重新呈现事实。这种自我修正体现了法治报道的进步意义，增强了公众对媒体公共服务能力的信心，有助于给舆情降温，避免媒介审判。众多媒体关注并跟进报道，在社会上掀起对正当防卫的界限、平衡人伦道德和法律的讨论，有助于提高公众法律意识、完善法律体系。

2. 明确法律边界，拒绝媒介审判

《中华人民共和国刑事诉讼法》第十二条规定："未经人民法院依法判决，对任何人都不得确定有罪。"法治报道不应先于司法程序给案件和被告进行媒介审判，要以维护法律的基本原则和法治的基本精神为报道准则，比如贯彻无罪推定、罪刑法定等法律原则。[2] 明确法律边界，包括人格权的边界、国家安全的边界、社会管理秩序的边界、法定程序的边界等。[3] 明确法律边界，不仅是对法律权威的尊重，也是减少新闻侵权诉讼的关键。法治新闻记者要打破"隔行如隔山"的局限，不断提高专业能力，使自身成为"行业通才"。记者不仅应具备一定的法律法规意识，还要熟悉各类法规，避免法治报道中传达的价值与国家法治精神产生冲突。[4]

3. 践行法治精神，促进法治体系健全

得益于新闻媒体所具有的传播力、引导力、影响力，法治报道在促进社会法治建设中大有可为。践行法治精神，体现在法治报道中就是客观公正地报道，对法律条文和法律程序进行解读、监督司法公正，还可以通过重大社会案件的报道和讨论，推动法治体系的健全。2003年的"孙志刚案"就是媒体促进司法公正的典型事例。"孙志刚案"中，新闻媒体充分发挥了舆论监督作用，通过新闻报道揭露政府执法机关收容拘禁公民孙志刚并致其被殴而死的事实。以法治报道的高度社会责任感，发挥媒体的法治监督作用，为建设法治社会贡献力量。

[1] 王瑞锋，李倩. 刺死辱母者[EB/OL].（2017-03-23）[2024-03-29].https://www.infzm.com/contents/123659.

[2] 张维燕. 以正义的实现为终极价值准则：从伤熊和黑哨报道谈新闻监督与舆论"审判"的关系[J]. 新闻与写作，2002（6）：3-5，20.

[3] 范玉吉，杨心怡. 叙事学语境下的热点法治事件报道技术[J]. 编辑之友，2017（11）：52-56.

[4] 陈堂发. 法律法规意识与新闻报道[J]. 新闻大学，1999（4）：39-41.

新闻媒体的公开报道推动该事件进入司法程序。在收容遣送这项法治措施的改进过程中，新闻媒体发挥了舆论监督功能，克服重重困难，多方采访求证，提高社会各界及政府机构对事件的关注度。《被收容者孙志刚之死》详细地讲述了孙志刚被收容的起因、在收容所中受到殴打致死的过程，揭露了收容所护工等人员企图掩盖事实的行径，并对孙志刚是否应该被收容提出疑问。报道发出后引发巨大轰动，全国各大媒体纷纷转载《南方都市报》关于该案的报道，并开始追踪报道。[1]当年5月，三位法学博士向全国人大常委会递交审查《城市流浪乞讨人员收容遣送办法》建议书，此后又有五位法学家联合上书全国人大常委会，请求就孙志刚案及收容遣送制度实施状况提请特别调查程序。[2]6月，《城市生活无着的流浪乞讨人员救助管理办法》正式公布，收容遣送办法废除。

（二）叙事有宽度、有深度，提供多元视角

1. 丰富议题，提升广度

目前我国法治报道在叙事上过于单一，对案件的挖掘深度不够，延伸的议题较少。随着公民法治意识的不断增强，法治报道也要不断拓展广度，以点带线、以线带面，为公众提供全面系统的法律知识科普和法律案件分析解读。此外，并非只有在重大纠纷和法律案件发生时才能开展法治报道，与老百姓生活息息相关的社会问题、经济现象，都蕴含着丰富的法律议题，能够成为法治报道的好选题。对于部分法律修订、司法解释要及时予以专业解读，积极寻找案例，以案说法，使枯燥的法条更容易被受众理解。[3]例如2013年复旦投毒案中，人们对复旦高才生林森浩的投毒行为感到愤怒，对其毒害他人后的冷静感到恐怖。[4]基于社会公众对事件的高度关注，新闻媒体从不同领域和不同法律议题出发展开报道：有的聚焦于林森浩受审的法定程序，跟踪案件一审、终审、死刑复核等多项法定程序；有的对死刑存废展开讨论，并呼吁教育局加强危险化学品中毒害品的管理；还有媒体从犯罪心理学的视角出发，分析为何前途一片光明的高才生会因与

[1] 陈峰，王雷.被收容者孙志刚之死[EB/OL].（2003-04-25）[2024-03-29].https://news.sina.com.cn/s/2003-04-25/11111016223.html.

[2] 崔丽.五位法学家提请人大启动特别程序调查孙志刚案[EB/OL].（2003-05-27）[2024-03-30].https://zqb.cyol.com/content/2003-05-28/content_670012.htm.

[3] 王封.法治新闻如何转型创新[J].青年记者，2015（13）：49-50.

[4] 邬佳文，李燕.复旦投毒案|421寝室：第三个室友的一条短信拨开迷雾[EB/OL].（2014-12-08）[2024-04-01].https://www.thepaper.cn/newsDetail_forward_1283983.

同学发生口角而投毒，也因此毁了两个家庭。从这些不同的法治报道角度可见，随着社会的发展，法治报道的形式和内容也需要不断更新和改进。除了传统的新闻报道外，还需要加强加深对法律知识的普及和解读，推出更多的深度报道和专题报道，以满足公众对法治信息的多元化需求。

2. 延伸内容，挖掘深度

对法治报道深度的挖掘要求新闻记者具备充足的法律专业知识和深厚的法治素养，就案件中的疑点、盲点、难点以及普遍性问题或倾向性问题进行分析与解剖，探讨解决问题的思路、途径和方法。[1] 新闻媒体要深入事件现场展开采访调查，尽可能多地获取一手信息，通过挖掘与事件相关的细节、人物，揭示问题的本质和深层次原因；还可以通过采访行业内或法律领域的专家学者，获取更专业、更准确的解读和表述，还可以在写作时充分运用引人入胜的故事来吸引读者，并对过往相似案件进行比较，丰富报道信息，展现法律的一致性或变化。例如《法治日报》的一篇报道《社交账号买卖当有法律边界》[2]，介绍了事件的起因经过之后，引导人们进一步思考社交账号转让和买卖存在的信息泄露风险，探索纠纷背后的问题，即在社交账号具有商业属性后是否还能转让以及如何得到法律保护。此外，报道中还列举了外国公司 PhoneDog 诉前员工 Kravitz 追索推特账号案，拓展了内容，补充了有效信息，最后顺承提出"分而治之"的观点。报道篇幅不长，但过程详尽、内容充实，充满思辨性的观点探讨与输出，反响热烈。

3. 多元视角，拓宽维度

法治报道要从不同的角度审视事件，包括法律、社会、政治、经济等方面，提供全面的观点和分析。在刑事案件的报道中，不仅要给原告提供接受采访的机会，也要给被告发声的机会。我国遵循"无罪推定"的原则，指的是在未经法院依法判决有罪之前，任何人都应被推定为无罪。因此，新闻媒体也要给予被告方基本的人格尊重，不能"一边倒"式地报道，要善于呈

[1] 王封. 法治新闻如何转型创新 [J]. 青年记者，2015（13）：49-50.

[2] 许可. 社交账号买卖当有法律边界 [EB/OL].（2014-12-08）[2024-03-29]. http://h5epaper.legaldaily. com.cn/content/20220824/ Articel05008SR.htm.

现不同观点，拓宽报道的维度。在强调多元视角和不同维度的同时，要选择合适的报道视角。法治报道不能描述和报道暴力血腥的场面，不能详细介绍犯罪手法、自杀过程，要精心策划，坚持正确的舆论导向，不让报道成为犯罪事实展览和犯罪教科书。[1]如《南方周末》的《不寒而栗的爱情》报道中详细介绍了包某以晕车药的小众方法实施自杀的过程，忽略了可能为其他人提供自杀方式的介绍，意识到失误可能造成的影响[2]之后，《南方周末》删除了文章。

（三）话语呈现结合专业性与可读性

1.“法言法语”，生动活泼

法治是法治报道的底色，为了保持报道的专业性和准确性，记者在写作和报道中要尽量使用“法言法语”。“法言法语”是法律领域特有的术语和表达方式，能够更准确地传达法律概念、原则和规则，避免歧义和误解。专业的法律术语可以增强报道的权威性和可信度，向公众传播和普及法律的专业知识，避免公众“走弯路”，提高人们对法律的认知和理解。与此同时，法治报道在写作报道过程中不能一味堆砌专业术语，要为读者着想，注重报道的可读性。要在新闻叙事时“说百姓话”，及时把“法言法语”做“易读性”加工，转换成适合大众传播的“百姓语言”。[3]

2.“人文关怀”，法顺人情

法治报道不仅要关注事件本身的深度，还要关注报道中的人，具备人文关怀的温度。法治报道需要关注人在物质层面的需求，关注人在精神层面的需求，关注人的价值，理解人在复杂现实中的生存状态和情感需求。有学者认为，法治报道叙事中，只有以人为本、通达人情，在公共效益与社会效益的统一中充分尊重公民的人格尊严，才能让法治报道有思想、有温度、有品质。[4]新闻中的温度，体现了新闻传播者的人格高度。但如果在法治报道采访中反复要求受访者讲述创伤，怼脸拍摄其泪眼婆娑、伤心欲绝的神情，将当事人的“苦痛”作为噱头予以渲染报道，忽略受访者的权利与感受，就会在客观上造成对当事人的二次伤害。

[1]林凌.论法治新闻报道的优化策略[J].传媒观察，2009（7）：30-32.

[2]柴会群，马晨晨，朱妙杉.北大自杀女生的聊天记录[EB/OL].（2019-12-12）[2024-04-03].https：//www.infzm.com/contents/172172.

[3]谢卓，谢建晓.法治新闻报道如何强化“法治”内涵[J].新闻爱好者，2023（7）：59-61.

[4]范玉吉，杨心怡.叙事学语境下的热点法治事件报道技术[J].编辑之友，2017（11）：52-56.

◁ 思考题

1. 法治报道的概念是什么？
2. "法治"与"法制"的区别体现在哪里？
3. 法治报道的特征体现在哪些方面？
4. 请说一说当前我国法治报道中存在的问题。
5. 你认为法治报道写作中最应该注意的问题是什么？请说明原因。

参考文献

［1］刘斌.法治新闻传播学［M］.北京：中国政法大学出版社，2012.

［2］刘迪.现代西方新闻法制概述［M］.北京：中国法制出版社，1998.

［3］慕明春."媒介审判"的机理与对策［J］.现代传播，2005（1）：64-66.

［4］陈堂发.法律法规意识与新闻报道［J］.新闻大学，1999（4）：39-41.

［5］魏剑.努力减少和避免新闻侵权诉讼［J］.新闻爱好者，2002（9）：1.

［6］范玉吉，杨心怡.叙事学语境下的热点法治事件报道技术［J］.编辑之友，2017（11）：52-56.

［7］路鹃，张君昌，朱时雨.法治报道实施舆论监督的新闻框架呈现：以"聂树斌案"为例［J］.传媒，2018（24）：90-93.

［8］谢卓，谢建晓.法治新闻报道如何强化"法治"内涵［J］.新闻爱好者，2023（7）：59-61.

［9］魏永征.新闻传播法教程［M］.4版.北京：中国人民大学出版社，2013.

［10］YAN L. China's legal news in the rule-of-law context：distinctive functions, problems and tactics［C］//Proceedings of The Fifth International Conference on Law, Language and Discourse. Marietta: The American Scholars Press，2015：42-50.

［11］MONTIEL C J, SALVADOR A M O, SEE D C, et al. Nationalism in local media during international conflict: text mining domestic news reports of the China-Philippines maritime dispute［J］. Journal of language and social psychology，2014，33（5）：445-464.

第二章

财经报道：专业可靠与利益平衡

导　语

当前中国"性价比"最高的报道领域是什么？可能很多人给出的答案会是"财经报道"。各大综合媒体都在加重"经济新闻部"的权重，财经报道已成为自媒体聚集最多的领域。这背后有着复杂的社会和市场因素。

今天，我们每个人的生活都离不开财经，很多人也希望学习一些财经知识。这使得财经报道早就不再狭隘地集中在"政经"领域，大公司、商业人物、商战故事、新科技、新产品、重大社会事件背后的财经因素等，都可以成为财经报道的内容。

此外，在今天这个"新闻快餐"时代，财经报道往往又更具延展性和持续性，可以对一个大公司、一个商业大佬持续报道十几年。

对于那些即将选择财经报道作为自己就业方向的新闻学子来说，希望本章可以让你们了解真实的财经报道现状，并学习到实用的财经报道技巧。

——腾讯新闻《棱镜》栏目编辑　王伟凯

财经报道小组有导师 1 名：王伟凯；助教 1 名：王健；学生 16 名：潘欣妤、仲品嘉、陈祺元、林植熙、侯瀚林、梅咏雯、马力丹、廖铭彤、马婷熙、田静雯、曹茜、武李丹、徐瑞婉、陈丽莹、米仓实、贺正雄。

一、财经报道的概念与特征

（一）财经报道的概念

根据赵智敏《财经新闻报道实务教程（第 2 版）》的描述，财经报道概念大概在 2000 年才出现，在此之前，人们通常将经济领域的相关报道称为经济报道。[1]李本乾、李彩英在《财经新闻》一书中，将财经报道界定为"有关经济活动、经济现象、经济决策的最新事实和情况的报道。它具体涉及的对象十分广泛，在现代经济生活中扮演着越来越重要的角色：如货币、股票、期货等，有关这些领域的动态、政策、现象自然属于财经报道的范围；传统上关于社会物质再生产所牵涉的生产、分配、交换、消费四大环节的活动也是其报道对象；甚至在经营管理领域，由于经营管理的结果最终将影响企业的市场表现乃至整个市场格局，所以相关的新闻报道也就落在了财经报道的视野里"[2]。胡润峰等在《财经新闻报道与写作》中指出："财经报道应从'利益'的角度报道、剖析经济事件与现象，为提升受众利益水平服务。前述广义、狭义财经报道的划分，即可在'利益'层面获得统一。"[3]这里提到了广义和狭义的财经报道之分。

一般来说，广义的财经报道或称"泛经济报道"，覆盖全部社会经济生活与经济有关的领域，包括从生产到消费以及社会生活中的各个相关领域。[4]具体而言，从宏观的国民经济状况、政府财政政策到各行各业发展动态以及各个地区的经济特色，再到微观的个人消费行为、理财选择、生活品质、社会福利等都属于广义财经报道的报道范畴。其目的是为公众提供有用的信息和知识，帮助他们了解经济现象和趋势，提高他们的经济素养和生活水平。其特点是覆盖面广、关联性强、通俗易懂。

狭义的财经报道关注资本市场、金融市场以及与投资相关的要素市场，并用金融资本市场的视角和投资的眼光来观察和报道经济生活。[5]具体包括股票、债券、期货、外汇、基金、保险等金融产品，以及与之相关的政策、法规、监管、风险、机会等方面

[1] 赵智敏. 财经新闻报道实务教程［M］. 2 版. 北京：中国传媒大学出版社，2018：1.

[2] 李本乾，李彩英. 财经新闻［M］. 大连：东北财经大学出版社，2006：3.

[3] 胡润峰，叶矛，董时，等. 财经新闻报道与写作［M］. 上海：复旦大学出版社，2006：1.

[4] 胡润峰，叶矛，董时，等. 财经新闻报道与写作［M］. 上海：复旦大学出版社，2006：1.

[5] 胡润峰，叶矛，董时，等. 财经新闻报道与写作［M］. 上海：复旦大学出版社，2006：1.

的信息。其目的是为投资者提供有价值的参考和建议，帮助他们做出理性的投资决策。其特点是专业性强、数据量大、分析深入。

在如今的新闻领域中，财经报道是一种相对广义的"泛经济报道"，覆盖社会经济领域，既有宏观的国家经济政策，也有微观的与日常生活相关的财经资讯，包括生产、消费、投资、理财等各个相关领域。故而，本章讨论的是广义的财经报道，也就是"泛经济报道"，它是一种更加贴近社会生活和公众需求的报道类型。

（二）财经报道的发展现状与分类

1.财经报道的发展现状

首先，从报道内容来讲，一方面，专业化的财经报道和分析越来越受到重视，专业的财经媒体和分析师不断涌现，为读者提供更加准确、深入的分析。另一方面，泛经济化趋势也在逐渐显现，财经报道开始涉及更多的领域和主题，比如娱乐、旅游、体育等，这些领域的新闻也常常涉及投资、收益、市场等方面的变化。这种趋势使得财经报道的内容更加丰富多样，但也需要注意避免过于泛化而失去专业性和深度。

其次，从报道的形式来讲，财经报道通过引入各种新鲜元素，以具有可视化、可读性、互动性等特点的新媒体不断丰富报道形式，吸引用户关注。一方面，将数据分析作为财经报道的重要信息来源，通过图文、视频、动画等可视化手段呈现相对抽象的财经数据，帮助用户实现最低成本的信息解码。另一方面，运用故事化的报道手法，通过场景化的细节描绘以及通俗化的类比等手段，实现报道内容的生动性和可读性。

最后，从报道主体来讲，中国财经媒体类型越发丰富。根据业务类型，财经媒体可以划分为五大类型：一是综合性媒体的财经经济报道部门，财经内容比重较大且报道质量较高，具有较强的影响力。二是专注于财经领域的专业财经媒体，报道内容通常专业性更强，商业价值更高。三是财经信息服务集团，为企业和产业提供专业的财经、国际市场咨询和智库服务等，为金融从业人士提供决策依据和行业最新动态等。四是垂直细分的财经信息服务商。五是个人财经自媒体。[1] 此外，当前财经报道面临着一些挑战和问题：比如，信息量大且存在重复信息和垃圾信息，导致读者难以筛选和判断。同时，由于市场竞争激烈和自媒体等新兴媒体形式的出现，财经报道的传播方式和媒体形态也发生了变化，需要适应新的传播方式和受众需求。

［1］庞云黠，潘佳宝. 财经新闻报道与写作［M］. 北京：中国经济出版社，2022：14.

2. 财经报道的分类

（1）按行业领域划分。

财经报道的行业领域类型大致可以分为三类：①政经类报道。报道社会经济生活中的政策性和政治性内容，如宏观经济、经济政策、政治活动等。②产经商业类报道。报道产业状况、企业经营活动，如 IT 科技、汽车、房地产等产业及上市公司的情况。③财经金融类报道。报道股市、税务、国债、保险、银行等领域的动态和情况，提供专家分析、建议和提示等。

（2）按文本类型划分。

财经报道的新闻文本类型大致可以分为三类：①财经资讯。如国家财政政策调整、产业政策变化、公司经营业绩变化、股指涨跌等信息。②财经特写与分析。对经济活动中的重要人物、事件等进行细致描绘，以生动展现社会经济发展过程，如公司报道、人物访谈、行业分析等。③财经评论。对财经政策、事件和现象进行深入剖析，分析和评论其本质和意义，以专业的意见影响和指导受众的思想和行动。

（3）按新闻报道方式划分。

财经报道的新闻报道方式大致可以分为三类：①调查性报道。通过资料信息收集与分析，揭示财经领域重大事件或问题，如重点企业经营情况的调查性报道。②解释性报道。通过背景材料的串联解读，揭示财经领域重要新闻事件的来龙去脉，如对政府财政政策变动信息的深度解读。③预测性报道。通过对财经领域新闻事实的发展变动趋势进行科学的预测，向受众提供先于事实的前瞻性分析报道，如结合经济数据对股市变动的预测等。

（三）财经报道的特征

1. 专业性

21世纪后，经济全球化浪潮波及全国，国内的财经报道纷纷借鉴和学习国外优秀新闻报道理念和视角，更为重要的是，财经报道变得更加理性，更加凸显专业意识，专业性成为财经报道最为显著的特征之一。[1]

从报道对象属性来看，财经报道的内容较一般的新闻报道更为聚焦，报道对象涵盖了宏观经济报道、产业报道、金融报道等经济领域的相关议题，报道对象的专业化属性决定了其自身的专业化特性。

从操作技能要求来看，财经报道对记者队伍的专业素养要求较高。记者需要对财经知识、财经内容有所了解，从经济学的专业视角来调查经济事件、分析经济现象、评论经济问题。在内容生产上，包括新闻的数据化、视频化呈现以及AI等新技术的应用等都向记者提出了更专业的技术要求。

从媒体运营生态来看，媒体竞争的落脚点必然是对用户市场的争抢，如何深耕垂直领域，打造精品内容，进而实施新闻付费，开辟增值服务，专业化战略的选择必然是媒体机构面临的一项重要课题。现阶段传播渠道的多元化改善了原本财经报道内容的稀缺性，尤其是社交平台的迅速崛起给专业机构媒体带来了极大的挑战，社交平台用户可以跳过媒体直接成为财经信息的发布者。同时，专业机构媒体采访的对象，诸如专家、学者等，可以通过开通自媒体账号直接发布信息。媒体机构需要以更为专业的内容生产作为差异化竞争的主要手段。并且，媒介技术的发展必然带来媒体机构内部的结构性调整，尤其是大数据和人工智能的应用，诸如，自动化新闻写作将颠覆记者既有的角色作用，媒介机构需要按照新的技术逻辑重构内容生产流程。一言以蔽之，未来财经报道将对媒体机构的专业性提出更高的要求。

2. 分析性

财经报道不仅需要提供经济领域的实时消息，更需要基于环

[1] 周根红.我国财经新闻报道的阶段性特征[J].重庆社会科学，2014（9）：109-114.

境分析、政策分析、趋势分析等做出专业性的报道和评论。对经济现象的解读分析需要多方面的知识储备，而对于大多数普通民众而言，他们缺乏客观理性的分析能力，在互联网高度发达、知识获取极端便利的当下，即便人们可以快速获取最新的经济信息，但如何对信息内容做出专业性解读，则需要专业的财经媒体和财经记者去完成。在传播的积累中，大众媒介已经成为每个人或其家庭经济生活经验以外"大经济"的认识来源。[1] 因此，财经报道的分析性即以专业的视角报道财经信息、分析经济现象、解析经济事件，从而弥合专业内容与受众解读之间的信息阻滞。

3. 前瞻性

约瑟夫·普利策曾用了一个绝妙的比喻来形容媒体的功能，他说："倘若一个国家是一条航行在大海上的船，新闻记者就是船头的瞭望者。他要在一望无际的海面上观察一切，审视海上的不测风云和浅滩暗礁，及时发出警告。"可以看出，作为"社会瞭望者"的媒体组织，做好对未来形势的前瞻性判断是媒体价值的应有之义。正如学者陈力丹所说，当前经济新闻的时态偏重于未来，受到未来意识的影响最大。[2]

具体来说，一般经济政策的出台、重大经济事件的发生等要在现实中发挥效应往往存在一定时间的反应期，有一定的滞后性，这就要求财经报道的分析必须能够基于现实对未来进行合理的预判，在该政策或事件还未被广大受众广泛关注之前，及时洞察其中的潜在价值、发展趋势和后续的社会效应，一方面及时回应人们渴望媒体信息、观点的具体需求，另一方面要在报道中做好相关的专业解读和舆论引导。

4. 指导性

财经报道的指导性也可以理解为实用性，一方面财经报道对企业或个人的经济行为发挥着指导作用，比如股票市场波动、银行利率调整、外汇政策变动等。另一方面财经报道为企业和个人的财经知识储备提供信息来源，比如宏观经济政策分析、经济走势判断、产业政策解读等。财经报道可以帮助企业和个人有

[1] 陈力丹.关于经济新闻的几个问题：读尼尔·加文主编《经济、媒体与公众知识》一书[J].新闻大学，2000（2）：5-10.

[2] 陈力丹.关于经济新闻的几个问题：读尼尔·加文主编《经济、媒体与公众知识》一书[J].新闻大学，2000（2）：5-10.

效地规避投资风险。指导性、实用性是财经报道的核心价值和独特魅力。

二、财经报道记者的专业素养

（一）财经报道记者的职业要求

财经报道记者要具备扎实的经济学知识基础和专业的数据分析能力，并能运用专业眼光，多角度分析报道宏观和微观经济现象，最大程度地发挥财经报道的社会功效。那么财经报道记者在财经领域中充当什么角色、起到哪些作用呢？

1. 洞悉国家大政方针，发挥舆论引领作用

财经报道常常聚焦企业活动、市场变化、行业政策等，在财经记者的报道中往往能体现市场变化与国家政策。新闻媒体不仅能告诉受众要想什么，还能告诉他们怎么想。记者和媒介可以通过对财经报道事件中的某些属性进行突出强调，对另一些属性进行淡化处理，影响受众态度，引导公众舆论。

2. 洞悉社会经济现象及行业趋势

财经报道记者要有敏锐的财经眼光，及时了解百姓所需，抓住市场，从生产者和经营者都关心的话题中找经济新闻，通过对市场供需、价格变动、消费热点等老百姓司空见惯的财经事件中洞悉不一般的典型意义，运用专业眼光、全局视野，多角度分析报道经济现象，让人们详细了解社会经济现象及行业趋势。

3. 宏观把握和微观剖析经济群像

"大经济"无不体现在"小经济"之中，国家重大方针的落实和每个民众都息息相关，财经报道记者要走进百姓，将日常生活中的个人视作经济行为的主体，了解他们的真实处境、生计收入、疑问想法等，采写出具有大众性、服务性的经济报道，让人们深入了解经济领域下群体及个人的行为与想法。

4. 为大众诠释和描述财经报道

许多财经报道内容深奥，涉及的专业术语和数据较多，不

像社会新闻那样通俗易懂，因而要将专业的、深奥的经济现象和知识简化为普通受众能听懂的故事、语言，让普通受众觉得有"人"味，从而更容易理解和接受信息，让大众更加了解市场经济形势。

（二）财经报道的撰写要求

优秀的财经报道应具备以下条件：

（1）数据准确，来源权威：好的财经报道首先应确保数据的准确性和权威性，不误导读者。

（2）深度解析，提供观点：不仅要有充分的数据，还要有深度的分析和观点，帮助读者理解数据背后的意义。

（3）平衡报道，揭示风险：既报道公司的亮点和增长，也不回避问题和挑战，给读者提供全面的信息。

（4）图表辅助，通俗易懂：使用图表、图片等辅助工具，让复杂的财经数据和信息更容易被读者理解。

（5）前瞻性预测，指导决策：基于现有数据和分析，给出前瞻性的预测和建议，为读者提供决策参考。

案例分析——腾讯公司财报报道

近年来，腾讯成为中国乃至全球的科技巨头，其财报报道往往受到广泛关注。以腾讯某年财报报道为例，一个好的财经报道应该这样做：

（1）数据呈现：清晰列出腾讯的总营收、净利润、各业务线增长情况等核心数据。

（2）业务解读：深入分析腾讯的核心业务如游戏、广告、金融科技等的发展情况，以及新兴业务如人工智能、云计算等的市场前景。

（3）市场竞争与风险：讨论腾讯在市场上的竞争地位，如与阿里巴巴、字节跳动等公司的竞争情况，并提示如政策风险、技术更新等潜在风险。

（4）图表与图片：使用图表展示腾讯的历年营收增长、各业务线占比等，让读者更直观地了解公司的业绩状况。

（5）前瞻性内容：基于腾讯的现有业务和市场趋势，预测其未来可能的发展方向和策略。

这样的财经报道既满足了读者的知情权，又提供了足够的专业分析，帮助投资者和企业决策者做出明智的选择。

二〇二三年第二季度					
	未经审核				
	截至下列日期三个月				
	二〇二三年 六月三十日	二〇二二年 六月三十日	同比变动	二〇二三年 三月三十一日	环比变动
	（人民币百万元，另有指明者除外）				
收入	149 208	134 034	11%	149 986	-1%
毛利	70 840	57 867	22%	68 182	4%
经营盈利	40 300	30 067	34%	40 429	-0.3%
期内盈利	27 023	19 230	41%	26 394	2%
本公司权益持有人应占盈利	26 171	18 619	41%	25 838	1%
每股盈利（每股人民币元）					
－ 基本	2 761	1 951	42%	2 725	1%
－ 摊薄	2 695	1 915	41%	2 639	2%

财务表现摘要			
二〇二三年上半年			
	未经审核		
	截至下列日期六个月		
	二〇二三年 六月三十日	二〇二二年 六月三十日	同比变动
	（人民币百万元，另有指明者除外）		
收入	299 194	269 505	11%
毛利	139 022	114 941	21%
经营盈利	80 729	67 284	20%
期内盈利	53 417	42 963	24%
本公司权益持有人应占盈利	52 009	42 032	24%

表 2-1 "Tencent 腾讯公司" 2023 年财务报表（部分）

三、财经报道的写作要点

（一）专业性与可读性的平衡

1. 注重"报道专业化"与"传播大众化"的平衡

一般而言，政策、专业内容与受众之间的信息阻滞，是财经报道专业性强与可读性弱的矛盾本源。财经报道传播"大众化"要求把经济领域里的专业术语、概念、政策、知识等"翻译"成能被大众广泛接受的语言，从而实现话语体系由专业向通俗的转换。

从选题来说，要贴近百姓生活，选取大众关注的事件，聚焦百姓的关注焦点与信息需求；从内容来看，为了保障新闻的真实性，记者对于经济形势、财经事件、股市行情等应进行客观、真实、公正的分析和解读，用专业数据和专家观点进行佐证，使其经得起推敲，也使读者信任；从语言来看，记者要消化好专业术语，用大众能够理解的语言进行信息的表达，充当"放大镜"和"解说员"，"化繁为简"地产出既符合新闻报道规律又能满足受众预期的文章。这就要求记者基于平民化视角进行选题策划，用有血有肉的语言进行描述。需要注意的是，平民化的表达与财经报道的专业性本身并不冲突，因此，财经报道中的专业词汇使用需要足够严谨，不能使用太过"庸俗"的语言，也不能太诙谐幽默，如此才能体现出记者的专业性，赢得读者的信赖。同时，在语言表达上也可以适当穿插部分正向的网络热词或是民间俗语，增加语言的趣味性和文章的可读性。

2. 注重新闻报道"严肃性"与"人文性"的平衡

报道应始终坚持"以人为中心"的传播理念，而非"以事为中心"或"以数据为中心"。经济分析看似是一堆数据、图表、模型与政策文件的集合，与国民收入、金融、财政、税收等严肃性话题密切相关，是典型的"硬新闻"，其实说到底一切经济活动的本质都是围绕人的活动。正如微观经济学奠基者之一、英国著名经济学家阿弗里德·马歇尔在他的《经济学原理》中指出，经济学作为一门研究财富的学说，它同样也关注人。[1] 因此，人作为经济活动和经济关系的主体，无论是对经济事件的报道还是对经济现象的评论，均须寻求报道的人文表达，在表现手法上做到"见人、见物、见细节"，赋予报道应有的人文内涵，即关注视角要落在"人"的主体地位上，而非经济本身。

（二）真实性和时效性的平衡

1. 真实和准确是新闻专业主义的核心要义

财经报道作为一种专业性、分析性、前瞻性和指导性较强的新闻体裁，更加强调信息本身的真实和准确。为追求流量效应故意无中生有、断章取义式地引爆热点，炮制爆款新闻，夸大或隐瞒事实信息，会造成报道的财经事件因果不符、财经政策张冠李戴，最终不仅会导致财经报道失实，影响媒体的品牌声誉，而且也给受众带来错误的舆论引导，甚至会诱导公众采取错误的投资决策或其他不当的经济行为。因此，在现实工作中，财经记者务必要遵循新闻专业主义，客观全面地报道经济事件和经济现象，对事件的发生背景、发展现状、未来走势以及市场反应趋势等做

[1] 马歇尔.经济学原理：上卷[M].朱志泰，译.北京：商务印书馆，1964：23.

出专业解析，而不是一味地迎合受众制造话题，刺激市场反应，这些都是背离新闻专业主义的表现。

2.时效性是财经报道的应有之义

财经报道要在最有效的时间内为受众提供各种经济动态和经济信息，以帮助受众做出相应的经济决策。不能因为追求准确性而影响时效性。一般来说，财经媒体应以传播欲知而未知的经济信息、解读受众似懂又非懂的经济现象为使命，因此，能够及时地将信息传递给受众，并辅以深度解读，最终做出预测性判断，这是财经媒体的应有之义，也是其提高影响力和公信力的关键。比如，央行的突然加息、房地产政策的临时出台、投资理财政策的调整等突发信息，对财经媒体和财经记者的专业性和应急水平都提出了较高的要求。尤其是在自媒体高度发达的新媒体时代，网络媒体信息生产的效率优势给传统的机构媒体带来了前所未有的挑战。因此，在保持信息生产的专业性、真实性和准确性的同时，财经媒体应对外部环境变化保持高度的敏感性，从内容生产、渠道建设、技术升级等各个维度全面提升信息传播的时效性。

（三）可视化呈现与深度化解读的平衡

1.财经报道的可视化呈现

财经报道往往是通过反映和分析经济环境变化的数据，从而为机构或个体提供经营以及投资决策的重要依据。为了让财报、指数等数据鲜活地反映经济问题，财经记者必须掌握可视化呈现的报道技巧，利用各种图表、图形、图片甚至条漫和动画等各种形式予以生动表达。尤其当下我们身处大数据时代，财经报道如何利用好数据这个新时代的"金矿"进行报道创新，对于推动我国财经报道的长远发展具有极其重要的意义。比如，2021年，由雷雨排行榜发布的一则《1960—2019年全球各国GDP排行》的数据新闻在新浪微博引发众多网友关注，该新闻用坐标轴反映出1960—2019年排名前15的各国GDP，并以动态形式展示出这50年间排名的交替变更。[1]

[1]吴婷，张俊惠，周抒.大数据驱动下财经新闻的机遇、风险与创新方法[J].传媒，2023（5）：66-68.

2. 财经报道要求深化解读

除了可视化的呈现方式，专业的内容是财经媒体的立足根本，尤其是财经报道的受众多属于领导干部、企业高层、管理人员或知识分子，他们对专业性的要求较一般受众而言要高。同时，财经报道有别于社会新闻以讲故事为主的表达方式，不仅要通过数字反映经济表象，还要深挖数字背后的深层逻辑及其对社会经济发展的影响。因此，在发挥可视化新闻信息呈现的基础上，必须坚持"内容为王"的传播理念，通过增加报道的纵深感，才能真正确保报道本身的技术含量，实现媒体的可持续发展。

（四）国际化与本土化的平衡

1. 财经报道须具备国际化视野

中国经济已然是世界经济体系中不可或缺的一部分，经济全球化势必对中国经济产生涟漪效应。作为财经报道，站位要更高，视野要更开阔，不仅要看到经济全球化背后的利好，更要看到其给中国经济带来的冲击。对事件的分析、趋势的把握必须从系统论的角度出发，通盘考虑国内外经济背景、国际政治局势以及全球金融形势等。比如，2023年美国持续加息所形成的收缩效应，对中国净出口增长和资金流入均带来不利影响。

具体来说，国际化视野要求财经记者一方面对全球领域的重大经济现状、经济走势、经济关系以及经济问题等加以解读，让受众能即时准确地知晓全球经济状况；另一方面对国内经济现象的思考和报道要站在全球的视角，使受众能够"窥一斑而知全貌"，进而对中国的经济现象和问题有深入且全面的认识。[1]

以金融类报道为例，利率的变化是金融类报道中最为敏感的一项指标，尤其是外币、国外市场利率的动向。面对国内金融报道的受众群体，需要及时对外汇利率浮动情况进行报道分析，包括国内银行对外币利率浮动的应对措施，分析指出外币利率变化的主要原因、货币政策的导向。同时，还应该密切追踪各国央行的动作，尽管这属于国际金融的范畴，但相关报道有利于投资者

[1]赵智敏. 财经新闻报道实务教程［M］. 2版. 北京：中国传媒大学出版社，2018：79-80.

用全球化的视野理解当前世界各国的金融形势。

2. 财经报道须彰显本土化特色

财经报道的本质是服务国家经济发展需要和满足国内受众对财经类信息的需求，所以财经报道必须立足国内经济发展，在把握报道全球化视野的同时，因地制宜地去把握报道方向和重点。

因此，要做到财经报道国际化视野与本土化特色的报道融合，需建构系统性思维模式，认识到国内与国际应是一个相互依存不可分割的系统，在报道中处理好宏观与微观、历史与现在、当下与未来、局部与整体、个案与普遍的关系。在此价值观指引下，坚持一个核心原则，即放眼全球，立足国内，以服务国内受众为己任。具体来说，在传播重要国际经济信息时，应将报道重点放在分析该议题对国内经济发展及国人经济生活的影响层面，做到内外兼顾。

四、财经报道的发展趋势

传统主流媒体和互联网媒体都是经济报道传播的主阵地，挖掘财经报道背后的深刻内涵，为社会经济的持续发展提供支持，是传统主流媒体的优势。新时代传统主流媒体应在继续发扬优势的同时，积极拥抱新技术，适应新趋势。

1. 加强社会责任意识

提到财经报道，大家总会想到传统主流媒体带来的准确性和深度性，这是一种责任。随着社会对财经报道的关注度不断提高，财经媒体将更加注重社会责任意识。这包括在报道中继续注重客观公正、维护市场稳定、保护投资者利益等方面，同时也可以参与"财经＋公益"活动，不断提高自身形象和社会影响力。

2. 拓宽报道领域

财经媒体应该增加报道的多样性，除了专业的金融信息，还可以包括与人们生活密切相关的市场信息，如车市、股市、楼市、保险、利率等，以及涉及煤、水、电、医疗等方面的改革信息，比如"股市+保险""股市+楼市"，更多元的组合往往带来更多元的报道内容。

3. 多形态打造立体传播平台

当下，为了更好地满足互联网时代用户的信息需求，传统主流媒体必然走向移动化和数字化，打造全媒体传播矩阵。比如，《21世纪经济报道》在融合转型的过程中，通过"造船出海"的战略，自主研发App并建立新媒体实验室，真正实现"移动优先、一体发展"的全面突破，从过去的"以报纸为中心"的运作模式转移到"以移动互联网"为中心的运作模式，立足观念再造、流程再造、产品再造、组织再造，从而实现新闻报道方式的深度变革。

4. 拥抱大数据和人工智能

一方面，加强算法建设，实现智能化的信息推荐。随着人工智能的发展，ChatGPT被广泛运用，传统主流媒体需要结合受众的需求和喜好进行用户画像分析及相应的信息推送，同时还要基于财经报道的专业性和公益性，确保算法能够发挥其公共价值。另一方面，全面提升财经记者的数据分析能力，同时在数据分析的基础上，进行观点的可视化呈现，包括利用AI、3D等技术构建经济发展模型，最终呈现出经济现象背后的原因和未来趋势。

✦ 思考题

1. 理解财经报道概念的内涵与特征。

2. 阐述对财经报道专业性的内涵理解，分析专业性对记者素养和报道文本的具体要求。

3. 财经报道写作过程中应该掌握哪几个平衡？在此基础上，结合自身观察，分析当前财经报道中主要存在的不足。

4. 思考如何成为一名优秀的财经记者。

5. 思考未来财经报道的新趋势和新特点，尤其是大数据时代财经报道实现数据可视化呈现的具体手段和路径。

📚 参考文献

［1］赵智敏．财经新闻报道实务教程［M］．2 版．北京：中国传媒大学出版社，2018．

［2］李本乾，李彩英．财经新闻［M］．大连：东北财经大学出版社，2006．

［3］胡润峰，叶矛，董时，等．财经新闻报道与写作［M］．上海：复旦大学出版社，2006．

［4］庞云黠，潘佳宝．财经新闻报道与写作［M］．北京：中国经济出版社，2022．

［5］厉以宁．经济学的伦理问题［M］．北京：生活·读书·新知三联书店，1995．

［6］陈惠雄．人本经济学原理［M］．2 版．上海：上海财经大学出版社，2006．

［7］马歇尔．经济学原理：上卷［M］．朱志泰，译，北京：商务印书馆，2019．

［8］周根红．我国财经新闻报道的阶段性特征［J］．重庆社会科学，2014（9）：109-114．

［9］陈力丹．关于经济新闻的几个问题：读尼尔·加文主编《经济、媒体与公众知识》一书［J］．新闻大学，2000（2）：5-10．

［10］吴婷，张俊惠，周抒．大数据驱动下财经新闻的机遇、风险与创新方法［J］．传媒，2023（5）：66-68．

［11］邓红辉．《21 世纪经济报道》：财经媒体融合发展的三个维度［J］．中国记者，2023（8）：43-48．

［12］王舒怀．20 世纪 90 年代中国经济新闻话语变迁研究［D］．北京：北京大学，2005．

［13］周慧．财经新闻报道的发展趋势研究［D］．成都：四川省社会科学院，2008．

第三章

文化报道：挖掘深度与深入浅出

导　语

　　文化报道不仅可以传递各种文化信息，还是展示国家、民族、地方文化的重要窗口。它可以引导读者对文化文明的思考，同时积极倡导文化自信和创新精神，促进文化的传播和交流，增进不同文化之间的相互理解和尊重。好的文化报道要像优秀文化一样博大精深，深入浅出，老少皆宜，发人深省。

　　从我个人体会来说，文化报道是最有可读性，最能够拉近读者，也最有发挥余地的一个报道领域。

　　近几年，我们在《南方日报》、"南方＋"客户端的文化报道方面做了一些探索。比如拍摄撰写了一系列岭南戏剧、岭南非遗、岭南文脉、岭南文化大家等主题的融媒体深度报道和视频，针对二十四节气、冬奥中国年、文旅广东、文化产业新质生产力等主题制作了一批有特色的精品报道，有效地对岭南文化及中国文化进行了全球传播。

——《南方日报》文体新闻部主任　李贺

　　文化报道小组有导师1名：李贺；助教1名：邱文欣；学生15名：王佳茵、麦安琪、程冰雨、吴紫僮、庄斯梵、金英博、陈悦辉、黄君好、陈纪作、孙舒颜、吴婉茜、江宇婷、贾瀚阳、段润曦、张鸣朝。

一、文化报道的概念

"文化"一词源自中国，其作为"文"与"化"的组合使用，最早见于《周易·贲卦·象传》。文中指出，"观乎人文，以化成天下"，指运用非武力手段，通过规范和教导，使人民思想开化、文明的一种活动。[1] 孔颖达在《周易正义》中解释，"观乎人文以化成天下者，言圣人观察人文，则诗书礼乐之谓，当此法教而化成天下也"。[2] 文化报道指媒体机构对文化现象、文化活动、文化事件以及文化产业等方面进行的内容报道与深度分析，是文化传播中最普遍、最直接的传播方式。文化报道的主题涵盖面极为广泛，主要包括文化建设、文化政策法规、文化事业与文化产业、文艺作品创作生产、群众文化活动、文化科技及考古发掘等领域的新政策、新事物、新现象、新成就、新人物等，其意义着重于在满足受众文化信息需求的同时，引导与提升受众的文化品位。[3]

随着全球化的加速和信息技术的迅猛发展，文化在我国现代化建设中的重要性日益提升，文化报道在新闻传播中的地位也随之提高。文化报道不仅能传递各种文化信息，还是展示不同国家、民族文化的重要窗口。文化报道的使命在于引导读者培养对文化的独立思考能力，强调对文化的深层次意义和内涵进行深入剖析，同时积极倡导文化自信和创新精神，促进文化的传播和交流，增进不同文化之间的相互理解和尊重。因此，对于从事新闻报道的工作者而言，需深化理解、全面认识到在新媒体时代，做好文化报道的重要性。

新媒体时代为文化报道带来了新的机遇和挑战。要做好文化报道，记者需具备深厚的文化素养、敏锐的观察力和扎实的知识储备。本章将结合国内外文化报道的优秀案例，探讨在新媒体时代下如何呈现一篇优质的文化报道，为文化报道工作者提供可资借鉴的经验。

[1] 周易[M].杨天才，张善文，译注.北京：中华书局，2011：207.

[2] 王国炎，汤忠钢."文化"概念界说新论[J].南昌大学学报（人文社会科学版），2003（2）：72-75，100.

[3] 姚静.论AR技术在文化新闻报道中的融合与应用方向[J].出版广角，2019（21）：73-75.

二、文化报道的特征

（一）注重挖掘地域特色与文化背景

文化报道在报道文化现象时，要着重于挖掘其背后的地域特色和文化背景。在报道一类文化时，文化报道不仅会描述具体文化承载物的特征，还会深入探究该文化在所处地区的历史渊源、发展脉络以及与当地生活的紧密联系，使读者可以更加全面、深入地了解该地的文化特色。

（二）深度解析文化内涵与社会价值

文化报道不仅要关注文化现象的表面形式，更要注重揭示其背后的深层含义和文化价值。例如，在有关非物质文化遗产的内容报道中，常常探讨该文化遗产与当地社会发展的联系、文化遗产传承上的困境以及政府和社会力量在非遗保护工作中的角色和作用，在丰富内涵的同时增强文化报道的社会意义。

（三）关注文化传承与创新呈现

文化报道着重关注文化传承与创新的议题，一是为传统文化展示其在现代社会中传承和发展的历程；二是为新兴文化现象阐述其是如何不断涌现并融入人们的生活日常。通过文化传承与创新的故事，文化报道既展现了传统文化的蓬勃生命力，也表明了新兴文化的发展趋势和潜力。优秀的文化报道有助于引导公众关注和重视文化传承与创新工作，推动文化事业的繁荣发展。例如，在报道传统戏曲的传承时，同时会关注戏曲表演艺术家的坚守与创新，也会探究如何在保持传统戏曲精髓中融入现代元素，使其更加符合现代观众的审美需求。

三、文化报道存在的不足

（一）内容语态生硬，宣教色彩浓重

在当前文化报道中，报道内容往往出现语态生硬、刻板的问题。在用词和句式上，对"正式"和"权威"的过度追求往往会

导致报道过于庄重、严肃。此类表达方式不仅使得受众对文化内容产生距离感，难以产生共鸣与情感认同，还大大减弱了文化报道的效果，导致文化报道与受众的偏好脱节，难以与受众之间达成有效沟通。此外，在文化报道中过于强调文化的教导功能，也容易导致文化传播的僵化和刻板化。

（二）宏观叙事居多，缺少微观叙事

当前文化报道多立足于宏观叙事，关注宏观层面的文化现象和理论阐述，而在具体、生动、触动受众心灵的微观叙事与细节表达上有所缺乏。当宏观叙事成为文化报道的主导，而深入的微观描述和故事叙述缺失时，报道内容往往显得空洞、抽象，难以引起受众的共鸣和兴趣，还容易陷入空洞的理论阐述和概念堆砌，使得文化报道失去现实意义和可操作性，甚至可能让受众失去对文化报道的阅读意愿，产生抵触情绪。

宏观叙事在文化报道中确有其必要性，它能够概括性地展示一种文化的整体面貌与发展趋势，为受众提供宏观的认知框架。但生动而富有故事性的微观叙事往往更能吸引受众关注。受众渴望通过报道了解文化现象背后的真实故事，感受文化所带来的情绪价值和体验感。而宏观叙事往往忽略了具体的细节和故事，使得报道变得枯燥乏味，难以吸引受众的注意力。故而文化报道需要注重平衡宏观与微观的叙述，在呈现文化现象的整体面貌和发展趋势的同时，也要深入挖掘具体的故事和细节，展现文化现象背后的真实情感和体验。

（三）文化普及不足，教育意识薄弱

一些文化报道在传递文化信息时，未能充分考虑到读者的文化背景和知识水平，导致报道内容过于专业化或晦涩难懂。若缺乏文化普及和教育意识，会使报道失去更广泛的读者群体，从而失去其原本的传播推广作用。

在文化报道中可能会涉及一些专业文化术语或概念，但如果记者没有充分考虑到读者的知识背景，直接使用这些术语而未进行解释或转换，就会导致读者难以理解报道内容。例如传统戏曲

报道中，使用诸如"折子戏""花旦""丑角"等专业术语，却没有做简要解释，会让不具备相关知识的读者感到困惑。

四、文化报道的写作方法

（一）站在全局高度，以故事化方式弘扬文化抱负

当今社会快速发展，单纯的新闻事件难以引起受众的长期关注。在文化报道中，新闻工作者需要针对热点文化事件精心挑选合适的选题，并以故事化方式加以处理，在确保新闻真实性的基础上，进行整理统筹后再发布。此类新闻采编模式在传播效应上更胜一等，能够鲜活地呈现文化内容，引起受众瞩目。

以一则体育文化报道为例，在东京奥运会举办期间，来自中国广东东莞的田径选手王凯华以1′22″03的成绩获得20公里竞走第七名的新闻备受关注，《东莞日报》由此开展了对东莞体育文化的展现报道。

报道《运动之城历史底蕴深厚，东莞体育文化历久弥新》[1]的作者通过以小见大的手法，讲述东莞人民自1919年开始从事体育运动的历史故事，展现了运动员们挥洒青春的艰辛付出和为荣誉而战的不懈努力。东莞拥有悠久的体育历史和深厚的体育文化底蕴，从明清时期的"武举人""武进士"，到现今优秀运动员层出不穷、为国争光。这些故事不仅从深处反映了各个时期我国体育事业崛起的艰辛历程，而且展现了一代又一代的人民通过不断努力建设祖国实现全面小康的成果。作者通过该篇报道表达了强烈的自豪感和对我国体育文化的自信。

前述案例主要涉及传统纸媒的文化报道。随着全媒体时代的

图3-1 《东莞日报》报道文章《运动之城历史底蕴深厚，东莞体育文化历久弥新》

[1]王晨征.运动之城历史底蕴深厚，东莞体育文化历久弥新[N].东莞日报，2021-07-26.

到来，报道的呈现方式发生了根本性变革。在这一背景下，文化报道的视觉表现形式在传播中逐渐占据更为重要的地位。海量信息的涌现要求媒体提供更深入的信息、更全面的解读、更引人入胜的呈现形式，以及更明确的思想引导。因此，新闻媒体需要适应这一变革趋势，致力于提供更为深刻且广泛的文化报道，并且灵活运用各类新媒体的呈现形式以活化传播，进而满足读者对多样性和高质量信息的不断追求。

（二）突出创新深度，以多元呈现形式传递文化底蕴

1.虚拟数字人参与传播，讲述文化故事

在人工智能持续进步与不断创新的时代下，数字化传播理念日益受到关注，这要求媒体加强对创新技术的运用，在各类丰富的技术呈现载体下写好新时代文化报道的新篇章。在此背景下，主流媒体纷纷推出了各类虚拟数字员工。这些数字员工能够打破时空壁垒，以卓越的可视化效果和无限的想象空间，结合个性化内容创作和观赏趣味性，在文化传播中获得优秀成就。

中国日报社探"元"工作室在2022年10月推出了《中国日报》的首位数字员工"元曦"，其服饰巧妙地融入了传统国风元素。她担任"中华文化探源者"的职责，参与文化探源系列视频报道。报道作品将现实与虚拟场景相结合，辅以精美的动画，创造出沉浸式的文化

图3-2 《中国日报》视频《文化探源：元曦带你见识九千年历史岩画》

观看体验。《中国日报》发布多条聚焦中华优秀传统文化的中英文双语视频，在国内外平台获得广泛好评，成为新媒体时代文化传播的一大创新典范。如在视频《文化探源：元曦带你见识九千年历史岩画》[1]中，数字人元曦为观众讲解着贺兰山岩画的来源与意义，以精致的动画特效重绘出壁画中的图案纹样，指明其

[1]全球首发！中国日报首位数字员工"元曦"惊艳亮相[EB/OL].（2022-10-14）[2024-04-18]. https://cn.chinadaily.com.cn/a/202210/14/WS6348bfaea310817f312f1ed3.html.

所代表的含义，并在视频的最后以"人类要通过文明交流互鉴而共生"为主题进行升华，为观众带来了一场视觉享受与历史底蕴兼具的独特的文化之旅。

将虚拟数字人技术创新运用在文化报道中，在展示文化自信的同时为观众提供了更具现代感、科技感的文化呈现方式。文化报道中这一数字手法的运用在形式上提升了报道的艺术性，通过现代科技手段为传统文化注入了全新的生命和活力，成功地在传统与现代之间建立桥梁，而这也正是大国文化自信、科技自信的体现。媒体要抓住人工智能技术发展为文化报道带来的新趋势、新机遇，掌握好前沿技术，以科技赋能文化传播，以新颖形式提炼展示中华文明的文化精髓，打造国风全媒体精品。

2. H5 新闻互动传播，感受沉浸式文化体验

H5 新闻是数字化报道呈现形式创新的成果之一。H5 新闻以其丰富的页面内容、高互动性和沉浸式场景构建等优势在文化报道中发挥了重要的作用。H5 新闻通过沉浸式的场景构建，为读者营造了近乎真实的虚拟环境，并设置了高频次的互动环节，提升了读者的专注度，增强了文化报道的趣味性。

其中，《丹宸永固：紫禁城建成六百年》[1] 的 H5 文化报道即是一则典型例证。通过页面设计创新、多领域合作与现实话题相结合等方式，该报道提升了大众对故宫博物院及其文化底蕴的关注度与热度，提高了中华传统文化传播的效力和可视化效果。

《丹宸永固：紫禁城建成六百年》H5 报道以纪念紫禁城建成六百年为主题，以故宫内的九座建筑为锚点，对故宫各个重要宫殿的前世今生进行了细致的描写和刻画。其页面设计典雅清丽，色彩搭配明快而不失大气，主界面的可切换景观轮播插图以一扇圆窗为角度，从不同视角展现各个宫殿的艺术景象，并辅以飞花落叶的细节，颇具艺术感。

在互动性上，读者可在这则 H5 文化报道中通过左右滑动屏

图 3-3　故宫博物院《丹宸永固：紫禁城建成六百年》

[1] 丹宸永固：紫禁城建成六百年 [EB/OL]．（2020-09-10）［2024-04-18］．https://mcdn.kandian.qq.com/act/dist/palace/index.html?_wv=1.

幕切换不同宫殿视角，并点击"宫殿往事"按钮阅读宫殿的历史故事和真实图片，点击"沉浸剧场"按钮观看该宫殿建筑样式的动画介绍。看完宫殿故事"点亮"屏幕后，读者还可打卡生成包含个人头像与地理位置的紫禁城庆生海报。在这个过程中，H5的互动引导方式让读者从单纯的信息接收者变成了报道中信息传递的参与者和建设者，在指尖划动中身临其境地感受紫禁城的历史底蕴和中华文化的魅力。

在数字化浪潮的推动下，H5新闻互动传播以其创新的形式和沉浸式体验，为文化传播开辟了新的路径。其突破了传统媒介在文化传播中的呈现局限，通过高度互动介入和多媒体技术融合，让读者更深刻地领略到文化的深邃与博大。

（三）坚持历史角度，传承人文精神

1. 挖掘地方发展历史，探寻文化精神

文化传承不仅是增强国家和民族认同的重要方式，还能促进大众文化素养的提高与创新经济发展，对于人类文明进程的延续和繁荣有着不可替代的作用。文化报道更是文化传承不可或缺的载体，文化报道的要诀，在于坚持历史角度，展现历史文化底蕴之深厚与历史文化中所体现的人文意义，深度挖掘文化历史背后的人文精神。

[1]大江奔流：来自长江经济带的报道[EB/OL].（2018-08-17）[2024-04-18]. http://www.xinhuanet.com/politics/djbl/mobile.htm.

图3-4 《浙江日报》报道《讲好长江故事 唱响长江之歌》

[2]肖霄.讲好长江故事唱响长江之歌[EB/OL].（2018-08-17）[2024-04-18]. https://zjrb.zjol.com.cn/html/2018-08/17/node_15.htm.

在中宣部组织的"大江奔流——来自长江经济带的报道"主题报道中，记者团沿江采访，历经11市，展现了长江经济带中的人文精神图景。[1]

在《讲好长江故事 唱响长江之歌》[2]的报道中，作者通过走访村庄、企业、港口等地，亲身参与长江保护等活动，展现对长江文化的高度尊重和对其人文精神的深度挖掘。该系列报道不仅关注了长江经济带的发展状况，还着重考察了不同地区的发展特色，如曾经的工业重镇芜湖如今着手发展新兴产业，湖北宜昌的三峡工程

现将重点放在生态环境保护上，等等。报道中对长江沿线的人文故事颇有关注，为读者介绍了西坑村、下南山村、古堰画乡等村镇中居民对生活环境的保护与建设工作。[1]

习近平总书记在江苏考察中曾提出"要保护传承弘扬长江文化。长江造就了从巴山蜀水到江南水乡的千年文脉，是中华民族的代表性符号和中华文明的标志性象征，是涵养社会主义核心价值观的重要源泉。要把长江文化保护好、传承好、弘扬好，延续历史文脉，坚定文化自信"[2]。"大江奔流——来自长江经济带的报道"主题报道是一次成功的文化报道范例，通过尊重不同历史文化和深度挖掘人文精神的方式，展现了长江经济带的发展状况和历史文化底蕴。

2. 开展跨文化多元传播，弘扬文化自信

以 5 分钟左右的双语字幕视频的形式在 YouTube 等海外社交媒体上发布，向海内外网友展示中国文化之美，《中国日报》"开箱中国"中的文化报道系列为跨文化多元传播提供了一个富有创新性的范例。

在系列报道中，"Discover Suzhou's Rich Culture and History in a Bite"[3] 这则视频以当地美食三虾面为引子，巧妙地引出对苏州历史文化的讲述，选用大众普遍感兴趣的地方美食作为视角，为观众提供了更为立体和生动的文化体验。

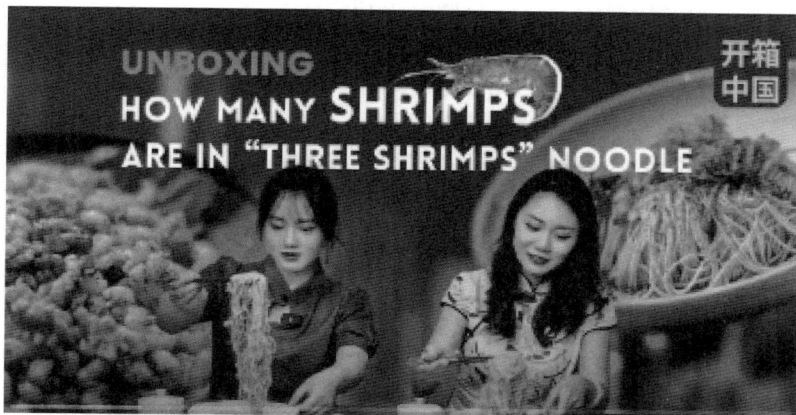

图 3-5 《中国日报》视频"Discover Suzhou's Rich Culture and History in a Bite"

这则文化报道视频从三虾面的名称入手，介绍这道名菜的食

[1] 温济聪. 浙江丽水：绿色发展模范城 [EB/OL]. (2018-08-17) [2024-04-18]. http://www.ce.cn/xwzx/gnsz/gdxw/201808/17/t20180817_30052747.shtml.

[2] 习近平主持召开全面推动长江经济带发展座谈会并发表重要讲话 [EB/OL]. (2020-11-15) [2024-04-18]. https://www.gov.cn/xinwen/2020-11/15/content_5561711.htm.

[3] Discover Suzhou's Rich Culture and History in a Bite [EB/OL]. (2023-05-10) [2024-04-18]. https://www.youtube.com/watch?v=UjU42_nIucY.

材，并在两位主持人的品尝中引入厨师对其制作工序的讲解，从而延伸至苏州的美食文化精神——"食不厌精，脍不厌细"。一碗三虾面将城市里热爱美食的人们联系起来，展现着苏州人慢节奏的生活态度。美食文化的背后，主持人对苏州的城市文化与风韵进行了详细的介绍，展现了苏式生活中人们对传统园林、苏绣等文化的传承及对现代文化的建设，展现着苏州朝气蓬勃的城市风貌。

这则文化报道体现了文化传播的趋势和需求，凸显了新媒体时代文化传播的创新性，形成了一种新颖的软文化输出模式。报道以地方性文化和美食为切入点，将中国文化巧妙地呈现给海内外观众，迎合多元化兴趣和审美需求。不仅在形式上独具创意，同时使得文化传播更具普及性和包容性，有助于促进跨文化理解和交流，实现高效的具有"可参观性"的对话型文化创作生产。[1]在新媒体时代，这类融合了地方性特色的文化报道方式有望进一步推动传统媒体的转型升级，更好地适应当代观众的需求和媒介环境的变化。

在新媒体时代，此类富有创意的报道方式为传统媒体提供了可行的转型模式，将传统文化中的民族价值汇入现代文化的流通体系，实现从主流价值观的"硬"价值到雅俗共赏的"软"形态的转换，拓宽传统文化媒介传播的格局和路径。[2]

（四）体现感人温度，传播文化价值

1.注重情感表达，传递人情温度

文化报道不仅要注重信息的传递，还要关注情感的表达，以传递人情温度。詹姆斯·凯瑞认为，传播是一种现实得以生产、维系、修正和改造的符号化过程。[3]民众作为文化报道的接受者，不仅需要获取文化知识和信息，还需要感受文化所带来的情绪价值和情感温度。新闻媒体运用仪式化的报道唤醒了人们对文化的回忆与向往，强化文化共同体的身份确认，并借助人们对传统文化的集体情感促进文化认同的产生。[4]例如，在节假日文化活动报道中，情绪氛围营造往往是吸引观众的重要因素之一，如清明

[1]金苗.中华文化国际传播与影响力提升路径：基于"一带一路"合作国家新闻报道的数据分析[J].南京社会科学，2023（1）：102-112.

[2]余沐芩，杨萌芽.移动互联时代传统文化传播探析：以《大河报·河之洲》为例[J].新闻爱好者，2020（2）：78-81.

[3]詹姆斯·凯瑞.作为文化的传播："媒介与社会"论文集[M].丁未，译.修订版.北京：中国人民大学出版社，2019：23.

[4]韩顺法，李柯.主流媒体对非物质文化遗产的媒介话语建构：以《人民日报》2004—2021年报道为例[J].青年记者，2022（10）：52-54.

节缅怀先人的情绪、国庆节爱国自豪的情怀、元宵节团圆的喜悦等。这些报道所带来的情感氛围体验往往最能打动人心。

从创作者的角度出发，文化报道需要深入挖掘文化内涵，也需要深入挖掘包括其中的人文情感。因此，在文化报道中情感的表达是至关重要的。为了实现有温度、有情感的文化报道，可以从内容和形式上入手。《南方日报》在 2023 年 2 月 5 日的广东元宵活动报道中提供了许多可以借鉴和参考的方向。[1] 此次报道采用了直播方式，在长达 200 分钟的时间内融入了行通济、赏花灯等传统文化的科普，带领读者体验岭南文化。该直播主要分为三个部分，其中第二部分是对岭南印象园花灯活动的报道，与第一部分不同，这部分充分展现了沉浸式游玩直播，两位记者情绪高昂，欢乐的情绪极具感染力，将现场热闹氛围更加直观地传达给屏幕外的观众。这样的报道充分利用新媒体技术优势，更加直观有效地为观众提供情绪价值。

图 3-6　《南方日报》在 2023 年 2 月 5 日的广东元宵活动直播

[1] 广东民俗轮番上演，多地联播带你看岭南元宵 [EB/OL]．（2023-02-05）[2024-04-18]．https://static.nfapp.southcn.com/apptpl/liveToShare.html？id=379175&enter ColumnId=0.

图 3-7　《太原晚报》文化通讯：《一副老联画芯揭一个月　文物"医生"以热爱抵过岁月漫长》(新华网转载)

细节往往最能打动人心，文化报道的温度从报道细节中自然透露。以新华网转载的《太原晚报》文化通讯《一副老联画芯揭

[1] 陈辛华.一副老联画芯揭一个月 文物"医生"以热爱抵过岁月漫长[EB/OL].（2021-11-01）[2024-04-18].http://m.xinhuanet.com/sx/2021-11/01/c_1128016570.htm.

一个月 文物"医生"以热爱抵过岁月漫长》[1]为例，其讲述的是文物修复师惠明涛的故事。文章通俗易懂，细致入微地描绘了文物修复工作的流程，让读者感受到惠明涛对行业的热爱。工作者将热情与专注倾注于文物修复本身所蕴含的工匠精神与情感价值从细节中自然流露。

为了更有效地体现文化的魅力，文化报道需要适度的情感表达并关注细节。记者需要提升自身文字情感表达的感染力，并深入挖掘文化本身的人文情感，构建以讲故事为核心的"柔性传播"，注重个体叙事、细节叙事。[2]在这样的基础上，媒体才得以逐步提升文化传播工作水平，表达文化的深厚内涵和情感价值。

[2] 付岩岩.南京大屠杀史实的跨文化传播路径：《新华日报》国家公祭日策划报道探析[J].传媒观察,2023（S2）：99-102.

2.增进文化理解，展现人文关怀

优秀的文化报道往往十分注重人文关怀，既能够关注到个体的生活、情感和价值观，又能够帮助读者更好地理解文化现象及其背后的故事，从而引发读者的共鸣以及对情感、人性的思考。

以《纽约时报》中文网《日本著名作曲家坂本龙一去世，享年71岁》为例，这是一篇对音乐家坂本龙一逝世消息的讣闻报道，报道按照时间顺序回顾了坂本龙一的人生经历，突出其所取得的成就和做出的贡献，通过典型事例表现出其对于音乐的热爱，精确地表现了坂本龙一热爱音乐、具备极高艺术修养的核心形象，表达了对他的尊重与敬意。同时，报道所塑造的人物形象是丰富饱满的，除了坂本龙一在音乐方面的造诣，还关注到他是日本反核运动积极分子，是环保主义者，这使坂本龙一的形象更加丰富而有层次。报道除运用典型事例外，还通过一些小故事来反映主题，使人物变得更加生动可感。例如，该报道提到坂本龙一"对声音的关注贯穿了他的日常生活"，他会为喜欢的餐馆设计播放列表，"只是想用更好的声音佐餐"。[3]

[3] William Robin.日本著名作曲家坂本龙一去世，享年71岁[EB/OL].（2023-04-03）[2024-04-18].https://cn.nytimes.com/obits/20230403/ryuichi-sakamoto-dead/.

人文关怀也体现在对逝者作品、思想的深度解读当中，以《南风窗》关于著名作家米兰·昆德拉逝世的报道《一个不肯媚俗的人，走了》为例，报道对米兰·昆德拉著名的小说《生命中不能承受之轻》蕴含的复杂命题和思想进行了深刻的解读，通过对其作品的解析，引发读者对其思想价值及其对人类文化贡献的思考，彰显人文关怀。此外，在关于著名文人讣闻报道中适当涉及逝者家庭、朋友和支持者的反应与见解，体现了对逝者亲友、粉丝等的关怀和理解，亦体现出报道的人文关怀，如上文《南风窗》关于昆德拉逝世的报道，记者联系到了昆德拉的中国学生、北京大学法语系主任董强教授，从他口中得出了对于老师昆德拉的评价，更加丰富了昆德拉的形象。[1]

优秀的文化报道往往具备深厚的人文关怀，突出对人与文化的尊重和理解，使报道更具温度，引发广大读者共鸣。因此在聚焦人物的文化报道时，应该注重多个角度呈现人物的人生轨迹和思想价值，让读者对人物有更加全面而深入的了解，引发读者对于情感和人性的思考，形成强烈共鸣。

[1]何任远.一个不肯媚俗的人，走了［EB/OL］.（2023-07-13）［2024-04-18］.https://mp.weixin.qq.com/s/iXzoRpHTDV2asynq6844Qw.

思考题

1. 在文化报道中，如何平衡客观性与主观性的关系？

2. 在文化报道中，如何运用多媒体元素（如图片、视频、音频等）来丰富报道内容并提升读者的阅读体验？

3. 如何评估文化报道的准确性和可信度？在报道中如何避免误导读者或传播错误信息？

4. 在全球化背景下，文化报道如何展现不同文化之间的交流与碰撞？

5. 如何通过文化报道来关注和推动文化产业的创新与发展？

参考文献

［1］王国炎，汤忠钢."文化"概念界说新论［J］.南昌大学学报（人文社会科学版），2003（2）：72-75，100.

［2］姚静.论AR技术在文化新闻报道中的融合与应用方向［J］.出版广角，2019（21）：73-75.

［3］金苗.中华文化国际传播与影响力提升路径：基于"一带一路"合作国家新闻报道的数据分析［J］.南京社会科学，2023（1）：102-112.

［4］余沐芩，杨萌芽.移动互联时代传统文化传播探析：以《大河报·河之洲》为例［J］.新闻爱好者，2020（2）：78-81.

［5］詹姆斯·凯瑞.作为文化的传播："媒介与社会"论文集［M］.丁未，译.修订版.北京：中国人民大学出版社，2019.

［6］韩顺法，李柯.主流媒体对非物质文化遗产的媒介话语建构：以《人民日报》2004—2021年报道为例［J］.青年记者，2022（10）：52-54.

［7］付岩岩.南京大屠杀史实的跨文化传播路径：《新华日报》国家公祭日策划报道探析［J］.传媒观察，2023（S2）：99-102.

［8］常江.蒙太奇、可视化与虚拟现实：新闻生产的视觉逻辑变迁［J］.新闻大学，2017（1）：55-61，148.

［9］韩隽，庞嘉，刘杰.H5新闻界面设计如何出彩：以第31届中国新闻奖页（界）面设计典型作品为例［J］.新闻与写作，2022（4）：108-112.

［10］张梦.文化报道对文化传播和认同的强化：以近五届中国新闻奖获奖作品为例［J］.青年记者，2017（17）：38-39.

第四章

科技报道：信息传递与价值传播

导　语

现代科技传播与传统的科普大不相同。2023 年科普中国智库论坛暨第三十届全国科普理论研讨会在广州举行，结合广州科技传播融合发展研究，本人尝试提出科技传播的新定义：科技传播是以科学精神为指导，以科学方法为手段，以科学知识为载体的信息传递活动，其目的是在全社会范围内促成科学思想的交流，形成创新、自信的科学氛围。

科技报道作为科技传播的重要组成部分，在不同的社会发展时期有不同的报道形态和报道特征，这些带有鲜明时代特色的表现形式，体现着特定历史时期的社会、经济、文化、科技的发展特征。从科技报道到科技传播，从信息传递到价值传播，从常规实践到前沿探索——科技报道的新概念与科技传播的新定义背后体现的是对现实的回应和关切，对未来的呼唤与展望。

——暨南大学新闻与传播学院教授　曹轲

科技报道小组有导师 1 名：曹轲；助教 2 名：常琳、农舒婷；学生 13 名：林康毅、芦志豪、李元燕、李泽庭、关晋安、段钇名、王钰珊、陈昊、郑乔、林俊蔚、钟莉薇、刘烁霖、张熙唯。

一、科技报道的概念

科技报道是遵循科学精神，采用科学方法，传递科学知识的新闻报道，科技报道的内容无论是面向前沿科学与技术，还是针对社会大众与生活，其目的都是促进科学思想的交流，提升社会的科学氛围，进而提高全社会的创新能力。

2016 年，习近平总书记在"科技三会"上提出了具有开创性、战略性意义的观点："科技创新、科学普及是实现创新发展的两翼，要把科学普及放在与科技创新同等重要的位置。"[1] 2016 年也因此成为科技报道的分水岭，从传播学"5W"框架来看，之后的科技报道发生了根本性变化。[2]

（一）报道主体社会化

科技报道的主体向全社会范围延伸，从媒体、自媒体扩展到政府机构、社会团体、实验室、科技公司、高校、医院、社区宣传点等，社会多元主体加入科技报道的队伍中。

（二）报道对象个性化

根据国家政策对于传播对象的分类，科技报道的对象被有针对性地分为五个特征群体：面向基础教育的青少年；适应农业农村现代化发展要求的农民；面向职业教育和产业工人；对科技内容感兴趣、有具体需求的老年人；领导干部和公务员。

（三）报道内容多元化

由于传播主体范围的延伸和传播对象特征的细分，传播内容变得更加多元化和垂直化，如医院、医生、医学博主通常会选择与疾病防治、健康生活相关的专业的科技报道。又如，针对老年人的科技报道，则定位于帮助"银发一族"发展数字适老化及解决信息障碍问题。

（四）报道媒介专业化

新时期的科技报道会更加关注传播的新趋势，如传播的互动性与社交性、职业化与专业性，善用传播的新媒介与新技术，如人工智能、AR、VR 技术等。

[1]科学普及与科技创新协同发力 为世界科技强国建设提供强劲支撑：科技部党组书记、部长王志刚解读《关于新时代进一步加强科学技术普及工作的意见》[EB/OL].（2022-09-06）[2024-04-29].https://www.gov.cn/zhengce/2022-09/06/content_5708600.htm.

[2]国务院关于印发全民科学素质行动规划纲要（2021—2035 年）的通知[EB/OL].（2021-06-25）[2024-04-29].https://www.gov.cn/zhengce/content/2021-06/25/content_5620813.htm.

（五）报道目的明确化

科技传播的目的是提升全社会的创新能力，而实现这一终极目的的途径是提高公民科学素质。科技报道作为传播科技的重要形式，不应只是简单呈现新闻要素，而是要超越科技类信息的传递，肩负更加重大的社会使命。

二、科技报道的特征

科技报道在传播主体、对象、内容、传播媒介、传播目的等方面与以往相比都发生了巨大的变化，因此，当代的科技报道具有四组看似矛盾实则统一的特征。

（一）前沿性和生活化

前沿性和生活化，对于深度科技报道来说需要同时兼备。例如，2024 年 3 月 21 日世界睡眠日，《南方周末》发表了一篇名为《就想多睡 15 分钟，为什么这么难？》的报道。全文 3510 字，从中国睡眠研究会发布的《2024 中国居民睡眠健康白皮书》入手，谈到睡眠质量的现状，从社会学的角度分析了干扰睡眠的因素，从前沿医学研究的角度挖掘与睡眠相关的疾病，从生活科普的角度介绍了普通人每天究竟应该睡多长时间，最后从经济学的角度分析了睡眠产业的发展与挑战。[1]

世界睡眠日的次日，3 月 22 日，世界水日，同时也是中国水周。中国水利的微信公众号用图片新闻的方式发布了一篇名为《快来看这张"世界水日""中国水周"的长长长长长图》的报道。长图首先介绍了"世界水日"和"中国水周"的由来，接着历数了自 1994 年以来世界水日的宣传口号与自 1995 年以来中国水周的宣传主题，由于长图将二者对应起来，受众很容易就能发现二者之间的联系。比方说，2016 年，世界水日的宣传口号是"水与就业"，相应地，中国水周的宣传主题是"落实五大发展理念，推进最严格水资源管理"。[2]

以关于水资源保护的深度科技报道为例，当它们出现在不

[1] 就想多睡 15 分钟，为什么这么难？[EB/OL]. (2024-03-21)[2024-04-29]. https://mp.weixin.qq.com/s/E4bMzWPih3JvqKpIFdIdYQ.

[2] 落实五大发展理念，推进最严格水资源管理[EB/OL].(2016-03-22)[2024-04-29]. https://xcb.wuxi.gov.cn/doc/2016/03/22/968857.shtml.

同类型的媒体以及同一媒体的不同新闻版块时，这些报道还可以进一步采访社会团体、中外公司为保护水资源所推行的项目，剖析这些项目的公益性与市场性，调研中国乃至世界不同区域的水资源现状与当地居民的生存状况，报道社区组织节约水资源的活动，深入了解不同区域关于"用水"的生活习性、文化传统，分析市面上不同类型饮用水之间的异同。

（二）时效性和功能性

科技报道讲究时效性，同时强调功能性，时效性与功能性往往体现在同一篇深度报道中。譬如，当科技报道在谈论医学和生物界最新的睡眠研究时，当科技报道在分析水资源种类、分布、保护时，这些题材所涉及的前沿的"科学与技术"往往具有时效性。与此同时，同样是上述两篇报道，当作者在给读者讲解关于如何获得更好的睡眠体验，分辨不同水质时，这篇报道又具有生活科普的功能性，而为了讲透科学技术所涉及的更为基础、经典的科学依据和原理，则并不追求绝对的前沿性与时效性。

（三）创新性和争议性

科技报道既包括面向前沿硬核科技的内容，也涵盖让科学和技术走进寻找百姓家的生活科普。随着人类科学探索活动的无限延展与深入，新的科学成果诞生的周期越来越短，科学技术融入人们的生活程度越来越高，科技知识及知识背后蕴藏的人类科技进化的动力，正在社会事件中扮演着越来越关键的角色。

全球科技传播已经从整体单一的科学知识的大众化传播转向了多元化和专业化的传播。科技报道的内容本身更加关注新兴科技和未来趋势，具有争议性的问题也越来越多，与以往相比，科技报道更要注重科技伦理以及对全球性问题的科学解读。

（四）国际化和全球化

随着全球化进程的加速，国际科技机构之间的合作与交流日益频繁，大家共享资源，推动科技传播的国际化发展。国际合作不仅有助于提升科技传播工作的质量和效果，还可以促进各国间的科技交流与人文对话，增进了解，寻找共识。

科技新闻在报道全球科技的同时也在向全球展示中国科技与中国形象。科技报道作为中国国际化的媒介，发挥着至关重要的作用。国家社科基金项目"'一带一路'背景下科技新闻话语的建构修辞及其传播研究"的阶段性成果，齐鲁工业大学外国语学院鞠玉梅教授在《科技新闻建构国家身份认同研究——基于"科技冬奥"中外媒体新闻报道的个案分析》中指出："科学技术作为第一生产力对于国家富强起着举足轻重的作用。伴随着近些年中国取得的一系列突出的科技成就，国家的科技水平和创新能力不断增强。媒体通过报道科技发展，不仅为公众传播科研最新发展动态，普及科技知识，同时也可建构一国的国家身份。"[1]

三、科技报道的特殊性

科技报道的特殊性在于，需要兼顾专业知识、专业术语的严谨性与读者能够理解的"大白话"的通俗性，做好"新闻专业的翻译"工作，兼顾准确与通俗。果壳创始人兼CEO稽晓华（网名姬十三）用一个形象的比喻来描述科普的过程：科学就像一颗坚果，果皮坚硬，果肉鲜美，作为科普人，我们的天职就是像松鼠一样，打开科学坚硬的外壳，让大众品尝到科学的美味果实。[2]

科学就像坚果，科普就像给坚果剥皮，剥掉外皮才能呈现味道鲜美的科学果实给观众。这个经典的比喻只说明了科技传播的方法，对科技传播的内容却是笼统地一带而过。事实上，科技传播内容的定义和科技传播侧重的方向是一个存在争议的话题。2023年5月，稽晓华在一次采访中表示，过去20年互联网发展迅速，科普的选材更多是被流量驱动的，即普通公众感兴趣的生活科普。[3]而生物医药、量子计算等技术过于前沿，在互联网平台上并没有得到特别好的推广。

所谓"硬核科普"指内容面向前沿科技的科学普及报道。"硬核"一词来源于英文单词"hardcore"，原指一种以强硬风格著称的朋克摇滚音乐，后泛指专业门槛较高的领域。譬如，电影

[1]鞠玉梅.科技新闻建构国家身份认同研究：基于"科技冬奥"中外媒体新闻报道的个案分析[J].当代修辞学，2023（5）：57-67.

[2]商人姬十三：从"科学超男"到创业者[EB/OL].（2017-11-12）[2024-04-29].https://mp.weixin.qq.com/s/Q2rB-uPu0PNC_07By6Ianw.

[3]2亿多用户在B站观看科技内容，科普产业化有大量未被满足的需求[EB/OL].（2023-05-22）[2024-04-29].https://www.shanghai.gov.cn/nw4411/20230522/2dd438f43ac845e6bfcd21e18d5de22b.html?siteId=1.

《流浪地球》曾被称为"硬核科幻片"。

除了"硬核科普"与"生活科普"之分，科幻作品算不算科技传播则是另一个争议性话题。中国科协 2023 年智库成果中包括《中国科幻发展年鉴（2023）》及《世界科幻动态年鉴（2022年）》，但有学者认为科幻不算科技，科幻作品不能归入科技传播。牛津通识读本系列《科幻作品》的作者、多年从事科幻教学与研究工作的英国教授戴维·锡德也认为"科幻极难定义是个共识"[1]。

[1]锡德.科幻作品[M].邵志军,译.南京:译林出版社,2019: 1, 73.

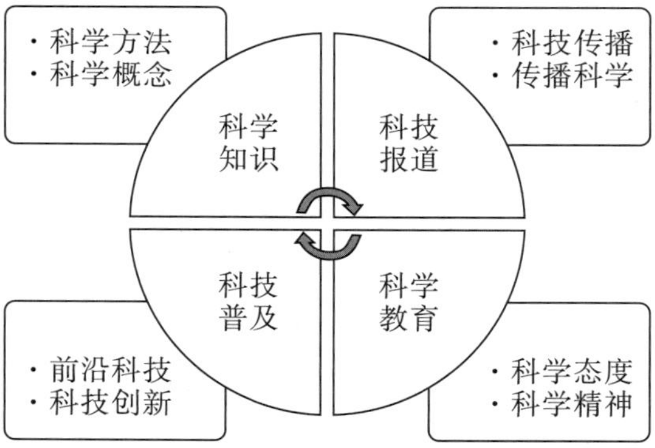

图 4-1　科技报道与传播科学：如何科学地传播科学和技术

（一）前沿硬核科技报道

前沿硬核科技报道，其内容的特质之一就是"新"。"新"意味着它对人类社会的正面、负面影响都是未知的，因此报道者更需要关注科技伦理，关注争议性话题。

1. 前沿争议类科技报道

优秀的科技报道应该与当前科技发展的最新趋势保持一致。报道不仅要及时，还应深入探讨科技背后的科学原理、发展历程及对社会、经济和环境可能产生的影响。同时，报道者应保持客观和中立的态度，公平地呈现各种观点，尤其是在涉及争议的话题上。

随着 OpenAI 公司的崛起，AI 技术再次成为热点，想要做好AI 领域的科技报道，需要综合考虑技术、社会、伦理等多方面的因素。

第一，在进行报道之前，需要深入了解 AI 的基本原理、各种算法和应用领域；了解不同领域的最新研究和发展，包括自然语言处理、计算机视觉、机器学习等，这样写出来的报道才更具有专业性。

第二，要关注行业的最新趋势，追踪重要的公司和研究机构，以便及时报道行业最新的进展。如 OpenAI 公司技术发展迅猛，短短几个月内迭代更新了 ChatGPT3.5、4.0 等多个版本，报道者应该及时了解该公司发布的最新消息和技术。

第三，要梳理关键问题，AI 不仅仅是技术，还涉及伦理、法律、社会等多个方面的问题。需关注与 AI 相关的关键问题，如隐私保护、算法歧视、自动化对就业的影响等，使报道更为全面。

第四，要保持客观性和中立性。2023 年 11 月，央视市场研究股份有限公司作为一家市场调研和媒体研究公司，在其主办的微信公众号"德外 5 号"上发表了一篇名为《新闻业到底需不需要 ChatGPT？》的文章。文中的测试者进行了两组实验，用来测试 ChatGPT 是否会在立场上出现不公正、不客观的情况。第一组测试内容是关于美国前总统特朗普和时任总统拜登的新闻，ChatGPT 在评论特朗普审判的公平性时保持中立；测试者又用对拜登弹劾调查的新闻进行测试，得到了和特朗普新闻相类似的、长且细致的答案。在这两个测试中，ChatGPT 都没有倾向于持支持或反对观点的任何一方，仅仅只引用了遵循政治公正原则的新闻机构的信息，且答案十分详尽，似乎并无偏向和隐瞒。第二组测试内容是关于以色列和哈马斯冲突的新闻，检测 ChatGPT 如何处理在全球范围内分裂公众意见的争议性新闻报道。当被问及最近发生事件的事实性问题时，ChatGPT 引用国际新闻机构的报道，展示冲突双方的立场和观点，其答案没有立场倾向，即使面对"归咎于谁"的引导性问题时，也会避免直接回答，以中立的立场解释不同方面的观点。但值得注意的是，当实验者要求 ChatGPT 以特定立场撰写文章，它才会生成带有偏见的极端观点。[1]

随着以大语言模型为突破点的人工智能的兴起，内容的真实性、权威性、专业性和可信赖度成为全球重新审视数字化趋势

[1] 新闻业到底需不需要 ChatGPT？［EB/OL］.（2023-11-09）［2024-04-29］. https://m.huxiu.com/article/2273589.html.

下的内容安全与行业规范的重要契机。2023 年 10 月，科技部会同教育部、工业和信息化部、国家卫生健康委等十部门联合印发《科技伦理审查办法（试行）》，其中需要开展伦理审查复核的科技活动清单包括：具有舆论社会动员能力和社会意识引导能力的算法模型、应用程序及系统的研发，面向存在安全、人身健康风险等场景的具有高度自主能力的自动化决策系统的研发等等。[1]

[1] 中华人民共和国科学技术部关于印发《科技伦理审查办法（试行）》的通知［EB/OL］.（2023-10-08）［2024-04-29］.https：//www.gov.cn/gongbao/2023/issue_10826/202311/content_6915814.html.

2. 涉及社会伦理的科技报道

2023 年 5 月，世界科学网选用了一篇科技工作者撰写的报道《CRISPR 十年：基因编辑技术初露锋芒》，这篇关于基因编辑的文章优点在于将更加专业的数据和实验证明公之于众，增强了报道的说服力，同时报道内容呈树状，分述了 CRISPR 技术在不同领域上的发展，进一步展现了报道的专业性。[2]

[2] WANG J，DOUDNA J. CRISPR 十年：基因编辑技术初露锋芒［EB/OL］.（2023-05-28）［2024-04-29］. https：//worldscience.cn/c/2023-05-28/642569.shtml.

CRISPR筛选

由于CRISPR诱导基因敲除相当便利，研究者已经成功利用这项技术进行遗传筛选（即并行对多个基因开展系统性的遗传改造）。这种CRISPR筛选有利于理解遗传相互作用和解析生物学通路，从而推动发现治疗靶点并开发药物。CRISPR筛选的能力正不断增强，特别是在与单细胞多组学技术进步的结合后。遗传筛选通常涉及一个或多个

过去十年中，CRISPR诱导的基因敲除技术在世人的震惊下横空出世，彻底改变了基础和转化研究，并在农业和医学中展现出巨大潜力。经典的真核细胞CRISPR诱导敲除方法采用CRISPR-Cas9核糖核蛋白（RNP），它由Cas9核酸酶和基因工程设计的单链向导RNA（sgRNA）组成。sgRNA将Cas9引导至目标位点，从而引起DNA双链断裂（DSB）。该断裂继而被内源性修复途径修复，包括非同源性末端接合（NHEJ）和微同源介导的末端接合（MMEJ）途径，以及利用修复模板进行的同源介导的更精细双链DNA修复（HDR）途径（图3A）。由于CRISPR-Cas9的靶向特异性和效力方面表现出色，这种基因敲除技术已常规应用于研究领域，为敲除基因进行功能研究提供了简便流程。

图 4-2 《CRISPR 十年：基因编辑技术初露锋芒》内容选段

但是这篇文章使用了高度专业化的术语和描述方式，造成了非专业人士的阅读障碍。如图 4-2 中的“非同源性末端接合（NHEJ）和微同源介导的末端接合（MMEJ）途径，以及利用修复模板进行的同源介导的更精细双链 DNA 修复（HDR）”，非专业人士可能连“非同源性末端接合”与“微同源介导”的概念都不清楚，对于文章所描述的基因编辑过程的理解自然是难上加难。

相比之下，《科学家们开始探索使用“基因魔剪”治疗阿尔茨海默病》[3] 这篇关于基因编辑内容的科技报道则更适合非专业

[3] 科学家们开始探索使用“基因魔剪”治疗阿尔茨海默病［EB/OL］.（2023-07-18）［2024-04-29］. https：//h5.ifeng.com/c/vivo/v002WM3UtXA1NR7_Cv9nyUjHMxsuHtn8vCzDIMedh2Hs3pE?isNews=1.

人士阅读，该文言简意赅，易于理解。但相对地，大众化风格也削弱了其专业性和说服力。

关于基因编辑的话题，哔哩哔哩网站（B 站）的视频创作者们做出了很多生动而不失专业的科技报道，如通过动画或者游戏形式去科普基因编程，多元化的报道方式让更多人了解了基因编辑的前沿科技。

科学家们开始探索使用"基因魔剪"治疗阿尔茨海默病

澎湃新闻 2023-07-18 12:52

·第一项研究使用 CRISPR 技术，把阿尔茨海默病小鼠的 APP 基因末端剪掉一小部分，发现 β-淀粉样斑块和相关炎症标志物的数量减少，还得到了神经保护 APP 的增加，最重要的是，小鼠的行为和神经系统功能缺陷得到了纠正。

·第二项研究使用 CRISPR/dCas9 编辑策略，试图减少 APOE ε4，主要候选药物已能稳健地降低阿尔茨海默病患者以及人源化小鼠模型的人诱导多能干细胞衍生的微型大脑中的 APOE ε4 水平。

基因编辑工具 CRISPR 正在药物发现领域掀起风暴，科学家们正将"基因魔剪"应用于阿尔茨海默病。

图 4-3 《科学家们开始探索使用"基因魔剪"治疗阿尔茨海默病》内容选段

CRISPR: 基因编辑原理及应用
生物博学堂 · 2019-6-25

【科技史】基因编辑：代码的世界
芳斯塔芙 · 2021-11-12

【果壳·经典科学】2分钟看懂 CRISPR，基因编辑从此开始
果壳 · 2019-5-11

【科学八卦史】基因编辑：专利的游戏
芳斯塔芙 · 2021-11-20

图 4-4 B 站关于"基因编辑"的相关视频

基因编辑技术可以修复 DNA 的缺陷，有着广泛的应用前景。与此同时，基因编辑技术也面临着各种伦理道德问题，如怎样确保基因编辑的安全性和保障性，如何防止基因编辑技术的滥用，等等。2018 年，深圳市的基因编辑婴儿案中，南方科技大学原副教授贺 ×× 通过基因编辑技术改变了 HIV 免疫病毒的基因，让刚出生的婴儿获得了天生免疫 HIV 病毒的能力。这看似是人类为战胜某种疾病而取得的重大胜利，但为其带来了 3 年的牢狱生活。这其中就隐含了人们对于基因编辑技术伦理边界的思考。[1]

《科幻作品》中提到非裔美国作家乔治·斯凯勒的《不再有黑色》。在这部小说中，有科学家发现了改变皮肤色素沉积的办法，从而使得黑人和白人无法再区分开来。当使用这种医学手段的人数越来越多时，美国社会开始走向崩溃。这是一个看似无害的科技带来社会伦理失序的故事，失序的科幻乌托邦（Utopia）被称作敌托邦（Dystopia）。[2]

[1] "基因编辑婴儿"事件为何争议巨大？[EB/OL].（2018-11-27）[2024-04-29]. https://baijiahao.baidu.com/s?id=1618239772095760254&wfr=spider&for=pc.

[2] 锡德. 科幻作品 [M]. 邵志军，译. 南京：译林出版社，2017：1, 73.

科技报道者在面对最前沿的科学与技术时，应该多角度、深层次地去思考，尽量以客观的立场呈现事实。

（二）生活常识科普报道

生活常识科普类的科技报道，通常是谣言的高发地。传播学的学者在 2018 年根据腾讯大数据平台的谣言文本分析得出结论，在谣言话题中，科技类话题位列第一，占比高达 47%，远超社会时政类话题（27%）、明星八卦话题（15%）。其中又以食品健康、疾病防治等领域为重中之重，这类谣言往往无法靠常识去识破，而谣言的受众又常常抱有"宁可信其有"的心态。[1] 辟谣和证伪在此领域便显得十分重要。

生活常识科普类的科技报道往往针对特定的人群，因此需要具有与该群体的适配性。以针对农民的生活科普报道为例，可以看出生活科普的一些共性特征：

1. 通俗简易，直奔主题

在不失真的前提下将科技知识常识化、通俗化是必要的，避免使用过于深奥的专有名词以造成阅读障碍及理解偏差。如农药"O，O-二甲基-O-（2,2-二氯乙烯基）磷酸酯"，其实还有一个非常通俗易懂的名字——敌敌畏。

直指人心的主题，能够让报道具有更好的传播性与再传播性。2023 年 11 月《科技日报》一篇介绍新品种油性水稻的文章《新技术能让水稻也像大豆一样榨油》，从标题就唤起了读者的兴趣。[2]

针对不同特征的对象，科技报道应该尝试不同的新媒体形式。譬如，央视在抖音、小红书和 B 站上开设了"央视农业"的账号，以专业化与趣味性并行的方式介绍农业方面的新技术和培育的新品种。其风趣的视频风格，吸引了 200 多万粉丝的关注。

[1] 喻国明. 网络谣言的文本结构与表达特征：基于腾讯大数据筛选鉴定的 6000+ 谣言文本的分析 [J]. 新闻与写作, 2018（2）：53-59.

[2] 新技术能让水稻也像大豆一样榨油 [EB/OL].（2023-11-10）[2024-04-29]. https://kpzg.people.com.cn/n1/2023/1110/c404214-40115099.html.

央视农业 LV6 　+关注

粉丝：211.3万 · 视频：932　CCTV17农业农村频道官方账号

羽绒服涨价了？　▶12.6万　01:43　　为何张桂梅成为张桂梅　▶49.1万　04:17　　香菜火锅？！　▶105.4万　01:39　　动物内脏垃圾食品？　▶44.8万　02:40

鹅绒贵就真的好吗？羽绒服咋选也是个农业问题……　昨天

我们来讲讲张桂梅的故事！【主播说三农】　11-22

爱吃和不爱吃香菜的都沉默了……【主播说三农】　11-20

咳咳～有必要为它说句公道话了【主播说三农】　11-19

图 4-5　央视农业在 B 站的账号

2. 虚实结合，平衡信息

面向农村居民的科技报道具有以下作用：一是帮助从事农业工作的乡村居民理解国家政策，二是为他们提供"接触"最新科技知识的机会，三是提高他们使用科技创新成果的机会。适时地向农民传递科技进步的成果，把握住科技进步给乡村产业带来的机遇，能够帮助他们更好地接受科技发展带来的新价值体系，提高整个社会的平衡性。

阳光玫瑰葡萄因其含糖量较高、果肉鲜脆多汁、有玫瑰香等特质，被誉为葡萄界的爱马仕。早在 2006 年，这一品种的葡萄便已出现在央视农业报道中。但彼时种植条件尚不成熟，直至 2017 年后阳光玫瑰葡萄才开始被大规模种植。而后又因科技信息与现实普及的不对称，产量迅速过剩，造成了谷贱伤农的后果。据《解放日报》报道，2017 年，陕西省渭南市果农周 ×× 种植的阳光玫瑰还没成熟就被微商团队订购一空，5 亩阳光玫瑰的净利润就达到 68 万元。2022 年，根据云南省政府的统计数据，仅大理农场的阳光玫瑰产量就已经突破每天 1.6 万吨，对比 2016 年全国仅有几万亩的规模，增长已经失速。[1] 至 2023 年，这一品种的葡萄种植便严重过剩，品质也在走下坡路，市场价格最终一落千丈。

在农村，农产品的种植往往是一家收入的重要来源，农作物的更换受到种植品种更新、种植技术变化甚至销售市场风向变动

[1] "阳光玫瑰"走俏市场 [EB/OL]．（2022-08-14）[2024-04-29]．https://www.yn.gov.cn/ztgg/jjdytpgjz/xwjj/202208/t20220814_245727.html.

的影响。这些内容都是科技报道应该关注的重点。同时，科技报道应该考虑"拓维"，采用多元化的传播方式，如短视频、微电影等，同时结合线下活动，让农民亲身接触，亲自体会。

无论何种类型的科技报道，都应该充分利用传播媒介的社交属性，促成科学家、技术专家和公众之间的对话。

四、如何提升科技报道的内涵

（一）理念创新：从传递信息到传播价值

通过科技报道传递科学精神，在全社会范围内培养自信和创新的意识，这是一个具有社会性、持续性、大众性的工作，关键在于传播价值而非传递信息。

当下的科技报道受商业、娱乐、技术等因素的影响，科学内容与其他碎片化信息混杂，这可能会催生科学精神的异化，导致科技传播背离了科学的精神和理念，违背科学伦理和原则，走向科学的反面。防止科学精神的异化有两个关键点：

一是防止科技报道过度商业化。有的报道将混杂其他碎片化信息的"泛科学"内容包装成一种知识产品或教育服务进行销售，有的报道以"科学"的名义来贩卖焦虑，有一些报道甚至为了达到商业目的而炮制"伪科学"。由中国科协、国家卫生健康委、中央网信办等机构联合打造的辟谣平台"科学辟谣"在2023年1月发布了《2022年度流言榜单出炉，你信过吗？》，包括喝葡萄酒有助健康、空调开26度最环保等流言，这些流言真假参半、逻辑颠倒，让想喝葡萄酒又担心不健康的人，想开空调又怕费电的人"心安理得"地接受了伪科学。[1]

[1] 2022年度流言榜单出炉，你信过吗？[EB/OL].（2023-01-05）[2024-04-29]. https://mp.weixin.qq.com/s/C3lFCGcxURQSxSN1PixEyg.

表4-1　中国科协、国家卫生健康委、中央网信办等机构联合发布的"2022年度流言榜单"

序号	内容
1	老年人常有多种基础疾病，接种新冠疫苗更容易产生副作用，弊大于利
2	防疫口罩和核酸采样棉签里含有"石墨烯"，会对身体产生伤害
3	空调开26℃既舒服又省电

（续上表）

序号	内容
4	变电站会产生辐射和噪音，影响健康
5	葡萄酒中含有能保护心脏的白藜芦醇，常喝有助于健康
6	空气炸锅也是炸，而且会产生丙烯酰胺，可能致癌
7	颈椎病不要紧，不舒服了找人按摩一下，平时自己做做操就好了
8	多喝苏打水对身体有好处，可以调节身体酸碱平衡
9	接种 HPV 疫苗，有可能让女性怀不上孩子
10	脂肪肝是胖人的专利，只要吃素减肥，就不会患脂肪肝
11	藿香正气水是中暑的特效药
12	老人跌倒确实很危险，但只要能起身并活动无碍，就不用担心，也不用急于去医院

二是警惕科技报道过度娱乐化。诚然，为了贴近受众，应该采用互动性强、趣味通俗的多元化方式来进行科技报道。但是过度娱乐化、猎奇、博取流量等行为会导致科学内容缺损，科学伦理丧失，科技传播失效。譬如，穿着"科技的外衣"的"电子榨菜"，本质没有丰富的内涵，也没有足够的科技信息，"爽点""爆点"密集，只追求短时间内放大用户的情感，带来情绪宣泄。这些"电子榨菜"式的科技报道内容在获得流量的同时，对于科技传播的目标实现存在不良影响。因此，在进行科技报道时，要有意识地融入正确的价值导向，如科技自信和科技创新能力，以塑造积极的科学文化观。[1]

（二）策略创新：以己度人讲好科技故事

融媒体语境为新闻报道提供了新的思路和广阔舞台，高质量科普产品的供给日益旺盛。据《2022 年度抖音自然科普数据报告》，过去一年，抖音科普相关视频累计获赞 11 亿次，万粉作者数相比去年同期增长 72%。[2] 但是，用网络流量来衡量科技报道受欢迎的程度，实际上并没有充分考虑和评估受众需求。苏州大学传媒学院贾鹤鹏教授认为对传播效果的重视本质上是对受众个体态度与行为的重视，传播工作的目的不仅仅是提供信息，而且是为了让这一信息能实际影响到受众。[3]

丁香医生《近视手术能不能做？怎么做？一文给你讲清楚》这一文章对于医学术语都做了详细的解释，令读者更容易了解。[4]

[1] 胡兵，彭伊婷. 科普三十年：从重大科普政策看我国科普理念与引领能力的提升 [J]. 科技传播，2023（1）：1-6.

[2] 2022 年度抖音自然科普数据报告 [EB/OL].（2022-09-20）[2024-04-29]. https://baijiahao.baidu.com/s?id=1744482014147171016&wfr=spider&for=pc.

[3] 贾鹤鹏. 中国的科学传播，真的达到效果了吗？[EB/OL].（2019-09-27）[2024-04-29]. https://www.sohu.com/a/343709259_465226.

[4] 丁香医生. 近视手术能不能做？怎么做？一文给你讲清楚 [EB/OL].（2020-10-13）[2024-04-29]. https://mp.weixin.qq.com/s/hV2r2L9xp95hGHsZE4HQXA.

科普中国旗下山西医科大学健康科普传播团队写的《晚餐早点吃VS晚点吃，差别竟然这么大！最佳晚餐时间是……》，对不同时间吃晚餐的结果进行分析，用带悬念的标题和明晰的结构，使读者看完之后更容易记住其中的内容和结论。[1]知乎比特币专栏的文章《什么是比特币？》，详细解释了比特币的定义、来源，从零开始"普及"比特币。[2]

这些科技报道内容广泛，作者以己度人，兼顾了内容的针对性与普适性，对帮助更多的人"科学地"了解"科学的内容"，起到了很好的示范作用。

（三）内容创新：形式多样辅助内容建设

前面提到要根据内容来选择呈现的媒介形态，要广泛利用多元化的传播技术，来达到更好的传播效果。但是，多样化的形式和技术手段并不能取代内容建设本身。

早在2013年，国外学者Toland等人就在《应用认知心理学》（*Applied Cognitive Psychology*）上发表文章称，阅读的媒介基本不会对阅读成效造成差异，对于同一个事实内容，电子化的媒介对读者的阅读理解没有帮助。[3] 2023年，国内学者做了类似的实验，实验者让同一群体用手机或纸媒阅读同一内容的科技文章，阅读完毕之后，让被实验者回答与内容相关的问题，结果发现不同媒介对科普文章的知识传播效果并无显著影响。[4]与传统文本不同，泛义的新媒体采用图片、符号、视频、音乐等不同形态刺激读者的感官神经，但读者的阅读也有可能因此停留在浅层的视听刺激层面，看完一段视频之后只对音乐和画面的细节有朦胧的印象，对作者想要传递的科学内容并未关注甚至连结论都记不住，更不要说理解文字背后想要传递的"思想性"与"价值观"。

传播技术的进步仍然需要"以人为本"，以科学精神为价值导向，以内容建设为抓手，防止技术主导下的无序溢出，让科技报道真正担负起传播科学精神、传递科学内容，进而提升社会创新能力的使命。

［1］山西医科大学健康科普传播团队.晚餐早点吃VS晚点吃，差别竟然这么大！最佳晚餐时间是……［EB/OL］.（2023-11-08）［2024-04-29］.https://mp.weixin.qq.com/s/NtvZJJqYsgO3tqcYVFBJhA.

［2］什么是比特币？［EB/OL］.（2020-09-02）［2024-04-29］.https://zhuanlan.zhihu.com/p/133202649.

［3］TOLAND M J, MARGOLIN S J, DRISCOLL C, et al.E-readers, computer screens, or paper: does reading comprehension change across media platforms？［J］.Applied cognitive psychology, 2013, 27（4）：512-519.

［4］余远葭，杨莉明.科学传播视角下新媒体和传统纸媒科普文章阅读效果对比研究［J］.数字出版研究，2023, 2（2）：72-81.

思考题

1. 硬核科技与生活科普，哪一个才是科技报道应该加大投入的领域？

2. 怎么定义科幻和科技的关系？科幻作品算不算科技传播？

3. 新媒介、新技术对科技报道究竟有没有帮助？

4. 面对科技类流言，应该加强辟谣还是强化正面报道？

5. 人工智能会为科技报道带来哪些正面和负面的影响？

参考文献

［1］国务院关于印发全民科学素质行动规划纲要（2021—2035年）的通知［EB/OL］.（2021-06-25）［2024-04-28］. https://www.gov.cn/zhengce/content/2021-06/25/content_5620813.htm.

［2］中共中央办公厅 国务院办公厅印发《关于新时代进一步加强科学技术普及工作的意见》［EB/OL］.（2022-09-04）［2024-04-28］. https://www.gov.cn/zhengce/2022-09/04/content_5708260.htm.

［3］鞠玉梅.科技新闻建构国家身份认同研究：基于"科技冬奥"中外媒体新闻报道的个案分析［J］.当代修辞学，2023（5）：57-67.

［4］新闻业到底需不需要ChatGPT？［EB/OL］.（2023-11-09）［2024-04-29］. https://m.huxiu.com/article/2273589.html.

［5］锡德.科幻作品［M］.邵志军，译.南京：译林出版社，2017.

［6］胡兵，彭伊婷.科普三十年：从重大科普政策看我国科普理念与引领能力的提升［J］.科技传播，2023（1）：1-6.

［7］TOLAND M J, MARGOLIN S J, DRISCOLL C, et al. E-readers, computer screens, or paper: does reading comprehension change across media platforms？［J］. Applied cognitive psychology, 2013, 27（4）：512-519.

［8］余远葭，杨莉明.科学传播视角下新媒体和传统纸媒科普文章阅读效果对比研究［J］.数字出版研究，2023，2（2）：72-81.

第五章

体育报道：竞技平台与大众舞台

导　语

　　体育报道和互联网的特性有着天然的契合。某种程度上，体育报道可看作互联网发展的"春雷第一声"。2000 年悉尼奥运会时，新浪的竞技风暴频道崭露头角；2008 年北京奥运会和 2012 年伦敦奥运会时，博客和微博展示了社交媒体的新生力量；到了 2022 年北京冬奥会，短视频大行其道。互联网的发展在体育报道领域投下了鲜明印记。

　　但也因为移动互联网的碎片化、浅阅读、交互性等"基因"，体育报道由此可能会更加浅表、易碎，甚至沦为口水战、地域黑的场域，乃至被"饭圈文化"中的乱象侵蚀。也因此，对体育优质报道、深度报道的需求，显得尤为必须且迫切。

　　从竞技体育角度看，赛场直观地呈现胜负冲突和喜怒哀乐，有时也像是生活的一个缩影，带给人们启示和鼓舞；从大众体育角度看，普通人的体育故事同样可以打动心灵、引发共鸣；从体育文化角度看，由于我们以往的体育文化过多受金牌思维的影响，同时青少年体育、学校体育也存在发展短板和体育价值观教育的缺失，在大众生活中，体育文化还没有形成足够的"气场"。但随着体育的多元社会价值得到更多重视和开掘，对体育发展也有了更多观察的角度。这些，都可以成为体育深度报道的关注之处。

——人民日报社体育部原主任、《新闻战线》总编辑　薛原

　　体育报道小组有导师 1 名：薛原；助教 2 名：余安迪、刘影；学生 14 名：张柏林、刘施博、赵瑞琦、郑温妮、施晓棋、罗晓鹏、沈冠琳、刘驰、钟咏诗、符颖杨、乔彦申、赖家浩、杨镇、来家乐。

一、体育报道的概念与相关研究

体育报道是指以报道竞技体育的情况为主，对包括运动竞赛、运动训练、学校体育、群众体育领域在内的体育界新近发生的事实进行报道的一种新闻类型。其报道内容以竞技运动报道为主，由于竞技运动竞赛结果的不确定性，整体上使得体育报道呈现出休闲娱乐性、国际性、情感性等鲜明的特征。[1]

体育报道在新闻界与广大群众的生活中都不可或缺。2023年是体育产业迅速发展的一年，也是体育报道蓬勃发展的一年，体育报道为社会贡献了诸如"大运会""亚运会""路跑热""村超""和美乡村篮球大赛"等体育热词，让体育屡屡成为人们关注的焦点。尤其是新媒体时代来临，需要充分利用好新媒体的信息与资源优势，全方位提高报道的质量与影响力。

我国对于体育报道的相关研究，一直以来主要集中于体育新闻报道的策略研究、不同时期体育报道特征变化、体育运动员媒介形象研究以及体育报道伦理道德探索等几个方面。尤其是近年来互联网技术的更新迭代迅速，对体育报道的研究也更多集中在全媒体时代体育新闻报道的特点，或从完善全媒体矩阵、创新报道形式、重视提升用户黏性等方面提出强化体育赛事新闻报道的策略等。

追溯过往，在报纸、网站、电视、新媒体平台体育报道的研究方面，刘朝霞将《纽约时报》和《人民日报》对2008年北京奥运会的报道做了比较研究，认为国内媒体树立了理性、建设性的报道基调，采取了宽泛的报道框架，对体育文化教育起到了积极作用。[2] 肖鸿波对《申报》在1872年至1949年77年间的体育报道展开研究，认为《申报》体育新闻报道的内容与形式发生了重大的变化，影响这种变化的因素很多，包括政治的、经济的、社会的，还有来自体育事业和新闻事业本身的影响，并指出其最大的功劳是凸显了体育新闻报道的专业性，以此区别于其他的新闻报道门类，同时也成为宣传中华民族解放和独立的工具与

[1] 黎莎. 对体育报道基本特征的探讨[J]. 成都体育学院学报，2003（4）：25-28.

[2] 刘朝霞.《纽约时报》和《人民日报》2008年北京奥运会报道的比较：框架理论的视角[J]. 首都体育学院学报，2011，23（4）：313-316.

[1]肖鸿波.《申报》77年体育报道研究（1872—1949）[D].上海：复旦大学，2011.

[2]谭康.论网络体育新闻报道的特点[J].成都理工大学学报（社会科学版），2008（1）：97-101.

[3]谷鹏，陶玉流.1949年以来我国体育新闻报道视角的变化[J].体育学刊，2011，18（2）：41-49.

[4]罗宏涛.中国运动员传媒形象研究[D].北京：北京体育大学，2013.

[5]江帆.改革开放以来中国女排媒介形象的变迁[D].南京：南京大学，2014.

[6]陈陆欢.体育明星的媒介形象传播研究[D].苏州：苏州大学，2016.

[7]闫隽.体育报道中的性别偏见[J].河南社会科学，2004（2）：106-109.

载体之一。[1] 谭康认为，网络体育报道时效性强、信息表现形式多样、受众参与互动性强、信息量大，但也存在新闻造假、忽视对新闻内容的选择、忽视新闻内容自身价值等缺陷，并提出要强化从业者的专业素养和社会责任意识。[2]

在不同历史时期体育报道的研究方面，谷鹏、陶玉流对1949年以来我国体育报道视角的变化进行研究，指出不同历史时期体育报道的时代性特征，并指出体育报道必须以深度娱乐的方式和具有社会责任的视角，展现体育运动的多种特效，在满足并提升受众审美的同时，与体育传媒产业相联系，促进体育事业和体育传媒事业的共同发展。[3]

在运动员媒介形象的研究方面，罗宏涛认为运动员传媒形象在主流价值观的呈现、个性的塑造、成功途径的展示、生活方式的导向等方面存在不同程度的偏差，需要更加重视运动员传媒形象的社会功能与价值。[4] 江帆以改革开放以来中国女排媒介形象为研究对象，认为其经历了三个阶段的嬗变，即从泛政治化的单质形象到多元化的媒介形象，再回归到一支普通运动队的本位形象，这种变迁体现了三十年来中国社会形态、人文环境以及人们的文化价值观念从政治一元化向消费多元化的转变。[5] 陈陆欢通过对羽毛球运动员林丹媒介形象的传播研究，发现大众媒介中的体育明星报道存在着娱乐主义、英雄主义、民族主义三种偏向，体育明星良好的媒介形象要通过体育明星自身行为以及媒介从业者的专业素养的共同提高来实现。[6]

同时，部分研究者也认识到了体育报道存在的问题。闫隽认为体育报道中存在着性别偏见，包括观赏型偏见、忽略型偏见、玩狎型偏见、侮辱型偏见几种类型，并分析造成偏见的原因主要包括我国体育新闻采编队伍中男性比例极高、受到传统文化的影响、体育新闻的受众群以男性为主且占比极高。[7] 林景从女性主义视角研究了中国体育传媒报道中的性别失衡问题，在原因剖析中相较于前者，新增了男权意识造成女性自我意识的扭曲及对媒介女性职业结构的影响，商业文化和消费主义的影响，等等。在改善性别失衡问题的对策中，则提出了女性主体意识觉醒、加强传媒监测、加强受众媒介素养教育、加强新闻监管、构建健康体育文化氛围等多项建议。[1] 郭讲用等人认为我国体育大众传播缺少人文精神，并对人文精神的回归提出了理性思考。[2] 薛文婷认为体育新闻不等于竞技体育新闻，对体育电视新闻报道中社会体育缺位表示质疑，认为电视传媒在注重经济效益的同时还要兼顾社会效益，还应充分发挥媒介"议程设置""舆论引导"的功能，引导受众参与社会体育，培养受众科学、全面的体育观，促进我国竞技体育和社会体育的协调发展。[3]

[1] 林景. 女性主义视野下中国体育传媒报道中的性别失衡 [D]. 武汉：武汉体育学院，2008.

[2] 郭讲用，肖焕禹. 我国体育大众传播人文精神的缺失及弘扬 [J]. 成都体育学院学报，2005（3）：30-32, 36.

[3] 薛文婷. 体育新闻不等于竞技体育新闻：对体育电视新闻报道中社会体育缺位的质疑 [J]. 中国广播电视学刊，2004（6）：47-49.

二、体育报道的特征

整体而言，体育报道应具备准确性、时效性、公平性以及生动性等特征。体育报道的准确性与时效性意味着体育报道需及时、准确地传达体育消息，满足公众对体育界的关注需求，激发公众的体育兴趣与热情；公平性则强调维护比赛环境的客观、公正，助力体育事业健康发展；体育报道的生动性强调要丰富体育报道形式，生产出生动有趣、高质量的体育报道。

（一）准确性：体育报道的生命

准确性是体育报道的生命所在，这不仅仅源于新闻对于准确性的要求，也因体育产业庞大而复杂，影响着亿万人的生活，从体育赛事的组织到体育品牌的推广赞助，都需要准确的信息作为基础，任何不准确的体育报道都可能导致错误的决策和不当的投资，对体育选手的形象、职业生涯和合同达成产生负面影响。在记者对于体育赛事的报道中，如果存在专业性缺失的问题，极易造成报道内容的失实，因此体育报道者要加强对体育比赛规则的学习，了解不同运动项目的文化内涵。此外，还要注重体育报道中事实性信息和数据类信息的准确性。在实际操作中，要根据事实性信息和数据类信息所涉及的运动项目、运动员等详细信息来进行分析，并注意核实其中是否存在错误。

（二）时效性：体育报道的脉搏

精彩的体育报道需要强化时效性，不同于传统媒体的报道需要经过编辑、排版、印刷等一系列流程才能呈现给读者，体育报道可以通过互联网、社交媒体等新媒体平台，在第一时间以文字、图片、视频等多种形式发布，观众可以随时随地获取最新的体育消息。无论是体育比赛的结果、球队的动态还是运动员的伤病情况，都能够瞬间传遍全球。

从 2000 年悉尼奥运会开始，新浪在国内首先采用互联网信息渠道开设了竞技风暴频道，让国内庞大的体育爱好者找到了比纸质报道更能满足自身对于体育赛事信息需求的渠道。2007 年，《卫报》为了迎合网络受众对于时效性的需求，率先规定体育部记者的任何消息必须首先通过网络发布。"网络优先"的原则而后才蔓延到世界各地的传统媒体以及其他媒体类型[1]。而到了 2008 年北京奥运会，出于对"快"的追求，体育报道乘上了博客这辆快车。2015 年，新华社则开始使用人工智能机器人"快笔小新"来撰写中国足球超级联赛的报道，更快的新闻生产速度也得到了业内人士的认可。次年，里约奥运会期间，人工智能机器人"张小明"通过对奥组委数据的接收和分析，每天可以撰写 30~40 条奥运新闻，并且可以自动配图和添加语气，被誉为"第二代体育报道机器人"。与此同时，《华盛顿邮报》通过机器人"赫利奥格拉夫"（Heliograf）发布了大量里约奥运会的新闻。[2] 2022 年北京冬奥会时，利用短视频、视频号等新媒体传播渠道进行体育报道更是屡见不鲜。可以看到，互联网等信息科技让体育报道的时效性得到了大幅提升。

不过，出于对时效性的高要求，体育报道也更容易受到移动互联网碎片化、浅阅读、交互性等"基因"的影响，导致了低质量的体育报道横行，出现粉丝口水战、虚假报道、流于浅表等问题。在强调时效性的同时也应坚守报道的质量与深度。

（三）公平性：体育报道的灵魂

新闻报道公平性，亦即报道的公正性、客观性，是新闻报道

［1］魏伟.重访体育新闻学研究的基本特性［J］.成都体育学院学报，2019，45（1）：21-27，41.

［2］把奥运会报道玩出新创意，华盛顿邮报有机器人记者［EB/OL］.（2016-08-11）［2024-07-25］.https://www.sohu.com/a/110129594_116157.

的又一核心原则，这一原则同样适用于体育报道。在采访时，记者若只听运动员诉说自己所获得的荣誉而忽视其他的信息，抑或受到个人偏好的影响，对某个运动员或团队有好感或偏见，都会影响他们的报道方式和内容选择。比如由于对自己喜爱的运动员和队伍有偏向性，有的媒体会不自觉地将这种情绪带入新闻报道中；对于本地或本国的运动员和运动队，情感上也会偏向他们，更有可能选择性地忽视对于其不利的新闻要素。例如2015年6月4日中超联赛第13轮，山东鲁能队与贵州茅台队发生冲突，边裁和鲁能主帅被打。针对此事，山东的部分媒体和贵州的部分媒体在对于打人者身份、冲突原因等的报道上，存在着截然相反和矛盾的叙述。[1] 例如山东媒体用大标题《冲突：从库卡被打开始》，以及全文中的三个小标题来重点突出鲁能主教练库卡被打，而对一些媒体披露的库卡先前在走廊打人则只字未提；贵州媒体同样存在类似的情况，在报道时刻意引导读者的视线"走偏"。在这一案例中，各自站队、各执一词的山东和贵州媒体，在报道同一事件时主观偏袒倾向过重，不能为公众还原事件真实、清晰的全貌；实际上甚至还起了煽风点火的作用，有违体育报道的公平性原则，也自损媒体公信力。此外，新媒体时代下信息传播的速度加快与范围扩大会对体育报道的公平性产生影响，借由新媒体传播渠道，极易放大体育报道的公平性失范问题。

[1] 王建珂.客观：体育报道也需遵循的原则[J].青年记者，2015（24）：91.

（四）生动性：让体育热情跃然而出

生动性是体育报道需呈现出的重要特征。数字时代下，想要在海量信息的传播场域中突出重围，吸引体育用户的注意力，就需要强调体育报道的生动性特征。例如抖音博主"绘说篮球"，通过绘图动画的形式，并且结合一些有趣的段子和"梗"，来展现时下发生的篮球新闻；还有的体育类博主会以篮球场外的内容为话题，通过"反话"形式来描述中国篮球事业的发展状况；《新京报》于2023年CBA全明星周末在厦门上演时发表报道《CBA全明星郭艾伦不想再劈叉，张镇麟最爱的扣将竟然是他》，主要围绕郭艾伦和张镇麟的采访展开，通过选取二人有趣的话语

图 5-1 抖音博主"绘说篮球"关于篮球比赛的报道

来提高这篇报道的可读性。运用生动对比、幽默评论、多样化的报道形式和有趣的语言，能够使体育报道跳脱枯燥的表现形式，让读者在字里行间感受到体育的激情。

此外，通过形象化的图片或漫画形式展现体育赛事，也能增加体育报道的生动性。例如，光明网 2023 年 10 月 9 日的《难忘瞬间集锦来了　9 张图带你回顾杭州亚运会》、《钱江晚报》2023 年 10 月 8 日的《潮起亚运绘：一图回顾杭州亚运会 30 个感动瞬间》，以图片或漫画形式呈现了中国代表队在亚运会中的精彩瞬间，用更加直观和形象的方式带领读者回顾了本届亚运会，勾起读者的回忆。又例如，年轻群体不仅热爱体育运动，还热爱动画、漫画等二次元亚文化，"浙江在线"针对年轻群体推出二次元亚文化报道形式，策划《00 后 AI 绘亚运》系列漫新闻，使赛场之外的亚运工作者走入二次元世界，收获专属于他们的漫画故事，而这一系列作品都来自 AI 与设计人员的共同创作。截至 2023 年 7 月 10 日，9 个条漫故事曝光量超 2000 万，吸引了超过 630 万网友的关注。[1]

[1] 陈丽丹. 重大体育赛事报道如何融合创新：以"浙江在线"网站杭州亚运会报道为例 [J]. 传媒评论，2023（10）：27-29.

图 5-2 《钱江晚报》关于杭州亚运会的报道

总的来说，体育报道应在全媒体时代不断提升传播力、引导力、影响力、公信力，在为人民群众生产有品质、有深度的新闻产品的同时，以春风化雨的方式提升公众对加快建设体育强国的认识，使公众对参与体育、了解体育有更高的热情。

三、体育报道的视角嬗变与发展

北京奥运会后，适逢移动互联网技术突飞猛进，中国开始从体育大国迈向体育强国。在媒体融合的时代背景下，2014年，国务院出台《关于加快发展体育产业促进体育消费的若干意见》，"全民健身"上升为国家战略，体育报道视野不断拓宽，内容更为多元，也对媒体的职业素养提出了更高要求，这是对体育报道媒体运行机制和传播惯性的一次有力推动。

（一）竞技体育的报道侧重点发生偏移

观察体育报道，可以从不同时期对同一报道对象的关注点和报道重点进行比较，以此来发现视角的变化。过去，媒体对于重大体育赛事的报道通常集中在比赛结果、获奖选手以及他们为国家或团队带来的荣誉等方面。举例来说，2008年，新华社对费德勒的报道侧重于他连续五次赢得美国网球公开赛，即他在网球生涯中第56次夺冠，其中包括13次大满贯男单冠军。这类报道通常具有两个主要特点：专业性强、对荣誉的关注度高。然而，随着时间的推移，竞技体育报道的视角发生了变化。

首先，报道不再过多关注比赛过程，逐渐减少使用过于专业的术语。这种改变一方面得益于新媒体技术的发展，体育赛事可以随时随地进行现场直播，从而使观众在获取比赛过程和结果方面变得更加便捷。另一方面，观众对体育赛事新闻的阅读和消费更加侧重于以娱乐消遣的方式获得轻松愉快的信息。这种对体育报道娱乐属性的认同，是体育和新闻规律正常演变的一种体现，具有必然性。[1]

其次，体育报道更加强调"体育即体育本身"的理念，即竞

[1] 林华维.全民健身背景下体育报道的视角嬗变[J].传媒观察，2020（9）：91-97.

[1] 魏伟.重访体育新闻学研究的基本特性 [J].成都体育学院学报,2019,45(1):21-27,41.

技体育的乐趣在于竞争和超越。媒体在进行体育报道时,逐渐将比赛成绩和运动员个人获胜与国家荣誉、民族精神区分开来。[1]

媒体在报道重大体育赛事时,开始将竞技体育与普及全民健身活动联系起来。他们利用这些赛事的契机,全面解读竞技项目与健身原理、健康之间的关系,推广群众体育和休闲项目,培养公众的体育兴趣和习惯。过去,体育报道主要关注重大赛事,较少关注普通民众的体育生活,甚至有人质疑:"人们日常的锻炼和健身是否属于体育报道范畴?"然而,近年来,媒体在报道中国体育代表团和运动员取得优异成绩时,开始探讨这些成绩对全民健身的意义。例如,在东京奥运会备战期间,媒体将田径运动员的备战与项目普及联系在一起,强调了竞技体育如何推动项目普及,以及重大赛事如何推动全民健身活动。在东京奥运会结束后,《东京奥运会落下帷幕 全民健身永远在路上》一文写道:"身体是革命的本钱。全民健身是全体人民增强体魄、健康生活的基础和保障,它既是一项系统性工程,也是一项永久性工程。运动健身没有高下之分,不管是广场舞大妈还是篮球小伙儿,都应该有尽情挥洒汗水的空间。奥运会总会落下帷幕,全民健身则永远在路上。"[2]

[2] 东京奥运会落下帷幕 全民健身永远在路上 [EB/OL].(2021-08-09)[2024-07-25].http://mp.cnfol.com/26058/article/1628499613-139978078.html.

(二)群众体育、草根体育达人受到更多关注

体育报道的角度发生了变化,特别是对于新兴领域的关注以及对这些领域的深入探索。全民健身已成为国家战略,随着相关政策和制度的调整,公共体育服务进入了公众视野,推动了全国范围内群众体育活动的蓬勃发展。

以马拉松为例,这一运动过去被认为乏味、"超出身体极限",但如今却成为大众体育的新时尚。根据《2023 中国路跑赛事蓝皮书》,在 2023 年举办的 699 场路跑赛事中,马拉松赛事245 场,半程马拉松赛 377 场,马拉松项目的规模为 106.78 万人次,半程马拉松项目的规模为 237.72 万人次,认证赛事中马拉松项目的规模为 91.53 万人次,半程马拉松项目的规模为 159.47 万人次。[3] 马拉松赛事的持续火爆引起了新闻媒体的关注,成为体

[3] 2023 中国路跑赛事蓝皮书 [EB/OL].(2024-03-22)[2024-08-13].https://www.runchina.org.cn/#/data-score/official-data/list.

育报道中的"媒介事件"。美国学者丹尼尔·戴扬和伊莱休·卡茨认为,媒介事件可分为庆典、征服和竞技三种类型,而马拉松赛事同时具备这三种特质:它既是一个城市的庆典活动,也代表着每位参赛者对自我的征服,同时又是一项富有竞技性的运动。显然,马拉松赛事的媒介事件是媒体呈现的一种文化现象。通过多方面的媒体宣传,马拉松赛事已成为广泛知晓的体育活动之一。

此外,普通体育爱好者也开始引起公众和媒体的关注。自2016年起,《新华日报》推出了《江苏省全民健身活动人物专访》栏目,至今仍在持续报道;而北京体育广播则开设了系列节目《全民健身美好生活》,对城市中的运动爱好者进行了采访报道。报道对象的下沉,让更多普通民众能够接触到更贴近现实生活的体育事件。《人民日报》在一篇评论中写道:"只要充分释放体育爱好者的创造力和活力,群体赛事同样可以举办出具有特色、水平高、影响力大的活动。"

随着体育报道视野的拓宽,人们对体育报道的认识正在悄然调整,甚至改变了对体育报道的理解。过去,体育报道被定义为对新近或正在发生的体育事件的报道,着重于体育活动和竞技赛事,这更符合狭义体育报道的概念。然而,随着全民健身和体育产业迅速发展,体育报道的内容结构发生了明显变化:一方面,赛事报道的专业性下降;另一方面,全民健身和民生服务类体育报道明显增加;此外,体育文化也开始受到新闻报道的关注。显然,体育报道的新定义应该涵盖竞技体育、群众体育、体育文化、体育产业以及相关信息,只有这样,才能满足"全民健身"和"全民运动"的国家发展需求,让普通民众更加贴近体育报道。

四、提升体育报道水平的措施

(一)加强体育报道从业者的职业道德建设

体育报道从业人员必须重视媒介的强大力量,在进行新闻要素选择和新闻报道的过程中,要注重对公众的价值引导和对传媒生态环境的呵护，而不能仅仅为了猎奇或者获取流量，就无视新闻报道者的职业道德底线，生产和传播一时轰动而无持久生命力的体育新闻。因此，这就要求从业者和体育新闻生产机构重视对记者职业道德的培养，建立严格的职业道德规范和规章制度，对体育报道生产过程做到持续监督。

（二）建立体育报道社会责任感的价值取向

[1]挺立潮头·当时代的瞭望者：写在《瞭望》创刊40周年之际［EB/OL］.（2021-02-22）［2024-07-25］. https://lw.xinhuanet.com/2021-02/22/c_139758267.htm.

普利策认为，"倘若一个国家是一条航行在大海上的船，新闻记者就是船头的瞭望者。他要在一望无际的海面观察一切，审视海上的不测风云和浅滩暗礁，及时发出警告"[1]。新闻真实性就是新闻的生命，无论是何种议题的新闻报道，都必须建立在真实性的基础之上，从采访、写稿、编辑、审核和发布等各个环节确保新闻真实。体育新闻尤其会涉及一些数据的播报，只有确保各环节新闻要素无差错，才能避免传递错误的信息。

（三）完善体育报道的社会监督和法律约束

一般来说，即便是新闻报道出了差错，对记者、编辑也并不会造成特别重大的影响，特别是对他们的职业生涯的影响，这就使得职业操守和职业规范性有时得不到足够重视。因此，新闻从业者的自律就显得尤为重要，从事体育报道的新闻工作者应心存敬畏、尊重专业，相关传媒单位也需要建立起明确的奖惩措施，规范新闻生产行为，激励从业者自律进步，并积极参与监督。

✦ 思考题

1. 什么是体育报道？体育报道的特征有哪些？

2. 体育报道的发展带来了哪些变化？

3. 如何提升体育报道的水平？

4. 根据自身的兴趣爱好，请尝试策划一则体育新闻报道。

📚 参考文献

［1］张宏伟.中国体育新闻史研究［D］.苏州：苏州大学，2010.

［2］李金宝，王雪峰.试论我国电视体育节目分类及舆论引导［J］.体育文化导刊，2010（2）：91-93.

［3］雷海平.新浪微博的体育新闻传播研究［D］.上海：上海体育学院，2014.

［4］万晓红，杨建辉.对我国体育新闻报道娱乐化的理性思考［J］.武汉体育学院学报，2004（4）：15-17.

［5］殷国华.新浪微博开创体育赛事报道新模式［J］.广告人，2010（8）：181-182.

［6］徐明.《纽约时报》的体育新闻报道研究［D］.上海：复旦大学，2009.

［7］付晓静，张晓斌.大数据时代的体育新闻报道：以巴西世界杯报道中的可视化数据新闻为例［J］.青年记者，2015（9）：46-47.

［8］俞鹏飞.后疫情时代大型体育赛事新媒体传播探析：以央视频2020年东京奥运会报道为例［J］.体育文化导刊，2021（12）：13-19.

［9］刘思雨，季峰.共情传播与价值认同：主流媒体报道体育新闻的当下逻辑：基于《人民日报》微博东京奥运会报道的分析［J］.传媒观察，2021（10）：63-68.

［10］吴文峰，翟从敏.我国报纸体育新闻报道特点分析［J］.体育文化导刊，2010（3）：103-105.

第六章

交通报道：智能交通与绿色出行

导 语

　　交通是国民经济的基础性、先导性、战略性产业，是经济的脉络和文明的纽带，也是现代城市的血脉，自古以来就是人类基本需求的高级形态。现代交通不但使世界变平，催生了全球化，而且在日益深刻地影响并改变着人类的生产生活方式。但是，就像人们习惯于忽视空气的存在一样，无所不在的交通运输也往往只在发生重大交通事故、工程事故和交通拥堵等意外情况时才会引起公众的普遍关注。作为新闻工作者，如何全面公正、客观专业地向公众呈现包括公路、铁路、水运、航空、管道五种运输方式在内的基础设施、运输装备、运输服务、创新发展、现代治理、开放合作、安全发展、支撑保障八大体系的精髓和内涵，并通过自己的亲身体验和感受，去体味并共情交通从业者"让世界更畅通，让生活更美好，让城市更宜居"的美好愿景，是一个现实的严峻挑战。勉乎哉！

——中国交通报社原党委书记、研究员　蔡玉贺

　　交通报道小组有导师 1 名：蔡玉贺；助教 1 名：邓晓盈；学生 10 名：蔡昕呈、廖倩荧、莫思蓝、林晓薇、李英琦、马俊杰、麦杰全、刘晓琳、吴嘉雯、李卓贤。

一、交通报道的概念与特征

（一）交通报道的概念

交通报道是对我国路况、交通发展状况、地区性交通检查、最新交通政策等的通报[1]，包含了各种与交通相关的信息，是针对交通工具、交通方式以及相关服务设施的资讯报道，对于民众的影响非常广泛。随着交通行业成为当今社会中首屈一指的重要产业，交通报道也不再局限于单纯的交通产业链的报道，现今的交通报道涵盖更广、内容更深、时效性更强。交通报道包括各种交通方式的新闻，如道路交通、铁路交通、航空交通、水上交通等，报道的内容可能涉及交通事故、交通拥堵、新的交通基础设施项目、交通规则和法规的变化、公共交通系统的更新、交通工具的技术进步，以及与交通安全、环保等相关的话题。报道交通新闻的媒体包括报道网站、电视台、广播、报纸等主体，交通报道的目的是向公众传递有关交通领域的信息，增强人们对交通安全、规则遵守和交通政策的认识，同时能反映社会对交通问题的关注和期望。

[1]徐晴.交通新闻的报道策略[J].采写编,2021(11):50-51.

（二）交通报道的特征

1. 时效性强

交通报道的新闻往往极具突发性，如交通事故、道路封闭、交通拥堵等，需要及时报道以满足公众对实时信息的需求，因此对时效性的要求很高。

2. 信息量大

为了满足公众的需求，交通报道通常需要提供丰富而全面的信息，包括事故发生的详细情况、受影响的交通工具和线路、交通管制的实施等。这使得交通报道的范围非常广泛，包含了多个维度的内容。

3. 可视化呈现

由于交通信息涉及地理位置、路线等，可视化手段如交通地图、实时路况图、交通摄像头截图等在交通报道中得到广泛应用，这有助于公众更直观地理解交通状况，从而更好地规划自己的出行。

4. 关注安全问题

由于交通报道中经常涉及交通事故，因此安全问题成为关注的焦点。为了引起公众对交通安全的关注，提高驾驶和乘坐交通工具的警觉性，交通报道不仅要关注事故的发生，还应尽可能深入分析事故的原因，提出安全建议和预防措施。

5. 服务社会

交通报道的目标之一是为社会提供实用的信息，如交通状况、出行建议等。通过这些信息，公众能够更好地规划自己的行程，减少不必要的困扰。

6. 关注政策性报道

交通报道不仅关注事件的发生，还关注政府制定的相关政策和法规变化，包括政府发布的交通政策、法规变化等方面的报道。这些报道有助于公众了解相关政策，遵守规定，同时能对政府的决策产生一定的影响。

二、交通报道存在的不足

交通报道写作方法的不足，导致了报道呈现的效果有所欠缺，具体而言有如下不足：

1. 报道种类较为单一

广义上的"交通"涵盖范围较广，包括海、陆、空、管道运输等形式，但是目前国内部分交通运输报道主要停留在城市内部交通和铁路运输方面，而忽视了其他方面的信息报道。

2. 过度强调工程成就

部分报道可能受到作者或媒体立场偏向的影响，只是片面强调相关工程取得的成就，甚至出现过于夸大成就的情况，导致报道内容存在较大的偏向性。一些交通问题可能会受政治观点的影响，容易出现单一政治观点主导报道，这可能增加问题的复杂性，并妨碍解决方案的制订。

3. 教育性质不足

一方面，交通报道主题内容缺乏精细化加工，有时可能缺乏教育性质，未能向公众提供有关安全驾驶和交通规则的重要信息。另一方面，一些优质的新闻素材由于无法得到深度加工而被浪费，报道记者盲目追求信息的时效性却忽略了报道的质量[1]，从而错失了让公众深入了解交通法规的机会。

4. 缺乏解决方案的报道

传统的交通报道大多是对政策、行业发展情况、事故等进行客观的描述，而未通过数据或现象对事件背后的原因、影响以及解决方案进行深度分析与预测。[2] 这类报道在内容报道上缺乏预测性，过于强调问题，忽视了正在实施或计划中的解决方案。

5. 部分报道缺乏人文关怀

一些交通报道往往只注重对事实的梳理和概述，而忽略了报道本该具有的人文关怀性。比如有些媒体盲目追求流量，直接把车祸现场受害者的照片发布出来。诸如此类缺乏人文关怀的做法不仅给群众带来了伤害，也加剧了群众对媒体的不信任。

三、交通报道的新要求

习近平总书记指出，交通是经济的脉络和文明的纽带，党的十九大报告首次提出"建设交通强国"的重大战略；党的二十大报告又明确提出加快建设"交通强国"。交通运输是国民经济中基础性、先导性、战略性和重要服务性行业，交通现代化是中国式现代化的重要标志。我国幅员辽阔、人口众多，资源、产业分布不均衡，特殊的国情决定了必须建设一个强有力的交通运输体系。[3]

因此，建设交通强国是我国现代化社会体系的先行领域，将为全面建设社会主义现代化国家提供重要支撑。随着新时代的到来，交通领域建设也面临着新的要求和挑战。在新时代背景下，

[1] 张华. 融媒体背景下交通新闻采访技巧分析 [J]. 采写编，2023（2）：49-51.

[2] 陈晶磊. 谈新传媒时代传统交通新闻报道如何转型升级 [J]. 新闻研究导刊，2020，11（16）：137-138.

[3]《加快建设交通强国五年行动计划（2023—2027年）》印发实施 [EB/OL].（2023-03-31）[2024-04-29]. https://www.gov.cn/lianbo/2023-03/31/content_5749421.htm.

交通报道在未来的写作编排上需要关注以下几个方面的新要求：

（1）关注绿色环保：新时代要求交通行业向绿色、低碳、环保的方向发展。交通报道应关注交通的节能减排、新能源车辆的推广应用、公共交通的发展等方面的新动态和政策。

（2）关注智能化发展：新时代交通行业的发展离不开智能化技术的应用。交通报道应关注智能交通系统的建设、智能驾驶技术的发展、智能交通设施的应用等方面的创新和进展。

（3）关注互联互通：新时代交通行业要求实现互联互通，打破地域限制，提高交通效率。交通报道应关注交通网络的建设、交通信息的共享、交通出行的便利化等方面的新动态和政策。

（4）关注安全可靠：新时代交通行业要求更加注重交通安全和服务质量。交通报道应关注交通事故的预防和处理、交通管理的创新、交通服务的提升等方面的新要求和措施。

（5）关注人文关怀：新时代交通行业要求更加注重人文关怀，关注乘客的需求和体验。交通报道应关注交通服务的人性化、乘客权益的保障、交通文化的传承等方面的新动态和政策。

总之，新时代背景下的交通报道需要关注绿色环保、智能化发展、互联互通、安全可靠和人文关怀等方面的新要求，为受众提供更加全面、准确、有价值的信息。

四、交通报道的写作方法

1. 由浅入深展开梳理和教育

一些交通事故的相关报道中可能会出现公众质疑事故真实性的情况，如对媒体报道中公布的事故原因、伤亡人数和相关处理措施存在疑虑。如何提高真实度与可信度、增加交通新闻报道的易懂性是交通报道关注的重点，明确报道的来源和采访过程可以有效减少公众的顾虑和基于偏见的猜测，从而提升公众对报道媒体的信任度。

例如，2023 年 9 月 6 日，微信公众号"广西消防"，对发生于 2023 年 9 月 5 日 16 时许的广西百色槽罐车泄漏事件进行了情况通报和梳理，介绍了事发的时间、地点、事故情况、人员伤亡情况和救援情况，同时，进一步介绍了槽罐车爆炸的常见原因，并劝告人们在日常驾车时需要遵守交通规则，起到教育、警示的双重作用。[1]

[1] 鏖战 15 小时！百色一载有 21 吨液化天然气槽罐车发生泄漏！[EB/OL]. (2023-09-06) [2024-04-29]. https://mp.weixin.qq.com/s/aQrcPl4HCVWll3pNm8-d9w.

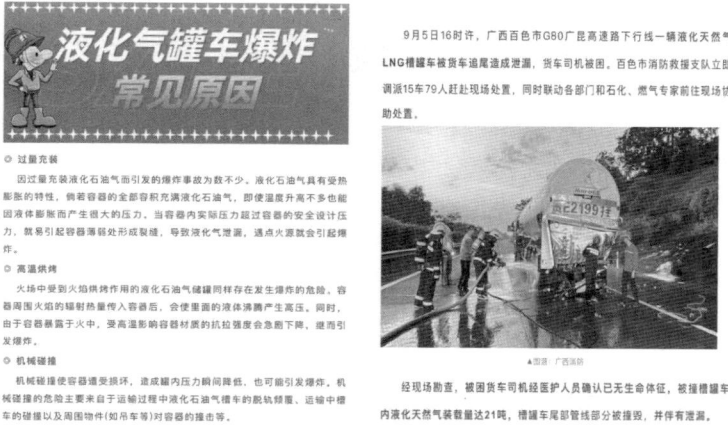

图 6-1　广西槽罐车泄漏事件报道

首先，交通报道多为突发事件，需要及时说明事实真相、相关部门采取的应急措施和成效。本篇新闻报道成稿于事发后 1 天，时效性强，对于事件描述和应急措施也进行了详细的交代，符合交通报道的一般要求。其次，该篇报道兼具内容服务性和实用性，文章介绍了槽罐车爆炸的原因和常见场合，对公众起到警示作用，有助于避免类似事件再次发生。最后，交通报道要求行业内容与社会性相结合，做到对于公众来说通俗易懂。就本篇新闻报道来看，文章不仅介绍了事件经过，还向公众详细解释了槽罐车爆炸的原因，加深了民众对类似事件的关注和反思。

总体来说，该报道符合交通报道的一般程序和要求，其中包含了事故的时间、地点、涉及的车辆和人员等基本信息。此外，交通报道还需要注重信息的互联互通，提供安全可靠的事故预防和处理措施，注重人文关怀，只有兼具以上条件才是一篇优秀的交通报道。

2. 交通报道服务于群众

在交通报道中，以人为本显得尤为重要。在日常的报道中只有关注、采集老百姓关注的热点、难点、焦点问题，为老百姓答疑解惑，才能让交通报道往更好的方向发展。

例如，2023 年 11 月 15 日《广州日报》介绍了广州市电动自行车管理措施出炉的通告，并介绍了新规中的内容，经过多次优化完善，广州市电动自行车通行管理措施最终形成"重要干道分时段限行"方案，并于 2023 年 12 月 15 日起正式实施，有效期 3 年。[1]

首先，该新闻稿发于通告出炉当天，时效性强，有利于观众第一时间掌握重要信息；其次，报道稿发出地点位于广州，也正是政策落实的地方，地方特色鲜明，有助于群众了解所在地的最新政策；最后，媒体了解不同时期公众对交通新闻关注的热点，针对这些热点进行交通报道，介绍公众关心的交通政策，为公众带来了实用性强的信息。

总体来说，该报道符合交通报道的一般程序要求，公众可以从中对广州电动自行车管制政策有所了解。但是该篇报道没有详细地说明前因，即为什么广州市政府要对电动自行车限行，只是对于本次的政策进行整合陈述，没有过多的图片辅助说明内容，同时缺少第三方权威的解读。本篇报道中规中矩，早期的全知全能式报道已不适合当下的读者，交通报道要注重通俗易懂，要从普通读者关心的角度出发，以公众信息为基础，深入浅出地报道。

3. 结合政策关注未来发展

交通新闻报道者须具备政策思维，当交通新闻中涉及未来政策目标时，要做到客观报道，避免落入过度强调成就的境地。

例如，2023 年 11 月 24 日《人民日报》报道介绍了交通运输部例行发布会上列举的关于我国公路建设近年来取得的成就。首先，说明了我国近年来公路交通发展取得的突破性成就；其次，介绍了未来公路建设目标，以及实现城乡协同发展的长远计划；最后，采用事实与数据相结合的方式，更直观地突出我国公路建设取得的成就之大。[2]

[1] 重要干道分时段限行！广州市电动自行车新规 12 月 15 日起实施 [EB/OL]. (2023-11-15) [2024-04-29]. https://mp.weixin.qq.com/s/B1WRbj1VXVytfju3Yz_Hvw.

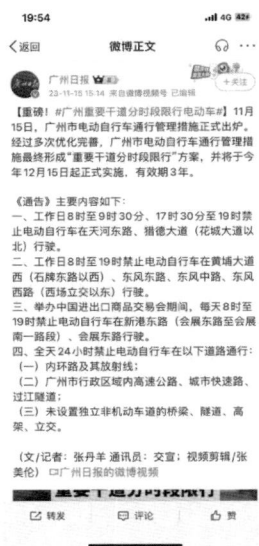

图 6-2　《广州日报》关于电动自行车通行管理措施的报道

[2] 我国公路总里程 10 年增长 112 万公里 [EB/OL]. (2023-11-24) [2024-04-29]. https://www.gov.cn/yaowen/liebiao/202311/content_6916796.htm.

从新闻价值来看，新闻稿发出于发布会结束后不久，予以公众新鲜感；该报道介绍了我国交通的重要政策和发展方向，影响广大且意义深远，与群众密切相关，容易引起群众共鸣，具有较高的新闻价值。从宣传价值来看，该报道描述了国家未来公路交通发展的政策法规，信息内容有较强的典型性，有利于塑造组织形象，扩大政策影响，具有较高的宣传价值。从市场价值来看，公路建设与民生息息相关，报道深度结合民生，介绍与群众利益有关的政策，群众可以对于公路建设及相关交通政策有所了解；将政策与日常生活相结合，兼具实用性和服务性，因此具有较高的市场价值。

4. 将新兴产业融入交通报道

交通报道要以小见大，做到"一叶知秋"。交通行业跨度大，涉及门类多，好的交通报道可以从一个侧面或一个截面反映全局、整体，达到"以小见大"的效果。

2024年3月29日，民航局举行专题新闻发布会，介绍落实中央经济工作会议和政府工作报告精神、推进低空经济发展所做的工作及下一步考虑。[1]

该报道中首先探讨未来低空经济的潜力和前景，引发了人们对于新兴产业的关注和期待；其次，分析了低空经济对于交通和其他各行业的影响，使人们对于未来可能的变革持积极态度；最后，介绍了关于空中交通的管理保障体系和应用，体现了创新性和前瞻性。但报道也忽略了一些群众关心的问题。第一，忽视低空经济发展可能带来的安全和隐私问题，以及空域资源的使用问题；第二，过于乐观地描绘未来低空经济，忽略了技术和法律上的挑战，以及市场接受度的不确定性；第三，缺乏对于低空经济发展可能带来的社会经济不平等问题的深入思考和讨论。

除了政府机构外，不少科技公司开始通过微信推文向群众科普相关知识。例如，2024年3月27日，微信公众号"有朋有为科技"发布《eVTOL，开启未来低空交通革命》一文，向群众详细介绍了eVTOL（electric Vertical Take-Off and Landing），

[1] 推进低空经济发展专题新闻发布会 [EB/OL].（2024-03-29）[2024-04-29]. https://mp.weixin.qq.com/s/EA6ATOL4CzatQymbKk8kZw.

eVTOL 是指以电力作为飞行动力来源且具备垂直起降功能的飞行器，当下已小范围进入城市商业应用。[1]

总的来看，本篇报道向公众介绍了 eVTOL 的发展情况和潜力。首先，探讨了 eVTOL 对交通、城市规划等方面的影响，强调其创新技术的潜力和前景，引发读者对未来科技的关注；其次，体现了环保优势，突出 eVTOL 相对于传统飞行器的环保优势，如零排放、低噪音等，引起社会对可持续发展的关注；最后，指出其可能带来的便捷性和高效率，如缓解交通拥堵、提高城市通勤效率等，吸引读者对新型交通方式的关注。但该报道忽视了一些群众关心的问题。第一，忽视了安全隐患，未提及其在安全方面的挑战，如飞行安全性、技术可靠性等问题，引起社会对飞行器安全的担忧。第二，忽视了社会接受度，未提及其在社会接受度方面的挑战，如公众对于无人驾驶飞行器的担忧和抵触情绪。第三，没有进一步展开分析其可能面临的法律和监管障碍，如飞行规定、空域管理等方面的问题，以及它们对产业发展的影响。

综合上述案例，交通新闻在写作方法上应该以清晰、客观、时效、多角度、人性化、图文并茂、解决方案导向和专业性为基本特点，为读者提供具有价值和影响力的新闻信息。总体而言，一篇优秀的交通报道离不开群众基础，也离不开媒体工作者的实事求是。未来，媒体工作者应该持续挖掘真相、理性思考、深层剖析、深入采访，加强交通新闻报道的深度，传播社会正能量，展现交通服务新气象。

［1］eVTOL，开启未来低空交通革命［EB/OL］.（2024-03-27）［2024-04-29］. https：//mp.weixin.qq.com/s/plj4kfCpE30HknxlqGU5Vw.

图6-3　eVTOL 飞行器

思考题

　　1. 当前的交通报道存在哪些优点和不足?

　　2. 在多媒体化的信息形式下,交通报道会以怎样的新形式呈现在公众面前?

　　3. 在社交媒体发展的趋势下,交通报道应该怎么引导公众参与?

　　4. 交通报道如何针对不同的受众提供其所需要的内容?

　　5. 如何提升交通报道对公众的影响力?

参考文献

　　[1]张华.融媒体背景下交通新闻采访技巧分析[J].采写编,2023(2):49-51.

　　[2]徐晴.交通新闻的报道策略[J].采写编,2021(11):50-51.

　　[3]陈晶磊.谈新传媒时代传统交通新闻报道如何转型升级[J].新闻研究导刊,2020,11(16):137-138.

　　[4]舒敏,李晓云.可视化传播在交通新闻生产领域中的应用研究:以郑州BRT运行为例[J].科技新闻传播,2019(2):52-53.

　　[5]梅剑飞.全媒体时代下报纸交通新闻深度报道探析[J].传播力研究,2020,4(4):72,74.

　　[6]左卓林.探析交通新闻写作技巧[J].传媒论坛,2019,2(15):77.

　　[7]马婷.交通新闻写作技巧与方法[J].西部广播电视,2017(7):155.

　　[8]李江虹.交通新闻采编问题方法探析[J].中国报业,2014(24):42-43.

　　[9]周光全.交通新闻深度报道的采写[J].新闻窗,2011(4):108-109.

　　[10]吴传金.交通新闻宣传工作的现实意义浅析[J].西部广播电视,2023,44(17):106-108.

第七章

乡村报道：既不缺席又接地气

导　语

　　"三农"问题，国之根本。而"三农"问题的出路，恰是要跳出"三农"。

　　中国城乡二元结构的特殊国情——城乡之间的对立、碰撞、交汇、融合——为乡村报道提供了丰富的素材和强大的张力。这一国情又与中国区域发展不平衡的因素相叠加，生动演绎着中国式现代化的渐变进程。用乡村报道的方式记录下这一时代变迁，其鲜活、丰富、多元的程度可以说不亚于油画家手中的调色盘。

　　城市与乡村、工业与农业、市民与农民，是这个社会的一体两面，两者之间互为镜像、互为因果。理解一切"三农"问题的根本要义在于，将其放在城乡协调、工农统筹的大框架下考量，这也是挖掘乡村报道思想内涵、提升乡村报道人文关怀的基本逻辑和思维坐标。

　　媒体承载着"城市—农村"双向信息传播的使命，城乡互为"镜中人"，媒体恰是这面镜子。讲话的身段、报道的手段，思想的深度、文化的温度，一切奥妙都在这组互动关系中。

　　　　　　　　　　——《南方农村报》总经理、原副主编、主任编辑　张璐

　　乡村报道小组有导师 1 名：张璐；助教 1 名：周渝华；学生 10 名：赵绮婷、沈婷、罗钰涵、侯宣言、胡荧荧、侯佳宜、郑子健、陈韦希、罗敏鋑、李宇诗。

一、乡村报道的概念阐释

"乡村"是基于当前我国大力建设新型农业主体、农业农村持续发展的乡村振兴战略之下，以农业为基础，强调政治、经济等功能且更接近城市文明边缘的社会空间。乡村报道是农村报道、新农村报道不断深化与拓展的过程中逐渐成熟的一类报道模式。报道中需要记者以农业、农村、农民为主题，把握农村发展中的一体性，关注农民的切身利益，传递真实农村现状，具有鲜明报道立场。乡村报道的根本目的是影响受众，促进农村发展。[1]从新闻报道的角度而言，从"农村报道"到含义更为广泛的"乡村报道"，不仅是我国时代发展的缩影，也是新闻从业者在我国当下乡村振兴的大背景下报道模式的进步。

[1] 李慧. 慢新闻视角下的乡村振兴报道探析：以第30—32届中国新闻奖获奖作品为例 [J]. 新闻世界，2023（12）：39-42.

二、乡村报道的特征

如今，乡村报道不断顺应时代与技术的发展，成为各种平台之中不可或缺的重要议题。本章结合相关案例来探讨乡村报道呈现出的几种显著特征。

（一）关注乡村发展新动力

乡村报道应擅长深入挖掘当地农村新兴产业的特色和发展情况，包括农村电商、农业科技创新等。通过报道当地青年创业者在新兴行业中的探索和实践，展现乡村经济转型升级的努力和成就。

在《中国新闻周刊》发布的《村里出了"飞行员"》一文中，以标题引出"飞行员"，描述主人公从零基础开始学习操作无人机，最终在农田里成功实践的过程。[2]通过这一过程，生动展现了农村青年逐步成长的历程，并突出了农村急需年轻人才的现状。整个故事环环相扣，引人入胜，生动地展示了乡村新技术应用中对于年轻人才的需求，鼓励年轻人才投身基层，展现了农村青年的拼搏精神和成长历程。

[2] 余源. 村里出了"飞行员" [EB/OL].（2023-10-01）[2024-04-17]. https://mp.weixin.qq.com/s/pqULkdJmX_UI9KJCz24P-A.

在此类乡村报道的背后都有一个底层逻辑，即夯实粮食安全"压舱石"，旨在凸显现代化农业科技对农业的支撑作用。讲述当前农业科技在提高农业生产效率、效益和竞争力方面上所做的努力，让观众看到曾经农业发展的"痛点"在技术加持下得到了巨大转变。[1]

（二）挖掘乡村产业变革

乡村报道同时关注传统职业的创新发展路径，例如农耕文化的延伸创意产品、传统手工艺品的现代转型以及传统美食的推广与创新等方面。通过报道这些传统产业的变革和发展，可以展现乡村传统文化与现代生活的融合，以及乡村经济活力的持续焕发。以《南方日报》广东"百千万工程"整活大放送系列栏目为例，该系列节目立足养殖、乡村规划、农业种植三个较为传统的农业农村发展门类，采用"视频＋图文"的形式营造了诙谐幽默、轻松自在的氛围，生动地介绍了广东"百千万工程"中三位代表性人物的故事。工程师黄文烨在沟通中挖掘村民多元化居住需求，最终让水头镇焕然一新。[2] 大学教授付晶在潮州饶平同农户同吃同住，带领村民把狮头鹅特色产业做大做强。[3] 增城石滩的"新农人"姐妹花利用农机技术带动村民增收。[4] 记者们通过这些典型的报道，讲述了技术、知识赋能乡村，帮助农村、农户改善生活的故事。

图7-1 广东"百千万工程"整活大放送

[1] 罗芸. 乡村振兴报道中常见的六大误区探究[J]. 新闻研究导刊，2021，12（16）：169-171.

[2] 口水讲到干！为了美，高级工程师生成了话痨 | 整活了＠广东百县千镇万村［EB/OL］.（2023-11-07）［2024-04-17］. https://static.nfapp.southcn.com/content/202311/05/c8267557.html?colID=0&firstColID=3765&appversion=11100&enterColumnId=14.

[3] 被潮汕话难哭？看东北"鹅教授"在饶平"旺禽"逆袭 | 整活了＠广东"百千万"［EB/OL］.（2023-11-06）［2024-04-17］. https://static.nfapp.southcn.com/content/202311/05/c8267548.html?colID=0&firstColID=59&appversion=11100&enterColumnId=14.

[4] 两个立志当农民的广东靓女，治好了我的精神内耗 | 整活了＠广东百县千镇万村［EB/OL］.（2023-11-08）［2024-04-17］. https://static.nfapp.southcn.com/content/202311/05/c8267562.html?colID=0&firstColID=59&appversion=11100&enterColumnId=14.

（三）重视乡村文化传承

乡村报道将视野拓展到当地的民俗文化、非物质文化遗产的传承与保护上，通过挖掘某项传统技艺、节日庆典或民间艺术形式，让读者了解乡村文化传统的价值和当代传承的努力。例如《江西日报》主办、中国江西网推出的新媒体专题"江西红色名村别样红"，实现了红色文化与乡村的结合，形式多样且新颖。这个专题采用了"互联网+地理信息"技术，上线了《江西红色名村地图》，展示全省210个红色名村，并将地图二维码印在这些名村的主要地标上，供游客打卡。[1] 同时，也鼓励用户进行内容共创，该网站推动策划了"我的村我记录"短视频创作大赛，其中不乏村民和村干部参与其中，以第一视角、Vlog形式来讲述红色名村发扬光荣传统、传承红色基因的生动故事。虽然从形式上而言，看似脱离了新闻本身的范畴，但强化了与受众的联结。

除了以上几个显著特征以外，乡村报道也同样关注政务动态、电商助农、服务业发展、乡贤反哺、非遗赋能、村企联营、文化润心、农业种植等主题。多样化的报道主题可以全面展现乡村振兴的多维面貌，激发读者对乡村发展的关注和参与。

[1] 江西红色名村别样红 [EB/OL].（2023-10-31）[2024-04-17]. http://www.zgjx.cn/2023-10/31/c_1310745983_2.htm.

图7-2 "江西红色名村别样红"系列作品

三、乡村报道存在的不足

（一）同质化生产思维

在许多的乡村报道中，报道中仍旧存在内容模板千篇一律、缺乏深入介绍与剖析等问题，仍停留在内容阐述的表层。有不少负责"三农"领域报道的记者时常对"三农"报道感到"无米下锅"，对农民的实情介绍也基本一笔带过，其原因在于对乡村的理解不足。面对文章不知从何入手，归根结底就是对"三农"领域重视程度不够，对政府方针政策研究不透。这样往往会导致乡村报道作品内容千篇一律、深度不足、创新性不强，呈现出"换瓶不换酒"的报道情况。

（二）模板化生产模式

在贴合国家发展方针进行宣传时，记者为了保证报道"不出错"，将大量的会议讲话、政策解读、城乡建设等信息运用到文章内。有些作者为了"投机取巧"，没有将公文与报道的阅读对象进行区分，甚至拿通讯员稿件或政府材料来充当乡村报道，导致稿件缺少了农民的声音，使文章枯燥无味。这不仅成为城乡之间媒体不平衡、不充分发展的重要体现，也造成了城市居民对"三农"仍留有"农民真苦、农村真穷、农业真危险"的刻板印象。[1]

解决"套路话"的报道方式可以从新闻报道的选材入手，例如挖掘风土人情、民俗节庆、自然风光等内容。许多记者只看重地方成果，而有时忽略了对这方面题材的关注，从而使得乡村类新闻作品缺少维度。

（三）缺乏热点与创新意识

在乡村报道的过程中，记者将报道视野聚焦到当地特色农业产业、农产品售卖以及文旅发展上，创作者仍旧拘泥于这些内容，缺乏一定的热点融合意识。在对传统农业产业等内容的报道中，既需要贴合新青年的思想，借助抖音、B站等视频平台发布内容，也要迎合平台调性，以创新有趣的方式促进农业相关的议题传播。如今，我们也可以看见消防和警方等官方部门在新媒体平台推出不同类型的视频，并多次出圈，引发青年一代热烈地讨论。央视农业官方也入驻B站，紧抓年轻人讨论的时新热点。如电影《周处除三害》上映后引发热烈讨论，央视农业也紧随话题，推出《时间差不多喽 聊聊农业除"三害"【主播说"三农"】》作品，引发观者参与到对农业"三害"的思考之中，增加了其对农业知识的理解。[2]

[1] 王仕勇，曹文扬. 乡村振兴战略视域下涉农报道现状及改进策略研究：基于《人民日报》（2017—2018）涉农报道内容分析 [J]. 重庆工商大学学报（社会科学版），2019，36（5）：85-93.

[2] 时间差不多喽 聊聊农业除"三害"【主播说"三农"】[Z/OL]. （2024-03-19）[2024-04-17]. https://b23.tv/CIejvKO.

深耕于乡村报道的相关媒体及单位也可以打破大家对传统农业及农业报道的"刻板印象",将生活中有意思的"热点"与农业生产相糅合,增强乡村报道的趣味性。

四、乡村报道的写作方法

作为助力乡村振兴战略的重要力量——媒体用生动的语言与镜头记录着乡村振兴战略带来的新面貌、新成果,讲述中国乡村振兴的传奇故事。但不能忽视的是,乡村治理面临着越来越多的现实问题,乡村振兴也存在各种挑战,这些都需要乡村报道的揭示,以此改进之后的工作、推进解决方案与出台相关对策。乡村报道是契合时代背景的,是国家建设发展进程中不可或缺的重要宣传板块。它们打破了城乡信息鸿沟,引起了社会对乡村问题的关注,保护和传承了乡村文化遗产,并促进了乡村的发展。乡村报道的意义不仅体现在提供信息和新闻报道,更重要的是推动社会关注和参与乡村事务,促进乡村的可持续发展。因此,乡村报道的重要性不容忽视,需要得到更多的关注与支持。

(一)打好基础:践行记者"四力",和群众打好交道

长期以来,由于我国城乡的二元结构、农村话语生产能力的缺失,乡村在城市中心主义话语结构下难以传达其真实面貌的信息。相较于城市更为丰富的传媒资源,乡村不具备庞大的媒体市场,因此媒体不会主动纠正和报道乡村生活,常常造成乡村故事讲述"缺席"的情况。随着乡村振兴战略的进一步实施,乡村发展前景广阔,乡村故事的传播在整体格局中逐渐占据了重要地位。越来越多的媒体认识到了乡村报道的重要性。然而,不同于其他领域的专业新闻可以在发达的互联网上获得真实信息,乡村长期以来处于"被遮蔽"的状态,这就导致好的乡村报道往往需要经过实地调研、采访,才能呈现出真实的乡村面貌。近年来随着自媒体和短视频平台的发展,乡村故事也开始向互联网传播,实现由"现实缺席"到"网络在场"。总体而言,"走基层"对做

好乡村报道来说必不可少。

《四川日报》推出的系列报道《乡村振兴蹲点记》获2023年第33届中国新闻奖一等奖。[1]这个系列报道正是对践行“四力”（脚力、眼力、脑力、笔力）的优秀诠释。记者选取万年村作为长期调研点，坚持每月蹲点采访，在一年时间里每月推出一期，形成了12篇《乡村振兴蹲点记》。记者深入了解体验村民、村干部的生活，深入村庄了解乡村发展中的种种难题，和村民、村干部一起翻山越岭，种竹笋，开坝坝会，以“浸润式调查”带来的视角和感受来记录他们的所思所见。

[1]四川日报．乡村振兴蹲点记[M]．成都：四川人民出版社，2023.

要走好基层，少不了要与村民打交道；要想掌握真实可信的一手资料，少不了与基层一线干部和农民群众面对面交流。一个“农民的水不愿喝，农民的手不愿握，农民的饭不愿吃”的记者，是难以走到农民心坎里的，更莫论能够写出深入人心的乡村报道。但如今的乡村，除了传统的“种地农民”，还出现了很多新行业：熟练操作无人机的“飞手”、拥有百万粉丝的“乡村网红”……因此，记者不仅要掌握和传统村民打交道的技巧，也要了解与这些新生代职业农民交朋友所要具备的“共同话题”。“走基层”带来的不仅是一篇篇真实深刻的乡村报道，还有对乡村振兴的赋能和助力。经过《四川日报》对万年村持续深入报道的有效推介，万年村的文旅产业得到迅速发展——目前万年村每年接待游客41.2万人次（2021年仅3万人次）。据介绍，在蹲点调研过程中，记者们也参与到万年村的乡村振兴工作中，助推万年村获评2022年乡村文化振兴省级样板村等荣誉称号。基层调研带来优秀

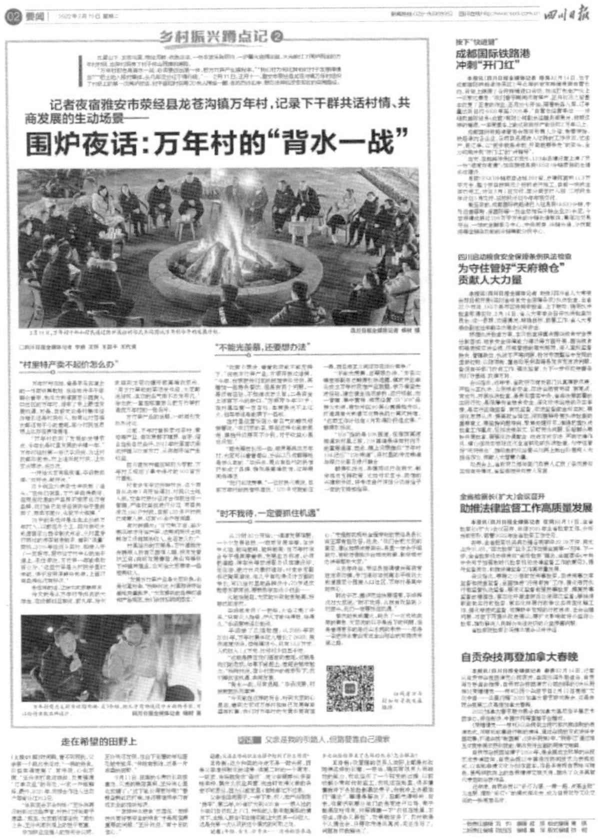
乡村振兴蹲点记②

记者夜宿雅安市荥经县龙苍沟镇万年村，记录下干群共话村情、共商发展的生动场景——

围炉夜话：万年村的“背水一战”

图7-3 《乡村振兴蹲点记》系列报道

的新闻作品，又把振兴的成果留在了乡村，这何尝不是一种"双向奔赴"呢？新华网董事长刘健说："当好一名'三农'记者，能走多少路决定你能写多少稿，这是一个放之四海而皆准的真理。"[1] 要做好乡村报道，就要践行好"四力"，在"走基层"中打磨好乡村故事。走基层不是走过场，而是乡村记者的一种工作常态、一种精神状态、一种永恒追求。

（二）做好内容：做接地气的乡村报道

1. 标题上贴近群众

标题是新闻之眼，读者阅读新闻的第一步就是看标题。在信息爆炸的时代，人们面对大量的信息和新闻报道，更倾向于阅读那些标题具有吸引力的报道，一个有趣、新奇或引人入胜的标题能引发读者的好奇心和兴趣，激发他们进一步阅读。而乡村传播为更好地发挥其传播信息的"喉舌"功能，自然需要一个好的标题来提升文章的总体质量以及吸引读者的目光。由此，说"乡村报道的标题是灵魂"并不为过。

乡村报道承担着助推乡村振兴、缩小城乡差距、发展乡村经济与文化等重要责任，其标题的重要意义也由此凸显出来。一个好的标题能够吸引读者、准确传达信息、激发情感共鸣，并对乡村发展起到推动作用。拟好报道标题是一篇优秀乡村报道的第一步。比如将乡村报道的核心内容提炼出来，以简洁的字句来表情达意，十分接地气且颇具人情味。如《人民日报》2023 年 8 月 25 日第 18 版《江苏：让设施渔业更有科技范儿》一文，通俗易懂的标题降低了阅读的门槛。[2] 此外，还可以在标题中运用修辞手法，使标题更加生动，呈现更加美观。如《人民日报》2023 年 9 月 4 日第 14 版《盐城综合开发利用盐碱地：昔日不毛地　如今米粮仓》一文，标题既为文章要展开的滨海盐碱地介绍保留了一定的悬念，又直观地呈现了改良的结果。[3] 在取标题的过程中也可以适当地结合网络热梗，抓住读者眼球，与时俱进。如人民网 2023 年 9 月 14 日《"村 BA"爆火背后：乡村振兴"加速跑"》一文，"爆火"一词的使用就形象呈现了"村 BA"的热烈场景，

［1］刘健.搞好农村调研的7个关键词［J］.中国记者，2022（2）：11-17.

［2］人民日报｜江苏：让设施渔业更有科技范儿.［EB/OL］.（2023-08-25）［2024-04-17］.http://js.people.com.cn/n2/2023/0825/c360301-40545147.html.

［3］人民日报｜盐城综合开发利用盐碱地：昔日不毛地　如今米粮仓.［EB/OL］.（2023-09-04）［2024-04-17］.http://js.people.com.cn/n2/2023/0904/c360301-40556265.html.

[1] 王绍绍."村BA"爆火背后：乡村振兴"加速跑"[EB/OL].(2023-09-14)[2024-04-17].http://finance.people.com.cn/n1/2023/0914/c1004-40077986.html.

[2] 庞革平.广西明确水果产业主攻方向：好果子长出好效益[EB/OL].(2023-09-15)[2024-04-17].http://gx.people.com.cn/n2/2023/0915/c179435-40571414.html.

[3] 梁晓飞,杨文,邵琨.怕追责、被顶替,基层干部"匿名化"倾向加剧[EB/OL].(2020-08-11)[2024-04-17].https://mp.weixin.qq.com/s/z1kEb0xmTGXxfZJUklNCYA.

[4] 孔德明.是精神阵地,也是社会隐忧！短视频席卷乡村观察[EB/OL].(2020-09-10)[2024-04-17].http://www.banyuetan.org/jrt/detail/20200910/1000200033134991599120408514016237_1.html.

[5] 乡村振兴·江苏百村调研[EB/OL].(2023-10-18)[2024-04-17].http://www.zgjx.cn/2023/10/18/c_1212290341.htm.

[6] 一个农民的春夏秋冬[EB/OL].(2023-10-31)[2024-04-17].http://www.zgjx.cn/2023/10/31/c_1310746243.htm.

进一步引导公众思考"村BA"何以赋能乡村振兴。[1]

在拟标题的过程中同样可以直白地歌颂乡村发展的成果,或是强调深入乡村发展过程中的隐忧,以体现乡村报道的责任,发挥舆论监督的作用。如《人民日报》2023年9月15日第18版《广西明确水果产业主攻方向：好果子长出好效益》一文,直接导向水果质量带来水果产业高质量发展的结果。[2] 如《怕追责、被顶替,基层干部"匿名化"倾向加剧》一文,一针见血地指出记者在了解农村文化设施建设中遇到的乡镇干部刻意"顶替""匿名",不愿意公开表达的现象。[3]《半月谈》2020年第16期《是精神阵地,也是社会隐忧！短视频席卷乡村观察》一文,也直接表达了记者在当下短视频时代对乡风文明冲击的忧虑。[4]

需要注意的是,为了保证乡村报道的可信度和价值,我们应该避免夸大或制造不实标题。只有当标题在吸引读者的同时还保持真实客观,乡村报道才能更好地传达乡村故事的重要性和价值观。

2.内容上关注小切口

从中国新闻奖中获奖的乡村报道来看,较多作品都采取了系列报道的形式,这就意味着要做好乡村故事的传播需要很大的体量。上述提及的系列报道《乡村振兴蹲点记》就从产业发展、集体经济、基层治理等方面进行多个维度的深度调研。从空间广度看,《新华日报》推出的《乡村振兴·江苏百村调研》走遍了江苏100个乡村,其中既有总书记调研过的镇江世业村等"老典型",也有近几年崭露头角的新秀村,同时兼顾部分发展相对滞后的村子。[5] 从时间深度看,系列报道《一个农民的春夏秋冬》用一条四季的时间线深度呈现"小农户"与现代农业规模化生产的矛盾,以及怎么通过土地托管流转解决问题。[6]

由此可见,做好乡村报道不仅要在多个领域、多个乡村中调研,扩大报道的空间广度,也要通过拉长时间线,利用系列报道的形式深入呈现一个核心议题来达到增强报道的时间深度。无论是要广度、要深度,还是广度、深度兼具,都少不了深入田野基层，走进乡村生活的实地调研。

同时，创作者不能忽视农村的生产生活是围绕季节展开的，记者只有抓住特定的时间节点，才能准确地捕捉乡村报道的闪光点。比如在春耕时节，观察农业生产方式的变迁；在夏

图 7-4　《乡村振兴·江苏百村调研》系列报道《富硒产业，富了一方百姓》

图 7-5　《一个农民的春夏秋冬》系列报道《望丰收》

收和秋收时，观察粮食价格变化。在《一个农民的春夏秋冬》系列报道中，记者对农村带头人薛拓进行了一年的跟踪采访，春天一起打药，夏天一起收割麦子，秋天一起收获玉米，冬天一起加工小麦。根据不同季节来呈现报道的侧重点，刻画了更多的细节。这些案例告诉我们，只有走进基层，才能在第一时间抓住乡村报道的核心，以更多维的视角切入乡村。

3.选题上关注发展

在整个乡村体系发展的过程中，身担大众传播重任的媒体，承载"城市—农村"双向信息传播的使命，发挥着不可替代的作用。乡村发展最显著的特征是乡村产业的发展，产业兴则乡村兴。产业兴旺是解决农村一切问题的前提，是乡村振兴的重要基石。因地制宜发展具有本地特色的产业，关系到各地乡村发展后劲，关系到当地农民就业、增收的有效性与稳定性。

实践证明，发展产业难，发展特色产业更难。不少乡村山清水秀，物产丰饶，但受基础设施薄弱、产业链条不完善、工艺水平有限等条件制约，丰富的生态资源及农业资源却未能充分挖掘，远藏深山无人知。因此，找到将资源变成资产的有效途径、打造乡村特色产业、让农产品走出山野、让好风景引来游客至关

重要。光靠乡亲们自身探索难以发力，这是一个需要多方赋能的重任。其中，媒体助力不可或缺。

主流媒体通达四海，是连接万物的枢纽，媒体传播产生的信息能带来人流、资金流、物流等。记者将镜头聚焦于田间地头，既有利于讲好乡村巨变故事，又能使各地的风物人情广为人知，进而助力乡村打造特色品牌，做大特色产业，让农副产品在城乡之间、区域之间流动交易，进一步畅通国内大循环，同时更好地满足人民群众对美好生活的追求。如央广网牵手京东集团及全国百家县域政府，共同探索产业模式，跨界创新推出"云遇中国"县域原产经济带振兴计划。该计划旨在推动媒体、地方政府与电商平台之间加深合作，推出"品、效、能"全方位可持续的助农计划，同时打造全体系融合传播格局，全面助推乡村振兴。[1] 主流媒体助力打造特色品牌，电商平台推广销售渠道，头部平台联合所形成的全方位效应，将为乡村产业振兴带来更多新机遇。

由此可见，服务乡村振兴战略，媒体不仅是记录者、传播者，也是乡村经济的引导者，更是乡村发展的参与者和推动者。运用媒体优势，为乡村振兴注入新鲜、强劲的力量，既能体现媒体的责任担当，也是乡村的发展机遇。

4. 本质上服务社会

短视频如今成为乡村民众记录生活点滴、展现劳动场景、传播风土人情的新平台。短视频和直播平台让乡村报道更加生动、实时。通过手机或者其他移动设备，村民可以随时随地分享乡村生活、风俗民情和新闻事件，让更多人了解乡村的发展变化。[2]这一类新兴媒体平台传播速度较快，可以在第一时间将乡村发生的新闻事件、热点话题传播给受众，满足其知情权和参与感。

传统媒体时代的单向传播一定程度上造成了大众媒介的片面塑造与话语霸权，通过新媒体技术赋予了广大受众讲述故事的权利，他们可以尽情讲述乡土故事。[3] 社交媒体平台的低门槛使用户可以第一时间获取和分享乡村新闻、趣事，形成互动式传播，进一步扩大信息的影响力。在乡村报道中也要积极发挥群众的力

[1] "云遇中国"县域原产经济带振兴计划发布. [EB/OL]. (2021-12-10) [2024-04-17]. http://www.cnr.cn/fj/yw/20211210/t20211210_525684343.shtml.

[2] 陈力丹, 孙曌闻. 2019年中国新闻传播学研究的十个新鲜话题[J]. 当代传播, 2020 (1): 8-12, 57.

[3] 惠东坡, 赵悦帆. 乡村振兴背景下涉农视听新闻报道的创新实践[J]. 当代电视, 2021 (9): 30-34.

量，使乡村故事更加立体与饱满。

线上可以在各大新闻资讯 App 上开设乡村主题频道，实时推送乡村报道，方便受众随时随地了解到乡村动态；构思专题，拍摄乡村主题的纪录片，通过电视台、视频网站等渠道播放，让观众深入了解乡村的历史、文化、民俗等；利用问答平台，如知乎、百度知道等，邀请专家、村民等回答关于乡村的问题，增进人们对乡村的了解；举办网络征文比赛，鼓励网友分享自己的乡村故事，优秀作品可在社交媒体平台发表，促进文化交流；进行跨界合作，与影视动漫、音乐等产业合作，共同打造以乡村为主题的原创内容，拓宽乡村报道的传播渠道和领域。

线下可以举办摄影比赛、乡村振兴论坛、乡村文化体验等活动，吸引更多人关注乡村发展，扩大乡村报道的影响力；在语言上，通过外语传播渠道，向国际社会介绍我国的乡村发展成就，提升国际影响力。福建省三明市农业农村局、三明市融媒体中心、三明市新闻摄影学会联合举办了 2023 年三明市乡村振兴新闻摄影比赛，以镜头展示三明乡村图景，邀请观众欣赏三明乡村振兴的丰硕成果。[1]

[1] 惊艳！摄影比赛结果出炉，跟着摄影家看三明的大美乡村.[EB/OL].（2023-10-30）[2024-04-17]. https://mp.weixin.qq.com/s/4mfpEgPe_-XD2ks_MBgg9w.

总之，乡村报道传播的新形式呈现出多元化、实时化、互动化等特点，为乡村振兴提供了有力的舆论支持。乡村报道传播的新形式带来了机遇与挑战并存的局面。在未来的发展中，乡村报道传播应充分发挥新兴媒体的优势，创新传播方式，提高信息质量，助力乡村发展。

图 7-6　三明乡村振兴摄影作品《闽湖村的致富路》（发布平台：微信公众号"绿都三明"；摄影：陈正坚）

在中国特色社会主义新时代的现实语境之下，乡村是广大新闻工作者的沃土。在报道乡村新闻的过程中，媒体从业者应认识到自身的责任和使命，营造良好的舆论环境，要回归服务民众的初心，为乡村振兴贡献力量。只有这样，乡村报道的内容才能真正成为民生关切的重要窗口，推动乡村建设和农民福祉的不断提升。

思考题

1. 想要做好乡村报道，应该做好哪些准备工作？

2. 乡村报道要如何发挥对未来乡村发展的指引作用？

3. 如何在乡村报道中发挥媒体责任感？

4. 假如需要做一篇关于"三农"的系列报道，你会从什么角度挖掘题材？

5. 如何更好地实现中国特色乡村报道的对外传播？

参考文献

［1］陈新民，许静卫.《农民日报》乡村振兴战略报道分析［J］.现代视听，2020（12）：72-77.

［2］费孝通.乡土中国［M］.天津：天津人民出版社，2022.

［3］李慧.慢新闻视角下的乡村振兴报道探析：以第30—32届中国新闻奖获奖作品为例［J］.新闻世界，2023（12）：39-42.

［4］杨彬.农村报道：讲道理不如说故事［J］.新闻与写作，2007（3）：59-60.

［5］李逸丹.新时代背景下如何做好乡村振兴战略报道［J］.中国报业，2018（21）：100-102.

［6］刘健.搞好农村调研的7个关键词［J］.中国记者，2022（2）：11-17.

［7］刘莹.用媒体力量赋能乡村振兴的实践与思考：以中央广播电视总台《经济半小时》涉农报道为例［J］.中国广播电视学刊，2021（11）：7-9.

［8］罗芸.乡村振兴报道中常见的六大误区探究［J］.新闻研究导刊，2021，12（16）：169–171.

［9］彭文洁.乡村振兴战略下"三农"报道的新思路［J］.新闻前哨，2019（3）：50.

［10］沙垚，张思宇.公共性视角下的媒介与乡村文化生活［J］.新闻与写作，2019（9）：21–25.

［11］沙垚，许楠.融合人民：县级媒体融合与基层协同治理［J］.新闻与写作，2021（5）：29–35.

［12］史安斌，王沛楠.建设性新闻：历史溯源、理念演进与全球实践［J］.新闻记者，2019（9）：32–39，82.

［13］王博.全媒体时代如何做好重大主题报道：以《乡村振兴36计》系列报道为例［J］.传媒评论，2023（9）：60–61.

［14］王军艳.乡村振兴报道全媒体传播路径研究［J］.记者摇篮，2022（9）：93–95.

［15］王仕勇.建设新农村报道要树立"四个意识"［J］.新闻界，2007（6）：74–75.

［16］吴耀东.乡村振兴报道的发展方向与创新思路［J］.传媒论坛，2019，2（2）：6，8.

［17］邢冲，王平.乡村振兴视角下典型示范村经验报道分析：以徐州"马庄经验"报道为例［J］.新闻世界，2019（1）：89–94.

第八章

教育报道：教育内核与社会镜像

导　语

　　教育是一个充满不确定的人生命题。每个人都曾接受过"教育"，但很少有人能自信、笃定地回答每一个关于教育的问题。或许这就是教育新闻与其他新闻的本质区别。

　　究竟什么是最好的教育？作为一种认识世界的手段，从新闻角度去观察教育，我们很少能获得一个答案，更不敢随意做出某个论断，所有关于教育的新闻文本，都彼此互文、有机地勾勒出一个国家、一个社会在一个特定历史时段中对"最好的教育"的求索之路。如果说，新闻是速朽的艺术，那么教育新闻就是在速朽之中，记录了一个时代里，关于人类的精神世界如何延续、再创造的所有可能性。

——《南方周末》记者　苏有鹏

　　教育报道小组有导师 1 名：苏有鹏；助教 1 名：常琳；学生 14 名：张烨静、罗元、郝沛琦、吴子诺、曾芷珊、欧阳婉琪、范逸、晏西雅、蔡梓烨、陈敏茹、陈春林、王雯燕、何韵思、张晶。

一、教育报道的概念、分类与特征

（一）教育报道的概念

相比财经报道、医疗报道、文化报道等，教育报道较少被划分为一个单独的类别，在相关研究中也没有明确区分"教育新闻"和"教育报道"，二者基本是同一概念。对于教育报道的定义，可以分为"学院派"和"实操派"两种。

1."学院派"的定义

在《中国新闻实用大辞典》《高级新闻写作》等教材中，对于教育报道做出了相对"学院派"的定义。其中，冯健主编的《中国新闻实用大辞典》从相对建设性的角度指出，教育报道涵盖教育事业发展状况以及有关传授知识、技能、思想、理论、伦理等内容，涉及的对象包括教育管理部门、各类大专院校、职业学校、普通中小学、学前和各种业余学习的教育机构等。中心主题是有效地培养德、智、体全面发展的人才，为建设四个现代化服务。[1] 此外，邝云妙在《高级新闻写作》中指出，教育新闻就是对教育界新近发生、发现或变动的以教育为主要内容的事实的报道。它既报道各级和各类学校发生的新人新事，也报道社会培养人才和家庭教育等方面的新闻。[2]

2."实操派"的定义

最初，教育报道被狭义地概括为学校新闻，报道内容多限于校园内；现在的教育报道已经走出学校，它的社会功能与跨界能力变得更加显著。[3] 如今所有和教育有关的新闻报道都统称为教育报道，包括教育政策法规出台、教育科研成果发布、招生考试制度改革、教育理念传播等。[4]《中国青年报》教育科技版主编堵力认为，教育报道多半在唱"四季歌"，从开学到假期，庆"六一"，然后是自主招生、高考、录取，之后又是假期生活，周而复始。[5] 教育报道关注的选题大多是校园围墙内的问题，或者是社会上发生、投射在教育系统内部的内容。

"学院派"对教育报道的定义相对明确和规范，能够对新

[1] 冯健.中国新闻实用大辞典[M].北京：新华出版社，1996：78.

[2] 邝云妙.高级新闻写作[M].广州：广东高等教育出版社，2003：46.

[3] 阚洁.新媒体环境下教育新闻的特征[J].传播力研究，2017（3）：83.

[4] 刘莹.新主流媒体教育新闻研究[D].西安：陕西师范大学，2015.

[5] 堵力.新时期教育报道应重"四化"[J].青年记者，2013（19）：57-59.

闻教学和教育发展做出整体性建设和构想，但这类定义也略显刻板。从"实操派"的角度来看，如今的教育报道具有跨界性质。但对于变化后的教育报道并没有做出清晰界定，而是以相对笼统的说法总结道：所有和教育有关的新闻报道都统称为教育报道。

"学院派""实操派"两者都认为教育报道涵盖了与教育相关的各类活动和事件，都强调了教育报道在传播知识、技能、思想、理论等方面的重要性。综合两个层面的概念，教育报道是指关于教育事业发展状况、教育活动以及与教育相关的各类政策、科研、制度等方面的新闻报道。它旨在传播知识、技能、思想、理论等，关注教育领域内外的各种问题，为教育事业的发展和社会的进步提供舆论支持。同时，教育报道也具有跨界性质，需要关注教育领域与其他领域的交叉融合，以更全面地反映教育现象和问题。

（二）为什么要做教育报道

教育无小事，教育多杂事。教育报道在新闻报道中扮演着举足轻重的角色，它不仅展现、追踪并反馈中国教育发展的结构性问题，更是推动教育与社会共同进步的重要力量。

我国作为人口大国，教育问题复杂多样，正处于不断完善的发展阶段，因此教育报道在新闻报道中占据重要地位。当前，教育面临的主要矛盾是人民对优质教育资源的迫切需求与资源有限、地区发展不均衡之间的矛盾，[1] 这凸显了教育报道的必要性，要求其发挥舆论监督与反映民生的作用，有效追踪和呈现教育问题，为均衡发展贡献力量。

教育具有普遍性和民生性，其报道受众广泛，涉及家长、政府、学校和市场等多个主体。与日常生活紧密相关的教育报道使受众有更具体的切身感受。同时，教育报道的受众与关注民生的传统媒体受众高度重合，做好教育新闻和活动报道对媒体的发展壮大和转型升级意义重大。因此，教育报道不仅是推动教育发展的重要力量，也是媒体履行社会责任、服务民生的重要体现。[2]

[1] 堵力. 求解教育改革中的"悖论"："研究型报道"是教育新闻的根本追求 [J]. 中国记者, 2006 (10): 22-24.

[2] 于海华. 融媒体时代传统媒体做精做强教育新闻的重要性及有效途径 [J]. 新闻文化建设, 2021 (8): 134-135.

（三）教育报道的分类

1. 按照教育的层次、领域、主题进行分类

根据教育的层次，可以划分为幼儿教育报道、小学教育报道、中学教育报道、高等教育报道等。根据教育的领域，可以划分为基础教育报道、职业教育报道、继续教育报道、艺术教育报道、体育教育报道等。根据教育的主题，可以划分为教育改革报道、教育政策报道、教育技术报道、教育评估报道、教育公平报道等。

2. 按照地区、时间顺序进行分类

根据地区，可以划分为国内教育报道、国际教育报道、地方教育报道等。根据时间顺序，可以划分为最新教育动态报道、年度教育回顾报道等。

3. 按照新闻媒体的价值取向进行分类

根据新闻媒体的价值取向，大致可把媒体分为三类。第一类是以正面宣传为主的新闻媒体，主要宣传党和政府的教育方针与政策、报道行业成绩和经验。这类媒体主要是教育行政部门主管的专业报纸、党报，以及中央级和省市级电台、电视台，如《中国教育报》《光明日报》《人民日报》等。第二类是着重讨论中国教育现存问题、反映民间声音的新闻媒体，报道的立场较为贴近民生，报道的问题也相对尖锐和深刻，其典型代表是《中国青年报》《南方周末》等。还有一类媒体着重提供教育服务信息，偏重于报道的服务性与娱乐性。这主要集中在市场化程度较高的新闻媒体，如各类都市报、晚报、网络等。[1] 这三类新闻媒体因为报道的倾向和所选新闻价值的不同，具体表现出来的报道模式、选题方式、报道角度也各不相同。

[1] 李纬娜.浅析教育报道的传播障碍[J].新闻与写作，2003（12）：23-24.

（四）教育报道的特征

1. 人文性

以《南方周末》为例，在新闻生产中，需既遵循传统特点报道固定事件和政策解读，又结合社会热点聚焦深层结构性问题。教育报道的核心议题涵盖社会民情、事件特写、政策解读等，旨

在反映社会现象、解决社会问题。报道形式包括深度挖掘的长报道、时效性强的事实快新闻及评论性议教栏目等，还有记者手记、快讯和转载文章等。栏目类别反映报道性质和媒体侧重点，长报道多用于人物专访和社会民情，快新闻则多用于事件特写和政策解读。

2. 复杂性与深刻性

教育发展的复杂性使得教育报道更多是反映结构性问题，背后与国家政治、经济、文化、社会趋势等方面深度联系。例如《"鸡娃不如鸡自己"：人到中年，她们为何赴港读硕》一文以"赴港读硕"为议题：中产家庭的父母为了逃离内地教育，借着香港人才引进的东风，带来了一场教育新模式的探索。"内卷"看似是这个议题的核心内容，但是其中涉及的中产家庭的维持，内地与香港政策的碰撞，学历与努力的思考，赋予了这篇教育报道更多内涵。[1] 通过这个案例，不难看出教育报道的复杂性和深刻性。教育报道不只是局限于"教育"，其背后还有一系列结构性问题，在这一层面上，如何立足教育、聚焦教育，是教育报道更为恒久的话题。

3. 多元化说服策略

依据不同议题的需求，教育报道通常采取多元化的说服策略增强报道的可读性。在社会民情与人物专访报道中大量采取情感诉求策略，晓之以理，动之以情，更贴合读者在理解相应议题时的阅读习惯。恐惧诉求策略常用于事件特写，如持负面态度的社会新闻报道，旨在以消极情绪对读者做出警示。呼吁倡导策略则多见于政策解读，其他议题也会辅助使用。数据支撑策略贯穿各个议题，在事实报道中，科学、严谨的数据是不可或缺的说服要素。

4. 客观理性与建设性

教育报道的信息来源紧扣相关行业。议程设置理论认为，"谁将哪些话题带入公众的视野"制约着公众的理解与支持。在回答"谁将哪些话题带入公众的视野"这个问题时，新闻的来源很重要。[2] 教育新闻生产时绝大多数报道采取多信源的方式，在

［1］"鸡娃不如鸡自己"：人到中年，她们为何赴港读硕［EB/OL］.（2023-09-02）［2024-04-29］. https://mp.weixin.qq.com/s/hmbr2R20EUSypYsGfG-LpQ.

［2］蒋建华，阮峥.教育政策报道：谁在说、说什么、怎么说：基于"批评权"事件的报纸舆论分析［J］.首都师范大学学报（社会科学版），2013（2）：121-126.

信源选取上，扎根行业深层，聚焦国家教育政策方针，同时广泛联结教育行业内部人员的看法观点，以"国家机关及其工作人员""教育机构及其从业者""教育理论工作者"等官方权威机关及行业利益相关群体作为报道的主要信息来源。叙述情感整体呈客观态度，仅对部分危害社会秩序、影响公序良俗的事件报道持负面批判态度，与建设性新闻的指向相符。

5. 形式多样且具互动性

教育报道的稿件组合形式多元，媒体在公众关注度高的教育议题中，采用对话体进行报道。例如《南方》杂志开设《治校者谈》栏目，邀请各学校党委书记谈教育，讲述新时代下学校该如何做好教育改革。媒体对教育报道的呈现形式也更加丰富，加入了视听元素，如短视频、直播等新形式，一改以往单一的图文呈现，使报道更加活泼生动。针对"全国多地高校开展学风建设活动"这一现象，澎湃新闻采用直播的形式，连线专家、学生，现场感强，使观众身临其境，吸引其参与该议题的讨论。[1]

图8-1 澎湃新闻微博直播

媒体与社会的互动性增强。在教育报道中，媒体利用公众号、微博等平台，发起话题讨论，收集选题。同时，为扩大社会面影响，在各大平台上寻找采访对象。以开放留言、发布问卷等形式，收集读者反馈，媒体在与受众的不断互动中完成和完善

［1］开麦｜强制"坐前排"，聊聊上课摸鱼那点事［EB/OL］.（2023-11-20）［2024-04-29］. https://weibo.com/5044281310/4970242696288314.

教育报道。例如《人物》杂志在公众号发放问卷，征集读者对"课间十分钟"的回忆和看法以组成文章，探讨课间十分钟的重要性。[1]

人物
2023-11-05 20:00 发表于北京

最近，「课间十分钟」成了热议话题，一些学校因为怕孩子课间打闹出安全事故，规定孩子课间十分钟不允许去户外活动，甚至除了去洗手间不能出教室。11月1日，新华社发表文章《把课间十分钟还给孩子》，明确指出「不能剥夺孩子到操场上跑一跑、跳一跳、喊一喊、笑一笑的权利」。

今天，我们想发起一次征集，看看不同年龄的大家，都是如何度过自己的课间十分钟的。更深入一点的，我们想探讨的是，为什么课间十分钟如此重要？对一个孩子而言，在学习与学习、课与课之间的短暂休憩，意味着什么？点击 ● 「我的课间十分钟」，与我们分享属于你的课间记忆吧。

人物作者

👍 喜欢作者

阅读 3.4万

图8-2 《人物》杂志在公众号发放问卷

二、教育报道存在的不足

（一）新闻选题方面

1. "官气重"，向下力度不够

目前，大多主流媒体在教育报道的选题上更多偏向于政策方针方面，缺乏向下走的选题意识，难以真正落地呈现问题。呈现政策非常重要，但媒体需要深度探究，该政策究竟会如何影响当前的教育局势、如何影响受教育者、对于未来的教育发展会有什么样的意义等一系列问题。

《南方周末》的深度报道《"双减"下一步如何继续？中考改革或是关键》，记者通过对话人大代表的方式，询问了"双减"政策引发的一系列问题，比如基本的受教育者的学业继续问题、教师课后服务时间问题，从基层看到问题的症结，能够让读者看到政策背后更真实的社会问题。[2]

2. 对职业教育、学前教育等缺乏关注

目前教育报道主要聚焦于高等教育领域，对学前教育、职业教育、基础教育等非主流领域关注不足。同时，更偏向于报道受教育者的权益，而较少关注教师等教育行业从业者。这种倾向可能导致社会大众对部分类型的教育问题缺乏了解。

《三联生活周刊》在《开学不到两个月退学730人，寻找出路的中职生》一文中，深入探讨了职业教育质量问题，这是当前职业教育普遍面临的挑战。因此，教育报道应拓宽视野，全面反映教育行业的各种问题，以推动其健康发展。[1]

3.选题活力不足、后劲弱

教育报道作为一种稳态新闻，较少有突发事件，如何让当前稳态进行的教育报道持续焕发生机是我们需要讨论的问题。

《南方周末》的深度报道《县中振兴的真问题，不在县中》，以当前基础教育的核心议题"县中塌陷"这一问题为切入点，从记者自身的社会经历、社交媒体的大众舆论、当前社会城市化、城乡转换、历史发展等独特视角，探讨了当前县中（县域高中）的问题所在：极端应试教育、心理压力所导致的学生心理扭曲、城乡教育资源分配不合理等问题。该文对县中问题进行"解密"，这或许是当前教育报道可以找寻的新的关键点。[2]

（二）新闻操作方面

1.教育报道连续性弱

媒体在教育热点事件过后常退去报道热潮，缺乏持续关注和后续报道。为深入解决教育问题，媒体需加强连续性关注，设立跟踪团队或机制，定期更新报道，追踪问题发展。同时，进行深度报道，揭示问题背后的原因和解决方案[3]，传达问题的复杂性。此外，应关注问题演变，挖掘长尾效应，如教育政策实施的长期影响。

新华社对留守儿童进行了长期跟踪报道，如《全国农村留守儿童精准摸排数量902万人　九成以上在中西部省份》，这有助于深入理解和解决教育问题，引导公众持续关注，推动问题得到更全面和深入的解决。[4]

[1]开学不到两个月退学730人，寻找出路的中职生 [EB/OL]．（2023-11-05）[2024-04-29].https://mp.weixin.qq.com/s/2aSdTY6jouEfoPVuHPXVhw.

[2]县中振兴的真问题，不在县中[EB/OL].（2023-11-14）[2024-04-29].https://mp.weixin.qq.com/s/yJpyjJqdnEunjAsbVwDn1g.

[3]郭久辉.调研和学习：复杂舆情下做好教育报道的关键[J].中国记者，2012（11）：81-83.

[4]全国农村留守儿童精准摸排数量902万人　九成以上在中西部省份[EB/OL].（2016-11-09）[2024-04-29].http://www.xinhuanet.com/politics/2016-11/09/c_1119882491.htm.

2. 结构过于扁平，缺乏层次

当前教育报道更倾向于报道某一教育政策、教育现象、教育事件，而非看到现象背后的社会结构性问题，报道过于平面化。在教育报道中，媒体不能满足于表面现象，要走出编辑室，全面地了解问题的实质[1]，要倾听各方声音，特别关注少数群体和弱势群体的声音，这有助于揭示社会公平和包容等方面的问题。

极昼工作室的《人到中年，为了孩子赴港读硕》这篇报道指出，由于当前内地教育资源有限、教育压力激增，许多父母决定让孩子"走一个捷径"而赴港读硕，这一现象从侧面也能反映出当前的中心问题：教育制度问题、社会"内卷"现象、育儿压力、就业压力等。从一个当前比较盛行的现象出发，去探讨现象背后的社会结构性问题。[2]

[1] 李斌.探析报道中的"问题意识"：以教育报道为例[J].青年记者，2013（15）：45-46.

[2] 人到中年，为了孩子赴港读硕[EB/OL].（2023-09-13）[2024-04-29].https://mp.weixin.qq.com/s/c9loQMzbMIYbbWeY4VmCPw.

三、教育报道的价值要求与操作之道

（一）教育报道的核心价值与要求

教育报道作为一种新闻报道类型，具有新闻报道的基础性质，也具有其独特的核心价值，这种特殊性进一步对媒体提出了针对性要求。把握教育报道特殊的核心价值，能够为媒体生产教育报道提供宏观的思想方针。教育报道的核心价值与要求主要包括以下三个方面：

1. 秉持全局观导向，突出教育性

教育是为国家培育人才、提高全民素质的民生大计，它几乎牵涉着全体群众。教育的意义已经不仅限于个体学习，而是扩展到整个社会。因此，教育报道影响着国家教育体制的变革，任何动态都可能牵动大众的心。在这种情况下，教育报道的导向性和教育性显得尤为必要。为树立正确的舆论引导，在进行教育报道时，首先要坚持正确的政治方向，明确政治意识，与国家大环境相协调。教育的变革既可能是积极正向的，也可能是消极负向的，教育报道需要坚持积极正确的舆论引导，推动教育工作朝着

积极的方向不断进步。同时，教育报道应当贴近时代，区分个别问题和共性问题，促进我国教育事业的发展。

此外，教育报道的教育性要求它必须兼顾政策性宣传、知识性教导以及伦理道德引导，立足于"教"的核心，进行多维度报道。

2. 深度洞察政策导向与社会趋势

教育报道具有较大的弹性，广义的"教育"可延伸到多重领域，涵盖生活的方方面面，这也使得教育报道具有复杂性和深刻的建设性，其往往与国家政策和社会趋势相关。在教育报道的弹性含义内，把握其政策性与社会性，是教育报道的核心价值。

因此，教育报道的从业者应拓展眼界，积极面向其他社会领域探索，深度洞察政策导向与社会趋势，形成全面的教育观察视野。具体来说，记者需要保持对社会趋势和国家政策的敏锐嗅觉，从专业角度把握政策导向，及时感知社会动向，并通过深度报道，引导社会对教育议题的有效关注。

3. 把握专业性，立足民生性

教育报道横跨求学、就业、师资等多个层面，主要受众为各阶段的学生、家长和老师等。因此，立足民生是保持教育报道生命力的关键。同时，教育报道关注教育改革的前沿成果，涉及对教育政策的解读、教育理念和现状的分析等内容，具有一定的专业性和学术性。把握住其专业性、立足于其民生性是教育报道的核心价值。

立足民生，要求记者将涉及人民广泛利益的教育事件作为报道的首要焦点，呈现大众关心的有实质价值的内容。并且，记者需要在教育报道中融合专业性和趣味性，平衡学术化和民生化，用通俗易懂的语言传达教育方针和理念，使受众更易接受。

（二）教育报道的具体操作

在教育报道的操作中，可以遵循以下递进式的方法：首先，挖掘新闻，追求"研究型报道"，主动发现具有价值的新闻线索；其次，在深入剖析新闻时，应具备找准问题的能力，精确找到问题的症结所在，避免仅停留在寻求表面解决方法的层面；最后，在分析问题时，应致力于探究其背后的结构性困境，而非仅仅关注表面困境。这样的递进式报道，可以更深入地揭示教育领域的深层次问题。

1. 主动"养题"，主动"发现"

在教育报道中，要在别人看不到、想不到的地方发现新闻。由于教育问题的长期性，任何一个突发性教育新闻的背后都有一个相对长期的酝酿过程，媒体的任务是挖掘质变之前的量变过程。[1]

通常来说，重大教育新闻具有事件性和话题性，记者需要关注到未被广泛挖掘的问题。例如，近些年，教育城镇化的浪潮兴起，农村学生大量涌入县城，该现象吸引了媒体对教育城镇化问题的广泛关注，且大多数媒体都聚焦于城镇土地财政和地区发展状况。

在大量"教育城镇化是推动经济发展的'绿色引擎'"的观点中，《南方周末》记者苏有鹏提出了一个相对反向的看法。在报道《那些没有进城的学生，出路在哪儿？》中，他关注到人口流出地的教育问题，聚焦于"县域教育"议题[2]，并指出，教育城镇化在一定程度上给县域教育带来负面影响，在稳步前进的前提下，目前阶段合适的方式是建设好乡镇学校，让没有能力进城的学生也能获得相当的受教育条件。文章剑指以教育为抓手大搞教育兴城而忽略乡村发展的现象，为留在乡村无法平等享受教育权利的学生发声。正如该文公众号评论区中部分留言所说，"还有媒体在关注这个问题，真是不容易"，"良心文章，很少有人关注到这一领域"……在追逐流量的浪潮下，主动发现少有关注的新闻是教育报道的可行之道。

2. 找准问题比解决问题更重要

教育问题同时涉及社会的方方面面，大多比较宏大且需要教育部门等相关单位的参与协调，媒体很难对某个议题提出具体的解决措施。因此，对媒体而言，在宏大的议题中，找准问题比解

［1］堵力.求解教育改革中的"悖论"："研究型报道"是教育新闻的根本追求［J］.中国记者，2006（10）：22-24.

［2］那些没有进城的学生，出路在哪儿？［EB/OL］.（2023-09-19）［2024-04-29］.https://mp.weixin.qq.com/s/uBqBeQR4Ud5idDAiZjEsTQ.

决问题更为重要。

2022 年年底，河南一位中学历史老师遭遇了陌生人的网课入侵，并在不久后被发现猝死家中。事件发生后，各路媒体大多直接引用微博上网友曝光的"爆破"过程截图、聊天记录等，报道思路较为单一，舆论也大多批判实施"爆破"的人群。

在《网课女教师之死和赛博爆破者之谜》一文中，记者先回顾和梳理事件的经过和各方报道。[1] 随后将目光重点转向"爆破"者为何人、其背后的心理动因是什么，并将文章重点着墨于此。通过文章可以得知，"爆破"群通常是由中学生和大学生组成的"兄弟会"，且层级分明、管理严格。这些爆破者具有心智不成熟的特点，热爱手机游戏、喜欢玩梗。得到爆破者的大致画像后，记者进一步分析爆破者的心理动因。在数字媒介时代，人的地位不再受现实身份的束缚。数字媒介颠覆了外部世界，爆破者更加不受束缚地施暴。通过层层深入，记者把网络爆破的议题引到爆破者的群体画像和行为动因，以及其诞生的社会和网络土壤上，方向明确且直切问题关键。

此外，《中国青年报》2023 年 11 月的文章《他们想安安静静地教书》中，探讨了大量非教学任务挤占教学时间的现象。[2] 该文发表前，"河南 00 后小学女教师疑跳楼"事件将"非教学任务"引入公众视野。但"非教学任务"并非近期才出现，而是长期存在于学校任务中，且有愈演愈烈的趋势。记者在文中指出，在 2019 年、2022 年，国家相关部门都曾提出要为教师减负，遏制非教学任务。在此期间，部分地方也有相应做法。在这些政策措施发布一定时间后，记者考量到相应措施是否发挥作用，将目光重转于此。文中指出，"非教学任务挤占教学时间不是教育的问题，从某种程度上是形式主义的问题"。对于"非教学任务"的现象，记者直击问题要害，敦促有关部门继续发力使问题得到解决。

3. 关注结构性困境，而非表面困境

教育问题的背后往往不会只有单一的因素，一个教育问题的

［1］网课女教师之死和赛博爆破者之谜［EB/OL］.（2022-11-08）［2024-04-29］. https://mp.weixin.qq.com/s/RR7ZQe6O3UKb8kcRVR3Ifw.

［2］他们想安安静静地教书［EB/OL］.（2023-11-15）［2024-04-29］. https://mp.weixin.qq.com/s/t2ZApvqZTF-70ZZVU67PBw.

发生需要从政治、经济、文化等方面，甚至从社会的深层机制中寻找诱因。这要求记者在分析问题时，不能流于表面，要尝试弄清楚其中立体的结构性困境。

例如，高校非贫困生申请助学金的现象时有发生，在部分事件中"非贫困生抢占贫困生的助学金名额"的现象的确属实，但也存在部分贫困生与普遍概念中的贫困生形象不符合的情况。对此，多数媒体将重点放在"这类学生是否有资格领取助学金"的问题上，"顺坡下驴"式地挖掘助学金发放中的问题。而《三联生活周刊》记者李秀莉关注到贫困生经济窘迫背后更复杂的困境，试图窥知为什么相当一部分领到助学金的人看起来并不贫困。她的报道《贫困大学生：他们面临的困境中，没钱只是第一道坎》提出，对经济贫困家庭的孩子来说，经济窘迫往往伴随着一整套系统性问题。[1]

对贫困生而言，除了金钱方面的问题，还有因贫困带来的资源受限、落差感、自信心受挫等其他问题。但因为这些问题解决起来耗时、耗力，往往被社会忽视或回避。并且，贫困生身份所带来的差别化对待和无形监督，也使得助学金在高校形成畸变。因此，许多贫困生倾向于隐藏自己的身份，让自己的外在形象往普通学生靠拢，以此减少贫困带来的"朋辈压力"和"落差感"。

四、教育报道如何走向未来

展望未来，教育将趋向数字化、回归本质、创新发展。数字化转型将成为不可逆趋势，逐步构建现代化教育体系。同时，应响应"反内卷，回归教育本质"的呼声，注重学习体验，实现全面发展。创新教育亦需不断探索，激发学生潜能，培养探索性与创造性思维，以应对未来的不确定性。

教育报道应紧密关注教育发展历程与新技术趋势，前瞻性地探讨教育事业的未来，为推动我国教育事业发展提供有力支持。

[1]贫困大学生：他们面临的困境中，没钱只是第一道坎［EB/OL］.（2023-03-23）［2024-04-29］. https://mp.weixin.qq.com/s/y1BgflFKIGExgiswQNPX6A.

1. 报道应紧扣"教育"核心

教育报道的根基在于教育领域的大小事件与发展变迁。要做好教育报道，首要任务是紧密关注教育领域自身的动态变化。尽管突发事件在教育领域并不多见，但潜在或隐性的变化却无处不在。例如，北青深一度的报道《孩子得了抑郁症之后，一个家庭的治疗实验｜深度报道》通过讲述一个家庭共同对抗抑郁症的历程，深刻剖析了当前家庭教育的痛点。[1] 家庭教育并非新兴概念，但记者却敏锐地捕捉到了其在新时代背景下的"异化"，进而揭示了这一社会问题的严重性。

同时，教育报道还需敏锐把握教育改革的风向标。这要求我们不仅要深入钻研改革的内涵，成为真正的"门内人"，还需紧密跟踪政策的推进过程，深入群众，发掘真实的故事。陕西网的报道《"双减"之下，让教育回归本位》便是一个很好的例子。[2] 该报道聚焦于"双减"政策，不仅观察了政策的推广、变化，还关注了政策的落地情况和社会反响，从地方政府部署、公众反馈到校外培训发展等多个维度，全面展示了政策从出台到实施的真实面貌。

教育报道应始终紧扣"教育"这一核心，既关注教育领域自身的变化，又敏锐把握教育改革的风向标，以真实、深入、全面的报道为读者呈现教育的全貌。

2. 报道应乘风而上，与数字时代共舞

教育报道应顺应数字化浪潮，展现创新风貌。为实现与读者和社会的契合，需加强多元化、互动性和参与性。具体而言，要运用数据可视化分析，通过图表、动画等形式直观呈现教育数据，揭示问题实质和趋势。同时，借助数字媒体优势，增强传受双方互动，如在线讨论、投票等，引入游戏化学习体验，让读者主动参与知识获取。此外，利用 VR 和 AR 技术，打造沉浸式教育体验，提高报道趣味性。

未来的教育报道应个性化、全球化，注重公平性。借助大数据和 AI 技术，根据读者兴趣、需求和背景提供个性化内容。同

[1] 孩子得了抑郁症之后，一个家庭的治疗实验｜深度报道 [EB/OL]. (2023-09-02) [2024-04-29]. https://mp.weixin.qq.com/s/wfV782Y2mTmw4LN8zBCuw.

[2] "双减"之下，让教育回归本位 [EB/OL]. (2021-08-23) [2024-04-29]. https://m.thepaper.cn/baijiahao_14173822.

时，关注国际教育动态，展现多元文化视角。更重要的是，关注教育公平与包容性，深入报道教育资源分配、弱势群体教育机会等问题，为推动教育公平贡献力量。

思考题

1. 教育报道如何体现社会责任和人文关怀？请思考教育报道在关注弱势群体、推动教育公平等方面发挥的作用，并举例说明。

2. 在报道教育问题时，如何平衡深度与广度？如何在有限的篇幅内既全面反映教育问题的现状，又深入挖掘其背后的原因和影响？

3. 讨论教育报道中客观事实与主观解读之间的关系，以及如何在报道中保持客观性和公正性。

4. 教育报道如何提升自身的可读性，促进公众对教育的关注和参与？

5. 在教育报道中可能出现哪些伦理问题？该如何避免？

参考文献

［1］游勇超.教育新闻报道如何实现守正创新：以第三十一届中国新闻奖教育类获奖作品为例［J］.教育传媒研究，2022（3）：62-64.

［2］葛先涛.新闻报道如何扎实做好党史学习教育宣传［J］.新闻传播，2021（18）：56-57.

［3］蔡江沈.如何写好教育新闻的深度报道［J］.新闻文化建设，2021（10）：42-43.

［4］张树伟.建设性新闻：教育报道创新的"思维导图"［J］.青年记者，2020（9）：19-21.

［5］李蕾.谈我国职业教育报道的冷门化现象［J］.新闻战线，2015（24）：29-30.

［6］骆正林.社会舆论对教育改革和发展的支持现状［J］.广州大学学报（社会科学版），2014，13（6）：46-52.

［7］徐敏.这个"冷门"不该"冷"：试析当下职业教育新闻报道的缺失与应有作为［J］.新闻记者，2008（5）：53-56.

［8］王秀铭.《南方周末》1993—2006年高等教育报道议题分析［D］.武汉：华中科技大学，2007.

［9］堵力.求解教育改革中的"悖论"："研究型报道"是教育新闻的根本追求［J］.中国记者，2006（10）：22-24.

［10］蒋建华.如何认识和对待媒体对教育问题的报道［N］.中国教育报，2005-09-12（4）.

［11］鲍海波.教育新闻报道的"厚重"与"单薄"：从报纸媒体对"高考"的报道谈起［J］.新闻战线，2005（8）：27-28.

［12］李青松.媒体，别成为教育改革与发展的羁绊：也谈教育报道的几个误区［J］.新闻知识，2005（6）：67-68.

［13］徐苏.读者导向，教育新闻的创新点［J］.传媒观察，2003（12）：41-42.

［14］李纬娜.浅析教育报道的传播障碍［J］.新闻与写作，2003（12）：23-24.

［15］潘渝.前瞻性：教育新闻报道的尝试［J］.新闻界，2000（6）：54.

第九章

就业报道：就业市场与职业方向

导　语

就业是民生之本，亦是经济民生的体温计。

在新技术等因素的变革下，就业环境、就业理念、就业形态正在发生深刻变革，就业报道也要随之改变，具体体现在叙事对象、叙事视角和叙事结构等方面。

而就业报道的实践，真实性原则要置于首位，真实客观地报道就业情况，让大家更好地体察经济温度；讲好人物故事，兼顾情感表达与思想性，实现内容与时代性的有机结合；创新呈现方式和手段，利用最新技术，实现共情表达。

就业报道涉及每一个个体，一则必须以就业事实为依据，避免形成误导；二则必须与时俱进、因地制宜，及时跟进各地的相关政策与就业变化，并尽可能提供可操作的对策建议。

——中央民族大学新闻与传播学院教授　郭全中

就业报道小组有导师 1 名：郭全中；助教 1 名：张姣；学生 14 名：戴嘉怡、罗羊瑜、梁紫晴、甘晓琳、施茵茵、萧耘、陈紫珊、李煦晴、段文燕、姚咏祺、谭心悦、廖尹瑄、郝亚轩、王绮悦。

就业是最基本的民生，就业稳，则民心安、社会稳。鉴于就业话题是高校青年着重关心的资讯，因此本章基于对当前就业趋势的洞察，从时代变革下就业理念的转变、就业报道的叙事逻辑和实践策略以及就业报道的注意事项等方面，探讨当前就业报道写作的思路与方法，为读者提供参考。

一、就业理念的转变

（一）就业环境的变化：心理压力和经济压力

1. 社会情绪：更加注重活在当下

人们由于更加注重活在当下，很容易陷入享乐主义和即时满足的陷阱，忽视长远的规划和目标。此外，所受到的心理压力和焦虑感可能导致心理问题的出现，如抑郁症、焦虑症等。

2. 民生经济：谨慎保守，对未来局势抱观望态度

人们对于未来的经济局势普遍保持谨慎的态度。他们开始意识到未来的不确定性，对于投资和消费都持保守态度。这种谨慎保守的态度在一定程度上有助于稳定经济，避免风险。但若过于保守，也可能导致经济增长动力不足，陷入长期低迷的状态。

（二）就业观念的转变："灵活就业"观念的诞生

就业观念，是指人们对就业的态度、看法和选择倾向。它反映了一个时代的社会、经济、文化等多方面的特点。在中国，随着改革开放的深入和经济的发展，就业观念也在不断地发生变化。从 20 世纪 80 年代有计划的商品经济蓬勃发展，到 90 年代市场经济体制初步建立，大学生的就业观念经历了自主化、多元化、大众化的发展过程。

随着时代的变迁和经济的发展，灵活就业已经成为一种日益受到关注的就业形态。特别是在数字化、网络化的新时代背景下，越来越多的青年大学生加入灵活就业的浪潮中。这一现象反映了当代青年对于传统就业观念的突破，也预示着未来就业市场的发展趋势。

"很多人说中国的人口红利正在减少，但其实人力资源的红利还将延续很长时间。"全国普通高校毕业生就业创业指导委员会新就业形态与创业指导专家组副组长、全球青年创新领袖共同体促进会会长孙焱如是说。在她看来，新的就业形态有着数字化、即时化、智能化三个特点，能高效地对不同类型的海量资源进行匹配。

孙焱说："过去，很多大学生愿意选择到外企去，到大的企事业单位去，也就是过去的所谓'大厂'，为的是获得更多的资源，而现在平台就能提供这些。"即使你是一个个体、一个很小的工作室，也能在平台上获取大量的资源，只要你具有协调整合的能力。

青年大学生作为灵活就业浪潮中的新力量，正逐渐改变着传统的就业观念和工作方式。他们凭借丰富的知识和创新思维，在灵活就业领域中展现出巨大的潜力和发展空间。

当然，青年大学生在灵活就业中也面临着一些挑战。例如，缺乏稳定的收入保障、医疗保险和养老保障等等。此外，一些大学生对于灵活就业的认知和接受程度还有待提高。他们可能更倾向于传统的全职工作模式，对于自主创业或自由职业等新型就业形态持怀疑态度。

（三）就业形态的改革：数字化的机遇与挑战

随着云计算、大数据、人工智能、物联网、工业互联网等新一代信息通信技术的不断成熟和应用，数字化大潮风起云涌，席卷各行各业，为各行各业带来了新的驱动力，促使各行各业纷纷开始数字化转型，迎接数字化新时代。

1. 数字化浪潮下的产业转型趋势

传媒领域是最能直接体现数字化新技术的领域之一，媒介形态界限被打破，各大媒体纷纷积极布局数字化网络社交平台，建立商业平台媒体矩阵，人工智能生产内容（Artificial Intelligence Generated Content，AIGC）创新了媒体内容生产方式，VR 新闻沉浸式的观看方式改变了用户的体验，媒体、网络、数据、社会生活正在融为一体。

随着人工智能技术的不断发展，AI 产业的发展重心正在逐渐从传统分析型 AI 转向生成式 AI。以 OpenAI 推出的 ChatGPT 为代表，它带动人工智能生产内容热潮，谷歌、百度也先后推出其研发的对话式 AI 应用，国内阿里巴巴、腾讯、华为等科技大厂也纷纷布局智能大数据模型研发。

2. AI 提高生产效率的同时带来就业危机

有人说，在 ChatGPT 时代，所有的行业都值得用大模型来重新做一遍。随着 AIGC 的迅速发展，其应用范围逐步扩大，从简单的文字内容生成发展到智能图片编辑、语音识别和智能写作等，为从业者以及应届生带来巨大的压力，担心工作岗位会被自动化技术替代。

以新闻行业为例，AI 是一件利弊相存的工具，生成式 AI 的诞生能有效减轻新闻从业者的压力，但当行业逐渐对使用人工智能参与内容输出产生惯性时，许多问题也开始显现。最大的隐患便是 AI 生成内容的版权归属问题。某些"假新闻图"无论是光影、构图还是人物神态，几乎达到了以假乱真的程度。这样的图片制作简单，造假成本极低。此外，AI 绘图的数据需要大量照片作为模型，而这些照片的来源也存在不少的版权争议，与个人信息隐私安全有关的问题也随之而来。

二、就业报道的叙事逻辑

（一）叙事对象

就业报道涵盖的叙事主体范围颇广，目前高校青年面临的就业形势紧张，每到毕业季，就业形势都能引起较高热度的讨论，因此我们聚焦以高校青年为叙事对象的就业报道来展开述说。就业报道的首要作用是根据高校青年群体的需求提供相关就业信息、传递政策，让高校青年了解目前的就业状况，通过媒体报道打开新的就业窗口，对存在的具体问题找到大致的对策，获取有价值的信息。

媒体是高校青年了解就业的重要途径之一，但是部分媒体在就业报道中出现性别歧视、职业歧视的问题，刻意调侃、制造噱头，比如将"女大学生干得好，不如嫁得好""大学生毕业卖猪肉"等话语作为标题。媒体在就业报道中所呈现的主体内容和角度、立场尤为重要，像上述那样的话语容易扭曲高校青年对未来就业方向的认知。为避免这样的问题发生，媒体在报道时要端正立场，从高校青年自身的实际情况出发，保证新闻报道有公信力，尽可能地为高校青年提供有效建议，传播正能量，帮助他们更好地面对挑战而非放大焦虑。

在报道高校青年就业问题时，首先应如实反映社会就业状况，揭示现实问题，提高社会对高校青年就业状况的关注度。其次报道应充分关注高校青年面临的就业困境，包括就业压力、产业结构调整、地区性就业差距等，并进行深入分析，帮助高校青年全面了解就业市场的情况。此外，报道媒体要避免以服务企业为中心，要对就业情况进行客观报道，同时适当地引导公众关注和思考就业问题，彰显媒体的社会责任意识。

（二）叙事视角

新闻叙事视角最常用的是内视角、外视角和第三人称视角，叙事视角的出现是动态的、交叉的和相互转换的。

内视角主要用于表达新闻事件的客观性，通常是由事件的亲历者或者非参与者来叙述。内视角在新闻叙事的运用中较少出现争议，但内视角的文本结构安排仍旧受到了撰写者的限制。例如，在《人物》杂志的报道《当文科博士经历最卷毕业季》中，找来了四位文科博士，由他们亲自讲述各自的就业经历，读者面对真实事件的当事人，能更好地理解报道文本内容，在新闻事件上能更好地展示叙事框架。[1]

在外视角中，内容常常涉及专业领域的学者点评或转述专家的话语作为信息补充，存在单向叙事和无法让读者具象理解的弊端，其叙事内容偏向官方化。在就业报道中，为了避免这一缺点，应适度加入高校青年的主观视角来叙述文本，以平衡好报道的客观性。

［1］当文科博士经历最卷毕业季［EB/OL］.（2023-08-10）［2024-07-23］.https://baijiahao.baidu.com/s?id=1773533579530321743&wfr=spider&for=pc.

第三人称视角能够最大程度地体现报道的客观性与真实性，因此第三人称视角的使用较为频繁。就业报道的主体为高校青年，利用第三人称视角能够最大程度地概括该群体的现状。因为第三人称叙事能运用多种视角，所以也留存了主观色彩的空间。《南方都市报》的文章《为什么"村播"正成为年轻人创业就业的新路径》，借用了三名年轻人创业就业经历的转述表达，在结尾处，记者对于"村播"就业这条道路如何更好为乡村服务提出了自己的建议，从而更好地巩固了认为"村播"事业是一条好出路、能积极扶持乡村发展的观念。[1]

（三）叙事结构

就业报道的叙事结构体现在报道的特定编排设计当中，比如使用大标题、导语、引人注目的引语、核心段落和结语这一套基本的消息报道结构。

在标题里，要注重简洁明了和多重隐晦的并存。比如《"用工荒"与"就业难"像是"鸳鸯火锅"》这一标题就将职业教育就业难的现实问题与社会用工荒的问题用"鸳鸯火锅"作为比喻，表现出二者在现实社会中的分割，形象而深刻。[2]

在导语里，要注重对全文的概述和对重点的强调。比如"近日，人力资源社会保障部印发了《关于开展 2024 年全国公共就业服务专项活动的通知》，部署开展 2024 年全国公共就业服务专项活动，为劳动者求职就业和用人单位招聘用工搭建对接平台，促进劳动者就业创业"这一导语就用简洁的语言概括了政策规定，并突出该政策对劳动者与用人单位的双向作用。

对于正文，要善用巧妙布局并层层递进叙事结构，可以是多角度的横向结构，也就是对同一主题的事件，从多个角度去阐述；或者采用更复杂的不受拘束的横纵混合结构，在时间上采用纵向线性结构，在文本上采用横向分段结构，沿着连贯的线性时间或因果发展来进行阐述。同时可以采用新旧媒体融合的叙事方式，适应读者阅读习惯的变化，加入短视频、直播等传播途径，打破平面媒体的枷锁，丰富报道的形式。

［1］为什么"村播"正成为年轻人创业就业的新路径？［EB/OL］.（2023-09-20）［2024-07-23］. https://mp.weixin.qq.com/s?__biz=MTk1MjIwODAwMQ==&mid=2651492507&idx=2&sn=390ebc0bf1f4e7f9683b89fa0ffb2cee&chksm=479d937570ea1a635c758218fd2d4986d7fb5d5caf19b1d5bb44d536c5cea746f9f9acc8a2ff&scene=27.

［2］"用工荒"与"就业难"像是"鸳鸯火锅"［EB/OL］.（2012-02-27）［2024-07-23］. https://papers.803.com.cn/cjxxb/2012/02/27/content_233505.html.

三、就业报道的实践策略

（一）针对目标受众锚定选题

1. 聚焦就业主体选择报道类型

就业报道应针对目标受众来锚定选题方向，比如就业趋势报道，报道内容应为受众关心的行业或职场发展趋势，提供相关数据和分析，帮助读者了解当前就业市场的动态。

除就业趋势报道之外，行业深度报道也是热门话题之一，深入报道某个具体行业的就业形势，介绍该行业的发展情况、热门职位、就业要求等，为目标受众提供行业内岗位的信息和就业指引。此外，职场技巧与经验分享也是就业报道的一种，针对目标受众的职业需求，报道工作经验、面试技巧、职业规划等相关内容，帮助其提升就业竞争力。

名人就业故事报道可以给目标受众提供成功就业的经历，分享求职技巧、就业历程和成功经验，激励其他目标受众追求自己的职业梦想。就业政策的解读可以为目标受众提供政策指导，青年是就业的主力军，高校青年就业指南也很重要。针对大学生、研究生等高校青年目标受众，提供包括实习经验、校园招聘信息、毕业生就业形势分析等在内的综合就业指南，帮助他们顺利进入职场。在选择报道形式时，要了解目标受众的需求和兴趣，确保选题与受众密切相关。同时，多样化的报道形式也有助于提升报道的吸引力和可读性。

2. 遵循真实性原则，呈现就业群体的真实状况

就业报道有以下原则：

一是准确性。报道内容必须真实、准确，不能含有虚假、夸大或误导信息。记者应该通过可靠的渠道获得和验证信息，确保报道的准确性。在采访前应该全面了解被采访者、被采访单位，确保企事业单位的真实可靠。

二是客观中立。就业报道应该客观、中立，不附加个人主观态度或偏见。记者在采访过程中应该避免提出带有引导性的问题，保持客观的立场。同时应该注意规避被采访者带有感情色彩的回答所带来的影响。全面报道各方观点，让读者自行判断。

三是多元化。就业报道应该反映不同群体的经历和观点，不偏袒特定群体或个人利益。记者在搜集资料以及选择采访对象时，应该关注和报道各种就业情况，避免目光狭隘。同时提倡在采访和搜集资料的过程中针对同一领域、同一行业进行发散式提问和搜集，力求做到全面多元。

（二）讲好人物故事

1. 情感表达与思想性兼顾

2020年9月，《人物》发表了一则引起全网轰动的深度报道《外卖骑手，困在系统里》，结合不同骑手的情况，以内视角展开，通过外卖骑手的语言复述，呈现出外卖骑手面临的问题，如风雨天气也不能超时、一单未结一单又接的超量、公共交通里的不断超速、恶意的评论等。以外视角为辅，指出骑手面临的风险与危机。在此篇报道中，外视角对采访人物进行客观描述，内视角以对话形式呈现，使文章同时保持了人情味和可读性。[1]

报道通过对不同背景和不同经历的外卖骑手进行简单采访，叙述了他们走上外卖这条道路的心路历程，表现出小人物在外卖系统运行下仍然对未知生活怀有美好的期盼，使叙事更具有温度。以外卖骑手的视角进行报道，使观众更能身临其境体会骑手的感受，并以此稳定社会日常情绪。在此篇报道中，叙事技巧运用得当，使读者在报道中更能体会到小人物在时代下的艰难，成为一篇不失温度的就业报道。

2. 聚焦内容与时代性结合

就业报道内容应贴近高校青年生活，反映青年的就业需求和呼声。紧跟时代的发展，关注新的就业形态，如数字化、智能化等新兴产业。关注不同类型岗位的信息，帮助高校青年求职者更好地了解就业市场，加强与高校青年的互动。数字时代下，新技术、新业态对就业市场产生深远的影响。就业报道应紧跟时代步伐，可以介绍数字化转型对传统行业的影响，以及新兴行业对人

[1]外卖骑手，困在系统里［EB/OL］.（2020-09-08）［2024-07-23］. https://baijiahao.baidu.com/s?id=1677231323622016633&wfr=spider&for=pc.

才的需求，同时关注政策变化，如国家出台的就业政策、人才培养政策等，以及就业背后的社会问题，从而更好地服务于公众，促进就业市场的健康发展。

（三）用好新的呈现手段

1. 坚持新媒体与传统媒体相融合

现如今，新闻网站、社交媒体平台发送的就业资讯更易于吸引年轻受众，因为这些媒体传播速度快，互动性强，可以通过图文、视频等多种形式呈现报道，使报道更具即时性和参与性。此外，新媒体的数据可视化功能使复杂的就业数据变得易于理解，为读者提供更直观的就业趋势分析。在新媒体时代，传统媒体需要借助新媒体的技术手段和运营模式，提升自身的报道效果和传播效能。同时，新媒体也可以借鉴传统媒体的独家新闻报道和深度分析，提高自身的内容质量和权威性。

2. 报道内容形式更加贴心

随着高校毕业生数量逐年增加，就业形势愈发严峻，如何为高校青年提供准确、及时的就业信息，引导他们理性面对就业挑战，成为新闻媒体的重要任务。现如今，就业报道包括就业形势、政策传达、观念倡导、求职状态、法律维权等内容，虽然已经涵盖了绝大部分高校青年的需求，但是其内容形式仍需要从深度、广度、形式、服务等多个方面入手，不断改进，以提高质量和影响力。首先，可以利用数据可视化、故事化叙述等方式，使报道更加生动有趣；其次，可以利用新媒体平台，扩大报道的影响力；再次，加强数据分析，利用大数据技术对就业市场进行分析，为报道提供数据支持，使报道更具说服力；最后，组建由就业专家、职业规划师等组成的专家库，为报道提供专业支持。

四、就业报道的注意事项

（一）报道应以就业事实为依据

新闻的报道对事实的概括必须真实，不能以点带面、以偏概全，要准确无误地概括事实的全貌。记者不能对事件存在偏见，避免出现性别歧视、职业歧视等问题，刻意调侃、制造噱头的标语不能作为标题。此外，就业报道需保持客观的视角，不得以私利为目标，夹带软文，为企业服务。应充分考虑受众，关注就业困境，为待业的读者提供深入的分析，引导社会进行积极正向的思考。

（二）报道应与时俱进、因地制宜

就业是社会性很强的一个话题，它会随着社会经济、就业群体、当地政策的变化而改变，就业报道的角度不能一成不变，记者需要多关注社会形势对就业的影响。在就业报道中，首先可以选择使用政策框架来分析解读，应注重就业政策的宣教，尤其是分析政策中不断变化的新规定。其次可以以帮扶视角进行解读，注重报道高校、地方政府与国家对就业困难毕业生的帮扶政策。

思考题

1. 就业报道理念的转变经过了几个阶段？
2. 就业报道的叙事逻辑是怎样的？
3. 就业报道的实践策略集中在哪几个层面？
4. 就业报道应注意哪些因素？

参考文献

［1］李丹青.围绕"三点"发力，增强就业报道"嵌入度"：工人日报《劳动保障》版的实践与思考［J］.全媒体探索，2024（4）：61-62.

［2］周晖.高山起微尘 倚树听流泉：来自基层的就业报道启示［J］.中国记者，2023（3）：44-45.

［3］付娆.从《人民日报》关于就业的报道看大学生就业现状及对策［J］.劳动保障世界，2019（18）：10-11.

［4］王予杰 . 关于就业新闻报道的探究：以新闻报道实践为例［J］. 开封文化艺术职业学院学报，2022，42（6）：126-128.

［5］唐菊花 . 报纸媒体对大学生就业报道的话语建构［J］. 新闻战线，2018（24）：208-209.

［6］赵晔琴 . 从毕业分配到自主择业：就业关系中的个人与国家：以1951—1999 年《人民日报》对高校毕业分配的报道为例［J］. 社会科学，2016（4）：73-84.

［7］杨铮，王胜源 . 新形势下媒体大学生就业报道误区及改进策略［J］. 中国出版，2011（2）：46-49.

［8］殷子然 . 框架理论下大学生就业的媒介呈现：以《中国青年报》大学生就业报道为例［J］. 新闻界，2009（5）：107-108.

［9］杨雪团 . 媒介暴力的另类传播效果：关于就业类信息过度报道的思考［J］. 新闻爱好者，2009（19）：12-13.

［10］蔡骐 . 大学生就业报道的范式与话语［J］. 新闻记者，2009（9）：65-68.

［11］王亮 . 为大学生就业营造良好舆论环境［J］. 中国记者，2008（3）：68-69.

［12］刘铮，刘羊旸 . 新形势下的就业报道模式更新［J］. 中国记者，2007（9）：18-20.

［13］孙元涛 . 当前就业报道的问题与对策［J］. 中国记者，2007（9）：22-24.

［14］吕妍 . 大学生就业报道的理性思考［J］. 传媒观察，2007（8）：36-37.

［15］陈雅妮，罗新宇 . 就业报道的追溯与思考［J］. 中国记者，2003（12）：8-10.

第十章

公共卫生报道：生命至上与公共福祉

导　语

　　一场席卷全球的新型冠状病毒感染疫情，让公共卫生再次成为焦点。在喧嚣多元的突发公共卫生事件舆论场里，信息透明是最好的"定心丸"，知识准确是有效的"防护剂"。媒体特别是主流媒体肩负提供信息、回应关切、社会动员等职责，发挥着不可替代的重要作用。牢记人民至上、生命至上，坚持科学精神、实事求是，确保报道真实、及时、全面、深入，更是新闻记者的天职。公共卫生关乎人类健康、国族命运，无论社会演进、科技发展、传播变革，我们都应当铭记医学社会史奠基人乔治·罗森博士在其经典著作《公共卫生史》留下的箴言——公共福祉是最高的法律。

——南方报业传媒集团专职编委　陈枫

　　公共卫生报道小组有导师 1 名：陈枫；助教 1 名：徐政媛；学生 12 名：王诗杰、王嘉岭、左美怡、李辰智、陈嘉彬、李毅翔、王子彦、任俊杰、张恒泰、杨濬芃、杨宁、杨青。

一、公共卫生报道的概念阐述

（一）公共卫生报道的概念界定

公共卫生报道是指对公共卫生领域的事件、政策、研究成果以及相关信息进行的专业性报道。它旨在通过媒体平台向公众传递关于公共卫生问题的知识、动态和观点，提高公众对公共卫生问题的关注度和认知度，推动公共卫生政策的制定和实施，促进全社会健康水平的提升。公共卫生报道内容广泛，包括传染病防控、慢性病预防与管理、环境卫生改善、食品安全监管、健康教育与促进等方面。

（二）公共卫生报道的分类

1. 传染病报道

传染病报道是指对突然由不明原因引起的、大规模的，能在人与人、人与动物之间相互感染的重大传染性疾病的报道。常见的报道类别有流行性感冒、乙肝、结核病等。此类报道一般包含疾病的认定标准、通报程序、控制措施等内容。

2. 医药健康报道

医药健康报道主要聚焦于医疗行业的健康资讯，通过对医疗、医药、医改、医保等领域消息的梳理，整理最新的医药政策，邀请业内权威专家，以医疗的角度向大众科普新兴的医疗资讯。

3. 疾病防治报道

疾病防治报道主要关注各种疾病的预防策略、措施及疾病研究等方面的进展，致力于向公众传达疾病防治的最新消息。主要报道内容有疾病防治、慢性病预防及管理、疾病医学研究进展、疾病健康教育等。

4. 公共卫生安全报道

公共卫生安全报道指对社会公共卫生安全事件的报道，对事件背后一系列成因、最大责任方、最新进展及改进措施进行梳理。常见的报道内容多为寄生虫疾病、食物中毒等安全事件的最新信息。除此之外，还有公共卫生注意事项，例如科普疫苗接种等重要内容。

（三）公共卫生报道的重要性

以前大众对于公共卫生的了解仅限于传染病的报道，而传染病恰好是季度性极强的一类病症，这也导致了公共卫生报道在这一方面也变得具有季度性。新冠疫情的暴发让公共卫生报道更为大众所熟知，这场席卷全球四分之三地区、长达三年之久的重大公共卫生事件，影响了全球的经济及旅游文化产业的发展，甚至波及交通枢纽和民企营生等问题。

这类重大公共卫生事件作为一个重要的时间节点具有巨大的影响。近年来，大众对公共卫生领域报道的关注度以肉眼可见的速度在攀升，其讨论度也高居各大平台网站前列，相关内容的覆盖面逐渐广泛，国家和公众重视程度更高。2023 年 3 月，针对重大卫生事件防控需求，中共中央办公厅、国务院办公厅印发了《关于进一步完善医疗卫生服务体系的意见》，其中对医疗机构及医疗技术现状给予了明确的规定与指示，并提出将"互联网＋医疗"模式的体系引进公共卫生与疫病预防。[1]

（四）公共卫生报道的影响因素

1. 政策因素

国家政策是影响公共卫生报道的重要因素。政策决定了公共卫生报道的管理和推进方式，直接影响着新闻媒体对公共卫生事件的报道角度、内容和调性。例如，2003 年国务院在"非典"（SARS）出现后紧急出台《突发公共卫生事件应急条例》，建立一个快捷、畅通、准确、及时的信息报告网络，建立和完善国家统一的突发公共卫生事件预防控制体系以及应急报告、信息公开、举报等制度。[2] 政策对于公共卫生报道的影响如下：

（1）信息透明度：政府在公共卫生领域的信息透明度和公开度将直接决定媒体的报道内容。

（2）政策导向：政府制定的公共卫生政策和目标将引导媒体的报道方向和内容。

（3）专家发言权：公共卫生专家的发言内容不仅要坚持学

[1] 中共中央办公厅 国务院办公厅印发《关于进一步完善医疗卫生服务体系的意见》[EB/OL].（2023-03-23）[2024-04-27]. http://www.news.cn/politics/zywj/2023-03/23/c_1129458649.htm.

[2] 突发公共卫生事件应急条例[EB/OL].（2005-05-20）[2024-04-20]. https://www.gov.cn/zwgk/2005-05/20/content_145.htm.

术严谨，更要对公众和国家负责。

2. 媒体因素

媒体会基于事件内容、舆论现状等因素综合考虑报道的内容和形式，如何选择具有代表性的故事，媒体具有不同的考量和呈现。

（1）选择和设置议题议程：媒体在选择和设置议题议程时，决定了哪些公共卫生话题会被报道。

（2）选择和使用信息来源：媒体在报道时，不同的信息来源对新闻报道的角度、可信度和深度会产生影响。

（3）调性和情感表达：媒体在报道时，其调性和情感表达方式可能会对公众的态度和行为产生一定影响。

3. 公众因素

公共卫生报道的社会效益，不仅取决于报道本身的品质，也关乎其能否回应公众的关切和期望。公众对于公共卫生报道的影响如下：

（1）准确性和权威性：具有准确性和权威性，经考究、可信度高的信源会一定程度影响公众期望。

（2）信息深度：在报道中，内容具有更全面和深入的信息时，会影响公众期望。

（3）教育指导：在报道中，内容能发挥教育和指导的作用时，会影响公众期望。

（4）公众参与度：当报道内容能促进公众在公共卫生事件中的参与和反馈时，会影响公众期望。

（五）公共卫生报道的影响力

讨论公共卫生的影响力，是为了更好地去分析公共卫生报道的作用和潜在问题。公共卫生报道帮助公众了解和防范疾病，引导形成科学健康观念，改变不健康生活方式。但互联网也带来挑战，如谣言传播、信息过载等问题。因此，确保新闻准确性和可信度至关重要，官方机构应主动发布可靠信息并与公众互动交流，通过有效沟通，帮助公众塑造正确认知，引导科学健康行为。公众也需培养健康素养，识别虚假信息。

新闻是人民的第三只眼。媒体通过公共卫生报道发挥舆论引导作用，行使监督社会的责任。媒体通过深入调查和报道，揭露违法、违规、损害公共卫生的行为，从而对相关责任主体形成公开的舆论压力，迫使其纠正错误，以此执行或修正公共卫生政策。例如，媒体监督在食品安全事件上有着十分明显的作用。

（六）公共卫生报道的潜在风险

无论是单个的公共卫生事件，还是更为广泛的公共卫生议题，都需要媒体的广泛报道和充分讨论才能引起政府和公众的注意。然而，公共卫生报道也存在潜在的风险。互联网加速了新闻的时效性，与此同时，信息失真的问题也逐渐显露出来。公共卫生领域的知识和信息常常涉及专业术语和专业知识，只有经过专业训练的人士才能准确理解。在报道过程中可能存在对信息的误解和失真，会影响公众对公共卫生信息的理解，甚至造成恐慌。

恐慌问题一般是围绕着某些重大的公共卫生事件产生的。例如在2003年"非典"大流行的时候，"群众哄抢白醋来熏煮消毒"[1]的行为。在流行病暴发事件以及一些强联系的突发公共卫生安全事件中，如果报道过于夸张，很容易引发恐慌，甚至可能引发社会不稳定，导致市场动荡，影响正常生产生活。

最后，新闻媒体为了提升点击率和关注度，可能会过度炒作某些"热门"的公共卫生事件，或是借题发挥引发舆论导向，而忽略了一些真正重要但不太"热门"的公共卫生问题。这种情况下，公众可能会被误导，忽视对健康问题的关注，本末倒置。

二、公共卫生报道的风格及案例分析

（一）多样化的报道风格

1.严谨且客观

谈到严谨客观的报道，其表现形式多为传媒杂志类的报道，在报道内容方面多讲究循序渐进，通过切实的数据信息和专业人士的解答让报道更具有可信度。例如在澎湃新闻2020年9月发

[1] 2003年"非典"期间因为民间流传白醋熏煮有杀菌消毒的功效而导致白醋脱销。最深入人心的醋味，最得不偿失的熏醋大法［EB/OL］.（2020-01-23）［2024-04-20］. https：//www.thepaper.cn/newsDetail_forward_5609007.

布的《2020 疫情数据报道分析报告》中，以 19 世纪中期的英国霍乱公共卫生事件作为导言，逐步引出在疫情这场突发性公共卫生事件的肆虐下，社会所遭受的冲击，且文中大量使用明确的数据传递信息，使得报道评价更显严谨。

> **案·例**
>
> 澎湃新闻《2020 疫情数据报道分析报告》：19 世纪中期，英国伦敦西部爆发了霍乱，约翰·斯诺（John Snow）医生用一幅标注霍乱地区水泵位置和病亡人数的地图发现了霍乱"由水传播"的证据，并成功劝服伦敦政府取下了"宽街"（Broad Street）水泵的把手，疫情因而得到了控制。[1]

2. 通俗易懂

与严谨的传媒杂志类报道不同，电视广播类的报道多简短且通俗易懂，其原因在于电视广播类的受众与传媒杂志类的受众往往大不相同，他们所关注的内容也有一定的区别。按照我国知名学者朱寿桐教授对电视民生新闻的定义："以民众的日常生活为主要内容，以民众的人生诉求为基本出发点，以民众的生存状况为关注焦点，以民众的视角表现民主价值和人文关怀的理念，从民众的生存空间开拓资源的新概念新闻。"[2]

> **案·例**
>
> 央视网的健康新闻报道《寒潮来袭 呼吸道疾病重点人群如何重点防护？寒潮健康防护重点人群主要有三类》中提到，国家疾控局发布的《寒潮公众健康防护指南》指出，敏感人群（老弱孕妇）、慢性基础性疾病人群和户外作业人员是寒潮来袭的重点防护人群。

3. 网民响应度高

网络与新媒体类的公共卫生报道多发布于微信公众号，有一定的故事性和舆论性，且多具有监督功能。随着互联网的快速发展，网络普及率大大提升，庞大的网民群体成为新媒体舆论监督的主体，通过各种手段进行舆论监督。这种监督有效调动了网民的积极性，凸显出他们在新媒体传播过程中的主体地位。[3]

[1] 2020 疫情数据报道分析报告[EB/OL].（2020-09-17）[2024-04-20]. https://www.thepaper.cn/newsDetail_forward_9182883.

[2] 何海翔，金明勇. 电视民生新闻的融合路径[J].中国广播电视学刊，2019（2）：91-94.

[3] 李玉军. 新媒体视域下舆论监督的传播机制探析[J].新闻研究导刊，2024，15（4）：75-78.

（二）以人物切入的报道风格

1. 以历史人物的故事减少恐慌

新冠疫情防控期间，媒体发布的深度报道不仅记录了疫情的发展和影响，更重要的是从公共卫生的视角深入探讨了这场全球性卫生危机对社会各层面的影响。这些报道在新闻时效性上超越了常规报道，通过详细的人物描绘和深入的情境分析，提供了对这场大型公共卫生事件影响的更深层次的理解。

案 例

澎湃新闻发布的《特稿 | 成功预测大流感的"现代疫苗之父"：一个追寻消灭致命疾病的传奇》就讲述了莫里斯·希勒曼这位现代医学史上的传奇人物的发展史。通过他的发展史也充分叙述了流感这一疾病的发展历程。

2. 以小人物的群像还原真相

非虚构写作通过具有故事性的情节，以文学的角度全面展示一场重大传染病的开始到结束，以一些小人物的视角来看待这场全人类的传染病灾难。其特点是根据时间线循序渐进，以客观的角度真实还原这段记忆。

案 例

理查德·普雷斯顿于2014年出版的非虚构写作《血殇：埃博拉的过去、现在和未来》就记录了多个抗击埃博拉病毒的故事。用这些发生在不同人物身上的故事章节，记录了一场重大的埃博拉病毒感染事件。

三、公共卫生报道的多元化趋势

在传统媒体时代，不同形态媒体的公共卫生报道风格存在较大差异。报纸杂志的风格一般是严谨且有深度的，侧重连续报道、深度报道，追问挖掘事件背后的深层次原因。广播电视的风格则是直观通俗，侧重现场直播、连线评论，以民生视角呈现事件影响。随着互联网的快速发展，网络普及率大大提升，庞大的网民群体成为新媒体舆论监督的主体。

2013 年以来，"媒体融合"成为国家战略。不同形态媒体之间的壁垒被打破，加速融合发展，呈现"你中有我，我中有你，你就是我，我就是你"的融合态势，展现了全程媒体、全息媒体、全员媒体、全效媒体的全媒体传播生态，媒体格局、传播方式发生深刻变化。

随着媒体融合深入和社会文明发展，公共卫生报道呈现以下发展趋势：

1. 报道形式多元化

随着移动互联网和社交媒体的发展，公共卫生报道的形式更加丰富。公共卫生报道也不再局限于纯文字，而是更多具有音视频、图片、表格等多种形式，以吸引不同受众的关注并提供更有效的传播方式。

2. 更具科学性和准确性

公共卫生报道需要更多依据科学研究和权威机构的证据，避免引起不必要的恐慌和误导。公共卫生报道也逐渐利用现有的工具，用数据来说话，内容上更具准确性。另外，相关权威人士也会加强对研究结果的解读与分析，以帮助公众更好地理解和应对各类公共卫生挑战。

3. 更多元的报道领域

公共卫生问题涉及许多领域，如医学、生态学、社会学等。未来的报道将加强与其他领域的合作，以揭示公共卫生问题的多面性和复杂性，提供更全面的解决方案。

4. 公众参与性更强

公共卫生报道将鼓励公众积极参与，建立与专家、决策者和公众之间的对话平台。通过听取公众的声音和意见，媒体可以更好地了解公众需求并提供相关信息，增强公众的健康意识和参与感。

5. 国际交流更紧密

公共卫生问题不分国界，需要各国加强交流合作，及时分享疾病数据、防控经验和科研成果，共同应对全球性的公共卫生挑战。未来的新闻报道将更加强调国际合作与信息交流。

6. 社会公平性更强

公共卫生事业发展日益重视平等性、均衡性。未来的新闻报道将更加关注弱势群体和社会不平等问题，更多报道易受疾病影响、医疗资源匮乏的社区，提出相关政策建议，促进政府和公众对于健康权益的关注。

总括而言，未来公共卫生新闻报道将在传媒技术的支持下变得更加多元化、科学化，新闻的类型也会考虑到群众的高参与性而继续迭代更新。新闻媒体将扮演重要的角色，为公众提供准确、可信的信息，促进公众提高健康意识，同时帮助政府和决策者制定科学有效的公共卫生政策。

四、公共卫生报道的写作方法

（一）公共卫生报道的不足

一直以来，公共卫生都并非只是单一领域的代词。英文文献和世界卫生组织对于公共卫生的定义是"global governance for health"，主要是指通过构建全球卫生体系，改善人类卫生条件[1]，其中不仅包含医疗卫生保障和流行病预防的内容，还包括城市卫生规划建设中公众环境的管理建设。公共卫生报道主要存在以下不足：

1. 重医不重防

苏婧在《全球卫生新闻采写的原则与路径》中提到，全球卫生报道在于把握卫生的概念，即让人保持生命活力、延年益寿的理念。国内的公共卫生报道多聚焦于"健康"的理念，对医疗、医药、医保、医改等关注较多，其核心问题单一地聚焦于如何寻医问药，与原本"预防"的概念背道而驰。[2]

医疗卫生领域技术的推进，也让医疗健康新闻领域得到广泛发展，就受众来说，疾病的寻医问药固然重要，但疾病的预防更是重中之重。简单来说，治疗对于患者来说相对重要，但多数的受众更需要的是正确且权威的预防方案。

[1] 殷峻. 重大突发公共卫生事件国际争端概念的重构 [EB/OL]. (2023-10-31) [2023-11-09]. https://mp.weixin.qq.com/s?_biz=Mzg3MDA3Njg4OA==&mid=2247487891&idx=1&sn=6410cdd90db0311df8aaacf942f22ed6&chksm=ce920924f9e580326422c90f5b5c8a0359ddadb8eea01a81a2ef6c5c8e1b320ae3886966a3ed&scene=27.

[2] 苏婧. 全球卫生新闻采写的原则与路径 [J]. 青年记者, 2023 (20): 49-52.

2. 全球报道缺失

世界卫生组织依据《国际卫生条例（2005）》将国际关注的突发公共卫生事件定义为："通过疾病的国际传播构成对其他国家的公共卫生风险，以及可能需要采取协调一致的国际应对措施的不同寻常事件。"[1]

[1] 李喜根，张一木．国际突发公共卫生事件的媒体报道原则［J］．对外传播，2020（3）：72-74．

媒体公共卫生报道的对象主要聚焦于国内，而对国际的公共卫生情况关注甚少。全球突发性的公共卫生事件例如"非典"、埃博拉病毒等都对全球公共卫生安全造成极大影响，国内公共卫生报道不应该过于"封闭"，国际公共卫生问题也是全球的公共卫生问题，应该针对各国的文化制定相关的国际传播策略，增加国际报道的比重。

（二）公共卫生报道的传播策略

学者丁学君、张夏夏、田勇认为，公共卫生事件不仅可能引发社会矛盾，造成恐慌，还会导致谣言爆发，而利用社交媒体进行有效的公共卫生传播是当前信息时代的重要课题。[2] 我们可以充分利用社交媒体的优势，提供准确、及时、可信的卫生信息，以实现公众教育、健康促进和疾病防控的目标。具体而言，公共卫生报道的传播策略如下：

[2] 丁学君，张夏夏，田勇．公共卫生事件中社交媒体谣言扩散影响因素研究：信息响应视角［J］．管理现代化，2023，43（5）：137-144．

1. 建立官方账号和专业机构账号

公共卫生机构应建立自己的官方账号，并确保账号的真实性和权威性。此外，也应与专业机构医院等合作建立账号，共同推广健康知识和信息。

2. 按照目标受众定制信息

不同的人群对卫生信息的需求和了解程度不同。因此，公共卫生机构和专业机构需要根据不同的受众定制信息。可以针对不同年龄、性别、职业等特征的受众提供相应的健康建议和信息，提高信息的针对性和可读性。

3. 利用多种形式和媒体

社交媒体平台具有多样的传播形式，如文本、图片、视频等，公共卫生机构和专业机构可以利用多种形式和媒体来传播信息。例如，制作简短的健康小视频、发布易于理解的图文信息等，增强信息的吸引力和传播效果。

4.提升新闻报道的科学性和客观性

媒体在公共卫生新闻报道中，必须确保信息的来源是权威、准确的。这意味着信息应该来自可信的机构、专家和科学研究。同时，媒体应该进行事实核实，避免传播未经证实的传闻和虚假信息。多角度报道公共卫生事件，可以更全面地呈现事实和问题，这涉及对政府、专家、公众等不同观点和声音的报道。通过展现不同利益方和受影响群体的观点，媒体可以增加报道的客观性和全面性，避免报道的片面性和偏见。互联网新闻时代赋予媒体更多的表现形式和传播渠道。通过使用多媒体进行新闻报道，媒体可以更全方位地展示一个议题或事件。这种全媒体化的报道不仅可以吸引更多的关注度，还能通过多样化的呈现形式让更多人更容易接收到关键信息。

5.增加对公众的健康教育和科学知识普及

在大型传染病和食品安全风险的报道中，媒体应利用其广泛的覆盖力和传播力，积极传播防范和对抗相关疾病的科学知识和战略。一方面，通过深入浅出、形象生动的方式解读科学知识，如传染病的传播机理、防护措施等，帮助公众提高健康安全意识和效率；另一方面，通过权威人士对相似传染病的病理表现做相关解答，也可以缓解在大型传染病来临时引起的公众恐慌。

案 例

澎湃新闻推出的《冬春交替儿童流感、感冒多发，儿科专家：要警惕滥用抗生素》提到，免疫系统未发育完全的儿童与青少年是流行感冒的易感人群，但专家提醒抗菌抗生素类药物切不可盲目使用，孩子出现发烧、咳嗽的症状时盲目使用抗菌抗生素类药物会降低未来对病毒的抵抗能力。此外还科普了哮喘加重也是由呼吸道感染引发的知识。[1]

央视网的晚间新闻科普《"生腌"海鲜 能吃吗？》里面提到，由于生腌中用来杀菌的高度酒与医用消毒酒精浓度差别大，加上其他因素的影响，很容易导致里面的寄生虫没有消杀干净。而这些寄生虫会导致人体患不同程度的疾病。[2]

[1]冬春交替儿童流感、感冒多发，儿科专家：要警惕滥用抗生素[EB/OL].（2024-03-15）[2024-04-20].https：//www.thepaper.cn/newsDetail_forward_26690620.

[2]罗萌."生腌"海鲜能吃吗？[EB/OL].（2022-08-12）[2024-04-20].https：//news.cctv.com/2022/08/12/ARTIMECsdCCPADzs7CcMgRW8220812.shtml.

6. 建立与公众的有效沟通机制

媒体在公共卫生报道中需要加强互动交流。首先，应建立公众参与的互动平台，例如社交媒体平台在线问答，鼓励公众提问、留言，与公众进行互动交流。公众可以针对自己关心的问题进行提问，媒体通过采访相关部门和专家予以公开回答，回应公众的疑虑和关切。这种互动交流可以建立良好的信息传递渠道，增强公众对媒体和卫生部门的信任度。

其次，媒体应及时回应公众的疑虑。当公众对媒体的报道提出批评或质疑时，媒体应主动回应并纠正不准确信息。这样可以确保公众获得可靠和及时的信息，避免不准确信息的传播。媒体可以通过刊发更正和补充内容的方式，或通过社交媒体发表声明，及时向公众提供准确信息，切实履行媒体责任。

再次，媒体应呼吁政府、卫生部门等相关机构加强信息公开和政策解读工作。通过透明公开的方式，提高公众对公共卫生的了解程度。政府和卫生部门定期发布与疾病防控相关的数据、政策、解读等信息，媒体积极报道并解读这些信息。这种透明公开的做法有助于增加公众对政府和卫生部门的信任，减少谣言和不准确信息的传播。

最后，媒体应当平衡关注度，将注意力从重大公共卫生事件本身转移到其背后的社会影响、防控措施的效果、人们的生活与工作调整等方面，提供更全面、多样的报道。除了报道疾病的最新动态和防控措施外，媒体还可以关注疾病对社会经济的影响、人们调整生活和工作方式的经验分享等方面的内容。这样可以帮助公众更好地适应重大公共事件带来的变化，增强抵抗重大公共卫生事件的能力。

⟨⟩ 思考题

1. 什么是公共卫生报道？

2. 公共卫生报道有哪些类型？

3. 公共卫生报道的写作需要注意什么？

4. 除了上述所提到的公共卫生报道案例，你还能想到哪些具有代表性的案例？

5. 如何有效利用社交媒体进行公共卫生传播？

📚 参考文献

［1］王清刚，吴祺源.重大公共卫生事件舆情的风险管理：基于总体国家安全观视角的分析［J］.中南民族大学学报（人文社会科学版），2024，44（8）：142-149，187.

［2］董善轮.突发性公共卫生事件中健康传播的实践研究：以新冠肺炎防治为例［J］.新闻传播，2023（18）：32-34.

［3］王子欣.突发公共卫生事件媒体报道框架分析对比研究［J］.国际公关，2023（9）：176-178.

［4］刘立荣，宋国昕.突发公共卫生事件中传统主流媒体议程设置效果检验：基于网络议程设置理论的研究［J］.传媒论坛，2023，6（8）：35-37.

［5］孙晓梅.突发公卫事件中舆论成因及主流媒体引导对策研究［J］.新闻研究导刊，2022，13（24）：140-142.

［6］刘玉敏，殷程程，王俊娟，等.新媒体时代突发公共卫生事件信息传播与风险防控对策研究［J］.科技资讯，2022，20（16）：229-232.

［7］程挺松，桂思睿，何倩儿，等.突发公共卫生事件中数据新闻生产环节探究［J］.新闻研究导刊，2022，13（6）：41-45.

［8］王菲，彭羽，王一婷.突发公共卫生事件新闻报道主持人角色构建探析：以《新闻1+1》白岩松对话钟南山为例［J］.新闻研究导刊，2022，13（5）：103-105.

［9］程婕.行业媒体战"疫"　全媒体报道的策略探析［J］.新闻研究导刊，2022，13（2）：133-135.

［10］程挺松，陈雅玲，陈思贝，等.突发公共卫生事件数据新闻的传播困境与对策：基于382篇新冠肺炎疫情报道的定量研究［J］.新媒体研究，2021，7（17）：66-71.

［11］丁学君，张夏夏，田勇.公共卫生事件中社交媒体谣言扩散影响因素研究：信息响应视角［J］.管理现代化，2023，43（5）：137-144.

第十一章

消费报道：新兴服务与权益维护

导　语

我国将 2024 年定为"消费促进年"。中央经济工作会议强调，着力扩大国内需求，要激发有潜能的消费，培育壮大新型消费。

唱响中国经济光明论，消费报道很重要。一方面，在当下经济发展阶段，新闻报道的信息传播、媒介引导等作用，对扩内需、促消费、强信心有着诸多积极意义；另一方面，消费报道在监督商品质量、保护消费者权益上不可缺位，为提振消费发挥着重要的护航作用。

新时代下，建构消费报道平衡新体系尤为重要。"新"在哪里？"新"与"旧"是什么关系？本章将为我们清晰阐明。

——《南方日报》经济新闻部商贸消费工作室主任　肖文舸

消费报道小组有导师 1 名：肖文舸；助教 1 名：王健；学生 16 名：韦燕菲、林依敏、岑倩、卢美莎、黄佩芳、黄碧莹、廖敏菊、卢金燕、张梓涵、张歆钰、余思懿、戴佩绫、阮氏锦莉、周彦如、钟珮妍、张正慧。

消费作为经济发展的重要驱动力，不仅对国民经济的发展起着推动性作用，也与百姓的生活息息相关。随着商品经济的繁荣发展和居民消费水平的升级，中国市场供需结构发生了深层次的变化，尤其是网络购物、直播带货等新消费业态的兴起，使得公众的消费理念和消费行为发生了根本性改变。因此，伴随着文化消费、娱乐消费、健康消费等不同消费形态的日益丰富，关于消费领域的新闻报道也变得更加多元，各大媒体纷纷通过开辟消费报道专版或将其纳入经济报道相关版块之下，紧跟消费热潮，将反映消费生活、分析消费趋势、引导消费文化等视为己任。

一、消费报道的概念

随着商品经济的快速发展，在国家宏观经济导向下，以反映商品经济状况为中心，面向广大消费者，围绕着树立正确的消费观念、优化健康的消费环境、服务于扩大内需并切实保障消费者权益的消费报道应运而生。消费报道作为泛经济报道中的重要内容之一，与产业报道、财经报道相比，与百姓日常生活的联系更为密切，更具贴近性。具体来讲，它对商品信息、消费动向的反应迅速，有较强的实用性。

作为反映社会经济生活的"晴雨表"，消费报道既要符合国家经济发展的战略导向，又要结合百姓柴米油盐，做到"上接天线，下接地气"，以小见大，通过打开消费领域的窗口，引导公众管窥社会经济的发展动向。同样，消费行为还是一种文化行为，消费文化所需要的不仅仅是为消费行为赋予某种意义，还需要一种更为强大的公共媒介来传播这种意义。[1]

关于消费报道的概念，目前学界尚未有明晰的界定，从新闻报道的实践中来看，消费报道多与产业报道、财经报道、经济报道等概念相联系，主要是指面向广大消费群体，以反映商品经济为中心，以关注大众消费动态、引导主流消费文化为目标，具有较强政策性、贴近性、时效性及指引性的一种报道体裁。

[1] 吴越民. 中美报纸新闻中女性形象塑造的跨文化研究 [D]. 杭州：浙江大学，2010.

二、消费报道的特征

1. 政策性

消费报道作为服务于社会主义市场经济、反映市场热点问题的报道，必须从宏观上与国家经济政策保持一致，在舆论引导层面发挥积极作用，凭借专业、敏锐的新闻嗅觉发掘消费领域的政策性风向，用客观、理性的思维解读消费领域中的热点问题，以达到服务社会主义市场与广大消费群体的媒体使命。比如，南方网在 2023 年 7 月 31 日发表文章《国家发展改革委：促消费不是"掏空钱包"，而是帮居民节约开支》[1]，对中国政府网发布的《国务院办公厅转发国家发展改革委关于恢复和扩大消费措施的通知》进行了相关梳理和解读。

2. 贴近性

消费报道的核心受众是广大消费群体，即普通百姓。及时反映市场动态、提供全方位的市场信息、对消费现象做出科学性的分析是消费报道的服务宗旨。经济发展连接着千家万户，消费报道的价值体现需满足人民群众的信息和服务需求。正如著名经济学家曼昆所说："在市场经济中，中央计划者的决策被千百万企业和家庭的决策取代。企业决定雇用谁和生产什么。家庭决定为哪家企业工作，以及用自己的收入购买什么。这些企业和家庭在市场上相互交易，价格和利润引导着他们的决策。"[2] 做出同样论断的英国经济学家马歇尔也提出："一切需要的最终调节者是消费者的需要。消费需求是拉动社会经济发展的最终力量。"[3] 因此，消费报道选题角度需"接地气"，摒弃"高、大、上"的写作套路，以普通百姓的关注视角解读消费领域的热点问题。与此同时，商品经济和互联网技术的快速发展使消费市场鱼龙混杂，各种虚假销售、捆绑营销、假冒伪劣等负面的消费现象层出不穷，因此，消费报道必须高举"保障消费者权益"的旗帜，以切实保障百姓消费权益为己任。

[1] 国家发展改革委：促消费不是"掏空钱包"，而是帮居民节约开支 [EB/OL].（2023-07-31）[2024-05-09]. https://economy.southcn.com/node_71505a4d28/5ab270c14b.shtml.

[2] 曼昆. 经济学原理：微观经济学分册 [M]. 梁小民，梁砾，译. 8 版. 北京：北京大学出版社，2020：9-10.

[3] 马歇尔. 经济学原理：上册 [M]. 朱志泰，译. 北京：商务印书馆，1981：111.

3. 时效性

时效性基本上是作为新闻报道的共性要求，消费报道自然也不例外。只有提供有价值的、专业的、时效性强的新闻，才能真正帮助人们及时掌握市场变化情况，引导人们做出正确合理的消费决策。具体来讲，一方面，时效性要求记者拥有敏锐的洞察力，善于在纷繁复杂的现实中挖掘各种具有新闻价值的消费现象，及时跟踪，科学分析和研判，快速地进行新闻报道。另一方面，时效性要求记者具有较强的前瞻意识，立足当下消费形态的主流趋势，科学判断未来消费领域的新兴热点，及时做好预判和引导。

4. 指引性

媒体作为正确引导舆论的社会公器，消费报道同样需要发挥正面引导的功能。尤其是随着 Z 世代的崛起，他们的消费观已经超越商品本身的消费价值，而向价值消费和情感消费转变，甚至在参与式文化的影响下，消费者自身也参与到品牌的创设和商品的生产过程中来，颠覆了以往传统的消费形态。在这个过程中，产生所谓的"消费异化"现象，即人们以欲求而不是以基本生存需要作为消费的出发点，把消费看作追求成功和群体身份认同的主要手段，从而被无止境的物欲所奴役。尤其是迈入数字时代，随着信息科技、智能科技的广泛应用，资本通过数字技术和大数据技术等手段，隐蔽地控制了人们的消费方式、消费内容和消费心理，使得消费异化现象在资本逻辑和技术逻辑的加持下迅速扩散，最终导致高消费、无效消费等资源浪费的问题。因此，面对新的消费文化和消费形态，新闻媒体应积极发挥其舆论引导作用，培育健康的消费文化和消费理念。

三、消费报道的操作要点

由于消费报道的对象覆盖大众日常生活的诸多方面，媒体要想实现消费报道的政策性、贴近性、时效性和指引性，必须在报道的操作层面下足功夫，实现报道类型的平衡，以达到反映当下大众消费形态、引领正向消费文化的传播使命。

所谓消费报道的类型平衡是指在媒体新闻报道中，对不同类型消费信息的选择以及消费理念的传导进行合理的平衡以及多样化的呈现。这种平衡涉及对消费主题的全面覆盖，包括产品评测、消费趋势、财经信息、消费者权益保护等各个方面。同时，针对消费领域不同的意识形态要进行价值观层面的平衡与引导，以确保大众消费文化的健康发展。

具体来说，以下将从"商业动态与公共权益报道的平衡""行业类报道与探索性报道的平衡""传统消费报道与新型消费报道的平衡"以及"个体消费理念与社会核心价值观的平衡"四个方面探讨消费报道在实践中存在的不足以及相关操作要点。

（一）商业动态与公共权益报道的平衡

当前，各种新产品、新服务和新的消费趋势不断涌现，吸引了媒体的关注，相较于其他类目而言，商业动态报道可能更容易引起读者的兴趣。比如，财新网常报道特定公司的营收、业绩、利润等，并在题目中写出"涨近4%""提价20%""下降13.5%""破500亿元"等具有对比性质的字眼，辅以直观明了的数字，更具视觉冲击力和吸引力。界面新闻则主要对相关品牌的发展方向进行深度报道，部分标题使用问句以及"显眼包""捞客"等网络词汇，既贴近日常生活又能引发读者思考。与此同时，多家媒体也可能对同一个热点有不同的解读，比如麦当劳的股权变更，财经网在《凯雷退出麦当劳中国股权　麦当劳国际接手》一文中客观描述了相关事实；[1] 界面新闻在《凯雷为何要退出麦当劳中国业务？》一文中追溯了凯雷收购麦当劳及抛售其部分股权的原因；[2] 36氪则在《六年估值翻五倍，麦当劳买回麦当劳》一文中，将麦当劳在中国本土化的扩张模式与星巴克相比，指出两个品牌相似的目标和即将应对的挑战。[3]

消费迸发新活力的同时也滋生了不少侵权"新套路"，比如消费维权在当下媒体环境中面临着新的挑战，因此消费报道需要

［1］凯雷退出麦当劳中国股权　麦当劳国际接手．［EB/OL］.（2023-11-21）［2024-05-09］.https://www.caixin.com/2023-11-21/102137802.html.

［2］凯雷为何要退出麦当劳中国业务？［EB/OL］.（2023-11-21）［2024-05-09］.https://www.jiemian.com/article/10423087.html.

［3］六年估值翻五倍，麦当劳买回麦当劳［EB/OL］.（2023-11-22）［2024-05-09］.https://www.sohu.com/a/738203717_114778.

履行社会把关人和监督者的角色，尤其是作为公共权益报道的核心议题之一的消费维权报道更应该引起媒体的高度关注。然而，目前在消费报道领域，商业动态报道居多而消费者权益保护问题未得到足够关注。值得注意的是，维权报道几乎全部集中在"3·15"国际消费者权益日这个特殊节点，报道形式以"曝光黑心商家"和"消费维权行为"为主。这种周期性、集中式的报道或可对规范消费市场、引导消费者行为带来一定的涟漪效应，但若想发挥可持续性的引导作用还有很大的提升空间。

（二）行业类报道与探索性报道的平衡

当前的消费报道存在一种失衡现象，即针对行业或品牌的单一化的客观性报道较多，而立体化的探索性报道相对较少，导致消费者视野局限，从而限制了其对整体消费趋势的把握以及最终消费的理性选择。

关于探索性报道的概念，曾有学者指出，所谓探索性报道不是传统意义上的正面报道或反面报道，它对客观事物不做简单的肯定或否定，而是摒弃线性单一因果的思维方式，用网状多因果的思维方式去把握事物，因而能展现报道课题的丰富性与复杂性。[1] 也就是说，探索性报道并不局限于对已知事物、现象或已发生事件的总结式客观报道，而是将报道对象放于更广阔的时间维度和社会背景下，动态性地去开展连续报道、深度报道。尤其是面对当下全新的消费环境，探索性报道更多的是指对新型消费模式、消费趋势等进行深入研究的报道，具有开拓性、先导性和前瞻性的特点。探索性报道的重要性在于引领消费者关注新型消费模式，拓宽消费者的视野，推动市场的创新和发展。

然而，在媒体的报道实践中，由于行业和品牌类报道更容易吸引广告商和读者的关注，因此，媒体更倾向于报道热门行业与品牌，针对特定行业或品牌的报道比重相对较大，尤其是随着居民消费结构的转型，媒体对文化、娱乐以及旅游等文旅行业发展的报道十分热衷，而对于关乎行业背后的新型消费模式、新型消费场景等的探索性报道较少。以典型的旅游业为例，报道时间多

[1] 沈世纬. 对探索性报道的探索 [J]. 中国记者, 1989（11）: 19-20.

[1] 用"新消费"提升青岛旅游竞争力［EB/OL］.（2023-10-02）［2024-05-09］. https://www.dailyqd.com/guanhai/279079_1.html.

[2] "超级黄金周"：新旅游 新消费 新活力［EB/OL］.（2023-10-07）［2024-05-09］. https://finance.qingdaonews.com/content/2023-10/07/content_23497404.htm.

集中在中秋、国庆的黄金周。比如，《青岛日报》2023 年 10 月 2 日第 1 版《用"新消费"提升青岛旅游竞争力》[1]，《青岛日报》2023 年 10 月 7 日第 1 版《"超级黄金周"：新旅游 新消费 新活力》[2]，均介绍了当年小长假期间青岛旅游业的部署策略与实际情况，不过内容都尚为浅表，停留于展示旅游营收的数据与介绍当地出台的旅游策略，没有系统地深究其中的新消费结构。读者虽然能通过报道捕捉到一些关于旅游行业的基本信息，但是很少能深入了解旅游业的新消费模式。与此同时，除了不同行业领域消费报道比重的不均衡之外，报道涉及品牌过于单一也是当前新消费与生活类型报道存在的明显问题。

此外，深入探索新型消费模式需要更多的资源和时间投入，对记者的宏观视野、理论功底、理性思考能力以及对动态发展中的新事物的把控能力等都提出了更高的要求，加之媒体资源有限且新闻的时效性要求较高，往往难以满足探索性报道的需求。在消费报道中，探索性报道不足将会导致消费者难以多角度、多侧面地把握当下的消费环境，从而在一定程度上限制了消费者的理性选择。

因此，为解决探索性报道不足问题，媒体应增加对探索性报道的关注度，在日常报道中，平衡单一的行业或品牌类报道和立体化的探索性报道的比例，在消费市场的动态变化中，提高对新型消费模式等的关注。此外，媒体可以优化资源配置，加大在探索性报道上的投入，通过与相关机构和专家合作，借力第三方共同推动消费领域探索性报道的发展。

（三）传统消费报道与新型消费报道的平衡

从当前的消费结构来看，人们的消费观念正从传统的生存型消费向新型的享受型消费转变。因此，关于新型消费市场，放眼全国各地，新的消费场景、消费内容以及消费形式不断涌现，数字消费将线下消费与线上消费、实体消费与虚拟消费、物质消费与精神消费有机融合，展现出数字消费给经济带来的强大动力，新型消费能更好地满足人们日益多元化的消费需求，也能有效推动消费结构升级，拉动经济持续增长。

聚焦新型消费市场来解读所谓新型消费报道，主要是指媒体为响应市场新型消费理念，通过各种新技术、新手段、新场景的应用创新报道模式，以达到管窥社会经济发展、引领市场消费行为的目的。新型消费报道概念的提出是基于新型消费市场的形成以及新消费文化的盛行，全国各类媒体，比如人民网、澎湃新闻、《新京报》等并未单独对这种类型的报道进行划分，一些相关的报道也缺乏专业的分析和评论。

比如，财新网在 2021 年 11 月 6 日发布《年内将关闭 300 家门店 海底捞怎么了？》[1] 一文，将近几年海底捞的扩张速度、营收情况、内部运营情况等用来分析其上市三年营收未达预期的原因。报道指出，海底捞借疫情防控时期店面租金相对便宜扩展店面，但由于没有得到特别好的收益，发展陷入了僵局。2020 年后海底捞的店面增加到 1600 余家，扩张速度太快导致入不敷出，净利润下滑 86.8%，翻台率也从 2019 年每天的 4.8 次降到 3.5 次。此报道整体内容用数字堆砌，读者很难读懂数字背后的意义，且缺乏专业性的评论，无法使读者明确内容背后的价值何在，更无法判断未来新兴的餐饮消费市场将迎来怎样的发展变化。

再比如，华声晨报网在 2023 年 9 月 18 日发布《前海桂湾商圈探店找寻记忆中的美好，美食博主陈琳打卡南华荟·茶餐厅》[2]一文，美食博主陈琳来到位于前海桂湾商圈的万象前海探店，此次她要打卡一家主打怀旧风的港式茶餐厅——南华荟·茶餐厅，并继续通过短视频的方式与广大粉丝分享探店历程与美食感受。自成为一名美食探店博主以来，陈琳每周坚持探店两三次，多是围绕前海桂湾商圈开展探店活动，该商圈汇聚了万象前海与前海卓越 Intown 两大商业中心，商业繁荣，人流如潮，在该商圈进行探店能轻松覆盖目标人群，获得更多流量支持。但此篇报道类似流水账，没有深度、层次或者有益于读者思考的内容，报道内容缺乏专业性知识和针对新型消费市场的分析。

[1] 年内将关闭 300 家门店 海底捞怎么了？［EB/OL］.（2021-11-06）［2024-05-09］. https://www.caixin.com/2021-11-06/101801420.html.

[2] 前海桂湾商圈探店找寻记忆中的美好，美食博主陈琳打卡南华荟·茶餐厅［EB/OL］.（2023-09-18）［2024-05-09］. http://www.hscbw.com/shenghuo/zonghe/2023-09-18/93527.html.

总之，由于新型消费报道对于新闻媒体而言是尚待被系统性开发的一块新兴业务领域，发展尚不成熟，几乎没有媒体将其单独开辟成一块报道版块，大多和传统消费报道共存，报道内容缺乏成熟性和专业性，导致消费者无法正确预估和判断新型消费市场。这些问题都应该在未来新型消费报道中予以完善。

（四）个体消费理念与社会核心价值观的平衡

近代西方有位经济学家认为，节俭是罪恶的，人类社会追求生活奢侈和感官享受，才会强有力地推动社会经济发展和科技进步。"二战"后凯恩斯主义成为西方国家的主流经济学派及政府制定经济政策的主要理论依据，而凯恩斯指出的道路之一，就是通过宏观政策刺激并扩大有效需求，以避免经济发展停滞并引起失业。

放诸国内，扩大内需、拉动消费与传统意义上的勤俭节约是否相背离呢？事实上，所谓的节约意识是人们从实际需求出发理性地安排自身消费支出。正如马尔库塞通过"虚假需求"理论剖析资本主义社会消费异化现象那般，技术的进步成为"虚假需求"产生的源泉，资本主义社会创造了财富，满足了人们生活的各种需求，但这些需求不完全是人的真实需要，而是被强加于人的身上。在这个消费异化的过程中，人不仅丧失了其主体地位，连获得的消费自由都是虚假的。以当下流行的直播带货为例，消费者的虚假需求往往在高度情感化和互动性强的直播带货中产生。

作为媒体，在这样一种消费异化明显的商品社会，更应该发挥其教育引导的功能，指出消费结构失衡、非理性消费现象突出以及符号化消费盛行等问题，教育受众通过自主学习提高媒介素养。从所谓的"虚假需求"中解放自我，认识到理性的消费需求是城乡居民对基本住房、教育、医疗、养老、就业技能提高、娱乐文化等方面快速增长的需求，是社会成员以自己的诚实劳动和合法投资所换来的消费，而不是去鼓励人们追求时髦、挥霍浪费，更不是鼓励、渲染消费品无休止的更新换代和对奢侈品的一味追逐。[1]

[1] 杨丽琼. 试论社会转型中的消费报道：当前新闻媒体亟待研究的一个新课题[J]. 新闻记者，2012（11）：71-75.

总而言之，消费报道类型的平衡不仅有助于提供更全面、客观的消费信息，确保大众对消费市场动态、消费趋势以及行业变化等有更宏观的视野，从而在更全面的视角下做出更为明智的消费决策。同时，平衡消费报道的类型还可以避免信息和观点的片面性，比如可以减少对特定品牌或产品的过度宣传与负面报道，从而保持报道的客观性和公正性。

四、消费报道的总结与展望

在 2024 年《政府工作报告》中，"消费"成为频频出现的关键词。报告内容涉及促进消费稳定增长、培育壮大新型消费、稳定和扩大传统消费等多项消费举措。其中，培育壮大新型消费旨在通过数字消费、绿色消费、健康消费、国潮消费等新消费形态，推动经济发展迈向新的历史阶段。在消费转型升级的大背景下，消费报道如何紧贴市场变化，满足国家经济发展和民众需求是新闻媒体必须面临的一项重要课题，那么，本章所提到的建构消费报道平衡新体系则显得尤为重要。

所谓消费报道新体系的"新"，一方面体现在立足于宏观的消费新格局，通过媒体的积极介入，挖掘用户端的需求点，综合运用全方位的新闻传播手段构建出消费报道的新框架。另一方面体现在力促消费的同时发出理性消费的声音，无论消费市场如何变化，无论消费文化如何变迁，消费报道在体现"新"的需求的同时，更要遵守好"旧"的准则。

（一）新的关注焦点

面对国内外经济局势的诸多不可控因素，消费市场呈现出复杂多变的态势，提供全面、专业、客观的消费报道，呈现中国经济的多维景象，促进消费市场的繁荣健康，是新闻媒体义不容辞的责任。具体来讲，未来消费报道应关注的焦点主要有以下五个方面：

一是国潮风走热。近年来，国潮从消费行为逐渐演变为一种

[1] 胡钰.论国潮的时尚传播、消费文化与文创理念[J].当代传播,2022(6):55-58.

具有引领性的文化现象,从实体产品到文化创意,成为激发文化创造力的标识性内核,这是群众精神追求的最新体现。[1]从国潮刚刚兴起的2019年来看,在某用户量超1亿人的电商导购平台上,"国潮"关键词搜索量同比增长近400%,其中,鞋类、服装和美妆护肤品成为销售量最大的三大国潮产品品类,贡献了超过八成的销售额。在搜索人群方面,90后和00后已成为拉动国潮消费的主力群体,为国潮贡献了近六成的购买力,95后则更是以约四分之一的占比成为国潮第一大消费群体。[2]随着民族文化自信的不断增强,国货品质及IP声望不断提升,在"为文化买单""为品质买单"的消费理念下,国潮绝对会再掀新的消费浪潮。

[2] 文宗.国潮"出圈"[J].新城乡,2019(12):28-29.

二是新型消费场景不断增加。当下,直播电商已经成为主流的消费模式,毫无疑问地说,社交媒体时代,社交性消费在未来依然会作为消费的主要方式。从消费者来看,直播电商的全方位商品展示辅之即时互动,可有效解决信息不对称问题,直播间选品优化不但降低了消费者的搜索成本,还能形成持续有效的反馈,满足用户的消费诉求,同时沉浸式购物场景的营造可有效满足消费者对购物、社交、娱乐的多维需求。[3]另外,消费报道应该同步关注到互联网消费背景下,算法滥用和过度索权侵犯消费者信息安全、电商虚假营销乱象频发、会员消费套路混杂等现象。

[3] 王宝义.直播电商的本质、逻辑与趋势展望[J].中国流通经济,2021,35(4):48-57.

三是新消费理念在年轻群体中不断迭代,追求高性价比与情感体验成为当下消费群体最为关注的焦点之一。一方面,"性价比"成为热搜榜单上的常客,从"花西子"到"钟薛高",从"羽绒服刺客"到"军大衣花棉袄走红",消费者尤其是Z世代年轻群体的消费行为更加趋于理性,其审美观和价值观正在悄然发生变化。另一方面,基于当前消费环境的分析,居民消费支出的比例中,休闲娱乐、文化教育、餐饮旅游、体验式消费等的占比大幅提升。消费者除了注重产品和服务本身的品质之外,也更加注重消费过程的情感体验以及为其带来的情绪价值。这些变化都需要记者在消费报道中予以关注和引导。

四是消费维权问题仍然是舆论关注的焦点所在。比如盲盒经济下的诸多乱象，在"万物皆可盲盒"的趋势下，各种行业乱象以及侵犯消费者权益的事件不断爆出，盲盒经济野蛮发展之后带来的诸多消费问题都有待相关法律法规进一步完善，也需要媒体的积极介入。

五是乡村消费市场领域或将受到重点关注。从地域角度来看，过去消费报道多聚焦在一二线城市，随着国家乡村振兴战略的不断深入，在直播电商平台的技术加持以及自媒体传播的影响下，未来乡村消费市场将成为一块重要的消费市场领域，乡村消费、县域消费等将成为媒体消费报道关注的一大焦点。

（二）新的传播模式

当下媒介技术带来了信息生产以及传播方式的巨大变革，新闻媒体必须适应不断变化的技术环境，在消费报道领域走在大数据和人工智能的前沿，为推动中国经济高质量发展、讲好新时代中国经济发展故事而努力。正如 2023 年 12 月，第十二届全国人大教科文卫委员会主任委员、原国家新闻出版总署署长柳斌杰在清华财经新闻论坛上的致辞中所强调的：在智媒时代，随着人工智能、虚拟现实等前沿技术的发展，经济传播方式正日趋智能化，技术变化对于当前和未来的传媒发展具有深远影响。[1]

一是加强算法体系建设，以用户画像建构为基础，将主流价值与消费者需求紧密结合。在人工智能主导和驱动下，实现内容生产精准聚焦消费市场的热点议题以及消费者的关注焦点。

二是以数据为基础，提升报道的专业性和可读性。一般意义上，凡是负责经济领域新闻报道的记者，读懂数据并掌握数据分析和呈现能力是最起码的专业要求。具体来讲，新闻要做深做透，不能仅仅停留在表面数据的收集和归纳上，更要通过数据的整体分析，全面立体地反映报道对象本身的现状、特征以及未来变化等。包括通过数据的横向和纵向对比，发现新视角，从而挖掘出更有价值的新闻素材。除此之外，要学会使用各种图表，更

［1］2023 清华财经新闻论坛在北京举办［EB/OL］.（2023-12-02）［2024-04-11］.http://www.jwview.com/jingwei/html/12-02/569793.shtml.

为生动、直观地进行数据的可视化呈现。

三是以消费者为中心，提供符合用户需求的信息。借助人工智能、大数据、虚拟现实等技术，新闻媒体能够基于用户所处地理位置、数据轨迹实现内容的量身定制，打造具有在场感、沉浸感的消费场景。[1]同时，基于大数据对用户信息消费行为的数据分析，结合人工智能的深度学习，提供满足用户需求的信息与服务内容。

（三）新的话语体系

首先，消费报道话语体系的建构需要打造一系列新概念、新范畴、新表述。比如，"国潮""平替""断舍离"等消费领域的网络热词已然成为认识、解读中国经济新常态的新概念，在消费报道中可以适当地予以体现。其次，用富有生命活力、情感张力的网络修辞来丰富主流媒体的话语，让报道更富感染力。最后，使用故事性语言，以"见人见物见生活"的叙述语言，写出"有血有肉有温度"的报道，既达到基本的专业性要求，又能以通俗的话语模式与受众形成情感共鸣。总之，人是消费活动的主体，更应是消费报道的主角，所有话语体系的建构都应该基于人的需求变化。

[1]王晓红，倪天昌.论媒体深度融合背景下主流价值传播的守正与创新[J].电视研究，2021（12）：10-13.

⟨ 思考题

1. 理解消费和新型消费的基本概念，并思考新型消费形态下传统的消费报道应做出哪些改变和调整？

2. 思考消费报道相较于经济报道有何共性和区别？

3. 结合日常观察学习，谈一谈消费报道的主要类型有哪些。

4. 谈一谈消费报道中应注意哪些要点。

5. 在消费主义盛行的背景下，主流媒体应如何在报道中发挥其价值引导作用？

📖 参考文献

［1］鲍德里亚.物体系［M］.林志明，译.上海：上海人民出版社，2001.

［2］马尔库塞.单向度的人：发达工业社会意识形态研究［M］.刘继，译.上海：上海译文出版社，2008.

［3］毛中根，谢迟，叶胥.新时代中国新消费：理论内涵、发展特点与政策取向［J］.经济学家，2020（9）：64-74.

［4］依绍华.新消费崛起促进消费和产业双升级［J］.人民论坛，2020（21）：33-35.

［5］李克振.突发事件平衡性报道的实现途径思考［J］.青年记者，2018（11）：43-44.

［6］杨保军，雒有谋.新闻学视野中的公共利益［J］.新闻记者，2013（3）：32-38.

［7］杨丽琼.试论社会转型中的消费报道：当前新闻媒体亟待研究的一个新课题［J］.新闻记者，2012（11）：71-75.

［8］胡钰.论国潮的时尚传播、消费文化与文创理念［J］.当代传播，2022（6）：55-58.

［9］文宗.国潮"出圈"［J］.新城乡，2019（12）：28-29.

［10］王宝义.直播电商的本质、逻辑与趋势展望［J］.中国流通经济，2021，35（4）：48-57.

［11］王晓红，倪天昌.论媒体深度融合背景下主流价值传播的守正与创新［J］.电视研究，2021（12）：10-13.

［12］吴越民.中美报纸新闻中女性形象塑造的跨文化研究［D］.杭州：浙江大学，2010.

第十二章

美食报道：探寻美味与品味文化

导　语

事皆小事，道乃大道。

三餐四季不过一碗人间烟火，字里行间却是千载天道人伦。

美食是什么？是温饱之外的生活方式、审美情趣、社会道德和个人意识，是历史年轮中最朴实也最真实的那一道划痕。

美食报道是什么？是对人的忠实关注，消费模式、烹饪水平、口味特征和时尚变化，是对大历史中个体人的具体处境的深度同情。

一代人有一代人的使命，做好美食报道，既是为往圣继绝学，也是为万世开太平。口腹之欲承载着当下的文化印记和精神面貌。无论是味道创新、食品安全还是产业动态，写美食是在写人生，也是在写苍生。

——美食专栏作家　闫涛

美食报道小组有导师 1 名：闫涛；助教 1 名：邓晓盈；学生 16 名：成卓灿、胡红雨、梁晓暄、胡佳雨、曹育菁、汤家怡、胡嘉美、王乐怡、郝梓竹、黄雯滟、陈萌儿、许骞文、古炜铭、陈俊毅、王郁绮、庄祎雯。

一、美食报道的概念与发展

（一）美食报道的概念及定义

在我国，美食报道的发展可以追溯到北魏崔浩所著的《食经》，它是中国史上第一部美食著作。另外还有其他关于美食的著作，例如《食珍录》和《随园食单》等。这些文献记录了中国传统饮食习惯、文化以及烹饪技巧，证明了人类对食物的烹饪和品尝已经存在了数千年，为后人提供了丰富的资料和烹饪思路。

美食报道，就是将美食范畴内的咨询、信息正确地报道出来，着眼于揭示、探讨和赏析与美食相关的主题，是一种介绍和传播食物、饮食文化、烹饪技巧、餐饮业发展以及饮食与社会、健康、环境等方面联系的报道形式，美食报道是贴近群众、贴近生活的。[1] 美食报道既是对美食、食品制作和烹饪文化的记录，也是对饮食习惯变迁和食品产业发展趋势的观察与分析。

内容上，美食报道涵盖了多个方面。它不仅仅关注食物本身的味道和美感，更涉及食物背后的故事、文化内涵、传承以及对社会和人文影响的讨论。这种报道形式包括了美食历史、食材的采集与处理、菜肴制作的技巧、不同地域和民族的饮食习惯、餐饮业的发展趋势、食品安全与健康等等。

美食报道在一定程度上扮演了文化传承与推广的角色。它记录了不同地域、民族的饮食文化和传统，将这些文化价值传递给更广泛的受众群体。同时，美食报道也推动了饮食产业的发展，为餐饮业者提供了宣传和推广的平台，促进了食品创新和饮食健康。

美食报道不同于时事新闻、社会新闻等硬新闻的"倒金字塔结构"叙事，它是一种采用非常规性写作结构的软新闻，主要关注美食、饮食文化、料理技巧以及与食物相关的人文故事。

美食报道可以从多种角度进行报道和呈现，大体上可按内容、报道形式和报道对象进行划分，其具体类型如下：

[1] 李超.浅析美食新闻报道：以台湾报纸为例[J].商业文化，2012（2）：310-311.

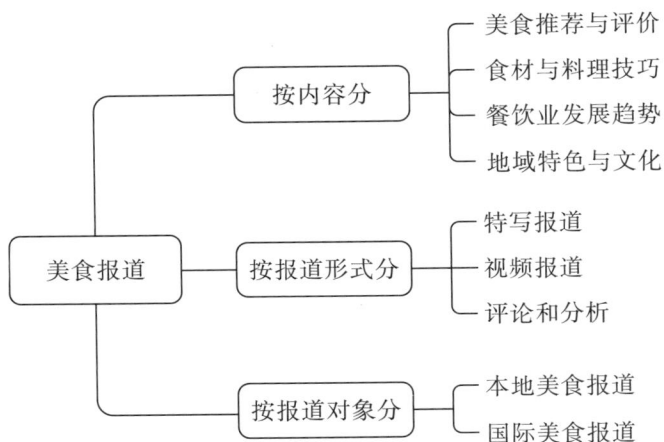

图 12-1　美食报道的分类

（1）美食推荐与评价：介绍特定菜肴、餐厅或美食文化，并提供评价和建议。

（2）食材与料理技巧：探讨食材来源、烹饪技巧和分享食谱。

（3）餐饮业发展趋势：关注餐饮行业的发展趋势、创新和变化。

（4）地域特色与文化：探索食物背后的地域文化、历史和传统。

（5）特写报道：深入介绍某种美食、餐厅或厨师的故事，强调个人体验和故事性。

（6）视频报道：通过视频展示烹饪过程、餐厅环境或食材来源，丰富直观地呈现美食内容。

（7）评论和分析：对餐厅、菜品或美食文化进行观点表达、评价和分析。

（8）本地美食报道：关注某个地区或社区的特色美食和餐饮文化。

（9）国际美食报道：介绍不同国家或文化背景下的美食，促进跨文化交流。

美食报道旨在激发读者对美食的兴趣，提供关于饮食文化、烹饪技巧和餐饮体验的信息，同时美食报道与广大人民群众的日常生活息息相关，因此可以反映出社会、文化和经济方面的变化和发展。

（二）美食报道的发展

1. 美食报道内容的发展

随着人们生活水平的不断提高，人们开始重视饮食健康和文化传承。美食报道的题材变得更加广泛，内容也不断丰富起来。除了介绍传统的菜谱和饮食文化，美食记者们也开始关注食品供应链、餐饮业发展等更为深入的话题。这些报道不仅让读者了解到美食的烹饪技巧，还帮助读者更好地理解美食背后的故事。

2. 美食报道传播渠道的发展

随着社交媒体和移动互联网的发展，美食报道的传播渠道也更加多元化，人们可以通过各种途径了解美食信息。美食报道最初主要以报纸和杂志为主要媒介，但后来随着新媒体的兴起，很多电视节目、电影和杂志都会特别关注食物和美食文化，并通过美食报道来吸引观众和读者。另外，美食记者们开始利用博客、微博、YouTube 等社交媒体与读者进行互动，通过图片和视频等方式让读者更加直观地了解美食的制作过程和餐馆评价。同时，人们也可以在社交媒体上与其他美食爱好者交流，这种互动不仅增强了读者与媒体之间的联系，还让美食报道变得更加多元化和个性化。总的来说，随着人们对美食关注度的提高，美食报道逐渐发展成为一种独立的报道体裁，在新闻报道中的地位逐步提升。

二、美食报道的特征与不足

（一）美食报道的特征

美食报道是一种独具特色的新闻类型，不同于硬新闻对于时效性的追求，美食报道的时效性被相对弱化了，文笔风格更加轻松，内容浅显易懂，令读者感受到趣味。随着人们对美食的热爱和追求日益高涨，美食报道已经成了新闻媒体中不可或缺的一部分，在具备新闻价值中不变的真实性和新鲜性的同时，还兼具了一定的实用性和专业性，因此拥有一大批读者群。

从涉及内容来看，主要报道和美味食物有关的一系列新闻，包含菜品、餐厅的选择，与美食有关的人物报道，各类美食文化节，等等。而这类新闻也可以更深入地挖掘至美食的源头、市场风向、文化底蕴等方方面面。美食报道不仅为公众提供美食资讯，也能促使消费者了解食品安全、营养价值等问题，还能为企业梳理市场变动等，可以更进一步地细分为食品安全报道、餐饮业市场报道等等。

从报道效果来看，美食报道能帮助读者了解不同地方的美食文化，满足其对美食的探索和追求。美食报道涵盖了来自世界各地的各种美食类型，体现了美食报道的多样性和全面性，既有传统的地方美食，也有新兴的创意料理，体现了美食报道的地域性特点。通过介绍不同国家、不同地区的饮食习惯和特色美食，美食报道让读者更好地了解不同美食文化的魅力，体现了美食报道的文化性特点。

（二）美食报道的不足

美食报道在发展的同时，也面临着一些挑战。首先，媒体形式的多样化导致美食报道的竞争越来越激烈，如何吸引读者的注意力成为一个难题。其次，人们对美食的要求不断提高，如何提高美食报道的质量以满足读者的需求也值得关注。最后，地域和文化差异导致读者具有多样的口味，如何提供更加全面、准确的报道也是当前饮食报道应改进的地方。

此外，部分美食报道在写作层面存在以下不足：第一，仅简单介绍美食的制作方法或者食材来源，缺乏对背后文化、历史、传统等方面的深入挖掘。第二，过于固守传统，缺乏对美食创新和新趋势的报道，使得读者难以获取到最新的美食信息。第三，过于偏重特定地区或者特定类型的美食，而忽略了其他地区和种类的美食。第四，缺乏专业的食品知识和口味评价，导致读者无法从中获取到有用的信息。第五，缺乏独特的视角和观点，过于雷同，缺乏吸引力和独特性。总体而言，容易出现缺乏深度、创新、多样性、专业性和原创性的问题。

美食报道的广度和深度仍在发展，近年来对可持续饮食和健康饮食的关注日益增加，这促使美食报道更加重视这些方面的内容。报道不仅仅关注食物本身，还需要关注食物的来源、制作过程和对环境的影响，以及如何通过饮食选择来促进个人健康和环境可持续发展。

三、美食报道的写作方法

（一）美食与体育的融合：叙述性写作

中国是一个美食文化大国，每个城市都有其独特的美食风味。而成都，这座以其丰富美食著称的城市，当它遇到大运会，两者的碰撞带给了人们无比的期待。成都大运会不仅是一场体育盛会，更是一场美食的狂欢。《人民日报》的《感受大运会的"成都味道"》一文，以其独特的视角和细腻的笔触，描绘了一场美食盛宴，对美食报道体系建设有着重要的启示。[1]

[1] 感受大运会的"成都味道"[EB/OL]. (2023-08-09) [2024-04-24]. http://paper.people.com.cn/rmrb/html/2023-08/09/nw.D110000renmrb_20230809_3-05.htm.

文字运用上，作者运用了大量的比喻、联想来展示成都大运会的美食。这些修辞不仅让读者直观地感受到了成都美食的魅力，还增强了文章的可读性和趣味性。对于美食报道来说，故事性是不可或缺的一部分，在美食报道中选用联想性的报道方式，可以使美食报道更加生动、形象，更能吸引读者的注意力，报道中的联想性不仅可以增强读者的阅读体验，还可以提高美食报道的传播效果。

内容安排上，作者在对成都大运会的菜品进行介绍的同时，还对成都这座城市的历史文化、风土人情进行了深

图 12-2　感受大运会的"成都味道"（金台随笔）

入的剖析。对于美食报道来说，人文关怀是新闻报道内容不可或缺的一部分，这种将美食与人文关怀相结合的报道方式，使得美食报道更加有深度和温度。将菜品的制作过程和口感与当地的历史文化、风土人情相结合，能够让读者更深入地了解菜品背后的故事和意义，更能吸引和打动读者。

读者通过阅读《人民日报》的《感受大运会的"成都味道"》这篇文章，可以看到美食报道方面的独特之处。这篇美食文章以其对深度和广度的挖掘、联想性和人文关怀的呈现方式，为新闻工作者提供了美食报道体系建设的启示。在未来的美食报道中，新闻工作者应该注重挖掘美食背后的故事和意义，运用多种媒介形式展示美食的风采，同时将美食与人文关怀相结合，使读者更深入地了解美食的文化内涵和价值。只有这样，新闻工作者才能更好地满足受众对美食的期待和需求，推动中国美食文化的传承和发展。

（二）探索食物的多维视角：文化探索法

"赛博食录"是一个在 B 站上拥有超过百万粉丝的博主，其视频主要以"不止科普，更提供一种观察食物的角度"的宗旨介绍食物，利用幽默的视频文案、精美的画面以及恰当的配乐向大众科普食物各方面的知识，给观众带来了视觉和听觉的享受。在整体视频诙谐愉悦的风格下，从不同的角度分析和探讨食物所具有的文化内涵、社会价值、人文价值。

同时，"赛博食录"的视频富有教育意义，除了日常中各种常见的食物外，甚至涉及未来可能会出现的食品，以及食品行业的各个方面，包括食品安全、食品营养价值以及食品行业发展史等。从中可以看出，新媒体中关于美食报道的视频涉及面广，科普角度丰富，可以让观众了解食物背后的故事和知识，提高观众的知识水平和思维能力，让观众对食物有更多的认识和尊重。

在社会内涵上，"赛博食录"从食品工业、餐饮行业、大众需求等方面揭示食物的发展和变化，并介绍食物对人类的影响和意义，试图通过食物反映大众社会生活。例如在《猪脚饭如何成为广东的快餐之王？》这一期视频中，"赛博食录"将眼光看向了占据广东快餐行业顶部的猪脚饭，首先展现了猪脚饭作为清代码头苦力充饥早餐的历史背景，再讲到二十世纪七八十年代大量外地打工人移入广东，猪脚饭凭借其廉价、快速、高营养、口味大众、接受度高的优势迅速获得了打工人的认可，在广东地区开始大规模扩张。最后，"赛博食录"回到现代，将主题进一步升华，透过网红"一碗隆江猪脚饭，吃出男人的浪漫"的无奈自嘲、透过现代逐渐发达的猪脚供应链，看到一个个异乡人蜗居在城中村"握手楼"中的窘境，看到高速发展的社会中饮食的不断变化，看到一碗猪脚饭在浩浩荡荡的工业化、城市化浪潮中给拮据的人们带去的温暖。[1]

[1]猪脚饭如何成为广东的快餐之王？[Z/OL].（2023-09-07）[2024-04-24]. https：//www.bilibili.com/video/BV1hz4y1T7Mu/?spm_id_from=333.999.0.0&vd_source=a81121cfdac2cc882df3c2a19d8b6a7c.

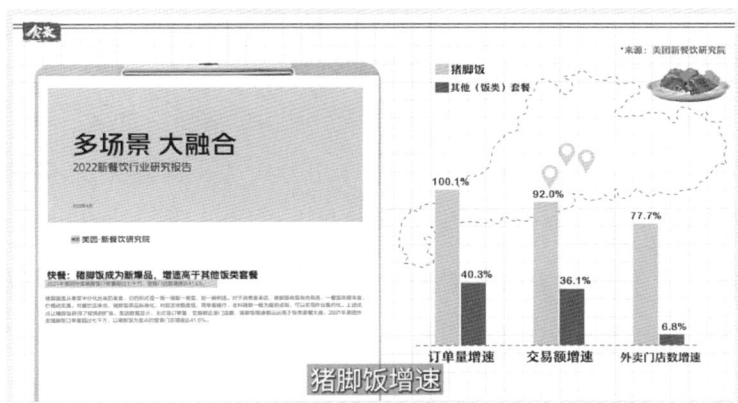

图 12-3　《猪脚饭如何成为广东的快餐之王？》视频截图

以"赛博食录"的视频为例，新媒体中关于美食的报道视频为大众科普了有关食物的各类知识，此类美食视频的文案和画面能够让受众从不同的角度看待食物，深入感受食物与人类的关系，理解食物与社会的互动。同时，把探知的触角伸向食物背后，不仅让人们感受到了美食的魅力，还让人们思考了食物更深层次蕴藏的社会价值，为大众提供了一种更加具有人文气息的观察角度。新媒体下的美食报道呈现对美食报道的发展有着积极的影响，为美食爱好者提供了一种新的视角，为美食报道开辟了一条新的道路，为美食写作打造了一种新的形式。

（三）揭露食安隐患：多角度分析法

在美食报道中，食品安全报道不容忽视。食品安全问题关系民生，社会反应强烈，而且监管难度大，目前有关食品安全问题的投诉较多。食品安全报道通常由三部分组成：报道开头再现新闻场景、逐渐剖析案例中出现的食品安全问题、强调该食品安全问题的严重性及警示性。

2023 年 11 月，常州市市场监管局公布了一起奶茶中添加违禁药品的案例，引发社会关注：常州市新北区一名女子在网上点了一杯 A 奶茶，喝下去之后没多久发现自己不舒服，便将情况反映给新北区市场监管局，《南方日报》对此情况进行了跟踪报道。[1]

新北区市场监管局对店内销售的 A 奶茶进行检测，发现该奶茶中竟然含有西布曲明（西布曲明是一种中枢神经抑制药物，它的作用是抑制食欲中枢，使人胃部的饱胀感增强，食欲下降，严重时可导致中风甚至死亡。2010 年 10 月，国家食品药品监督管理局发布通知，停止西布曲明制剂和原料药在中国生产、销售和使用）。随后新北区市场监管局联系公安机关对店主的住所进行联合执法检查，查获待售的 A 奶茶 52 盒和散装的 A 奶茶 14 包。店主称添加西布曲明能让奶茶口味变好，奶味更浓。

经查明，奶茶店店主违反了《中华人民共和国食品安全法》第三十四条第一款第（一）项之规定，依据最高人民法院、最高人民检察院《关于办理危害食品安全刑事案件适用法律若干问题的解释》第十一条第一款及第三款之规定，当事人的行为涉嫌刑事犯罪。2023 年 8 月 29 日，新北区市场监管局依据《中华人民共和国行政处罚法》第二十七条第一款、《市场监督管理行政处罚程序规定》第十七条第二款之规定，将该案件移送至新北区公安局。

此类食品安全报道属于美食报道中的一种，希望通过食品安全报道，保护消费者的权益，整顿市场环境和质量，促进食品消费。

［1］严重可致命！奶茶中检出违禁药，这种咖啡里也有［EB/OL］.（2023-11-12）［2024-04-24］. https://mp.weixin.qq.com/s/ChwEWTrTa8RKgBek29S0GQ.

四、美食报道的价值拓展与未来展望

（一）美食报道的价值拓展

1. 美食报道 + 时事报道

这类报道具有重要性、接近性、趣味性，聚焦于大家日常关心的、不寻常的甚至已有高讨论度的美食议题，该类报道常有吸引力强、概括度高的标题，报道结构多以社会评价或发展现状引入，按时间脉络对话题展开阐述，最后对现象进行客观评价或对事件结果进行陈述，报道内容图文并茂、语言简明易懂。

以《南风窗》的报道《一个蜜雪3块钱，卷得海外也扛不住了》为例，该报道集国内高人气茶饮店、"内卷"的社会热议语、国内品牌出海的趣味话题于一体，围绕我国新茶饮行业进军海外市场的现象，综合美食与产业发展话题。报道以越南蜜雪冰城加盟商不满促销活动力度而抗议一事引入，强调中式茶饮品牌"定价低"的核心优势，接着叙述蜜雪冰城在越南的发展历程，厘清了中式茶饮店在国内发展受限转向海外市场的逻辑，最后总结其在海外发展面临的挑战，以干练接地气的话语讲清了该品牌为何在外国发展、发展情况如何的问题。[1]

2. 美食报道 + 科普 / 辟谣报道

这类报道极具接近性、重要性、时新性，聚焦于解答大家对美食话题的疑问或反驳错误科普话术，打破商家与消费者间的信息差，及时消除民众恐慌。报道标题多为探讨问题的直接列举，报道语言简练而直击痛点，以科学检测报告或国家食品法律法规这类说服性极强的依据对美食成分、制作工序、安全性、功效等进行严肃陈述，让食客们知悉真相，不再为营销号的移花接木、胡言乱语之术买单。

如《中国食品报》融媒体的报道《0 蔗糖是无糖吗？》以兰芳园铺天盖地的"0 蔗糖"宣传开刀，列举其柠檬茶产品中添加的果葡糖浆、蜂蜜、浓缩柠檬汁三种含糖原料，指出"0 蔗糖"不等于"不含糖"的事实，呼吁消费者警惕极具误导性的宣传

[1] 一个蜜雪3块钱，卷得海外也扛不住了 [EB/OL]. (2023-11-15) [2024-04-28]. https://mp.weixin.qq.com/s/VFQ5mYiUKISIGh4DD5xfdA.

［1］0 蔗糖是无糖吗？［EB/OL］.（2023-11-15）［2024-04-28］.https：//www.bilibili.com/video/BV1Gc41197Dp/？vd_source=a81121cfdac2cc882df3c2a19d8b6a7c.

语，关注食品配料表和营养成分表。[1]

3.美食报道 + 城市特色形象打造

中餐是全世界饮食文化的瑰宝，因为地理位置的特殊性，不同的人群，从南到北不同的海拔纬度，从沙漠、草原、山地、平原到沿海等多样地貌，菜品种类的多样性和历史的传承使得我国出现了不同菜系，各菜系之间差异很大，不同的地方特色菜常常反映了不同的城市形象。

2023年上半年，山东省淄博市因当地烧烤店收获了全国范围内广泛的关注。在无数的传统新闻媒体、自媒体或新媒体的报道中，都围绕着"物美价廉"这一特点，推荐淄博当地的烧烤名店，与现当代大都市的"精致大排档"高价烧烤店形成鲜明对比，在网络上率先引起第一波热度。淄博烧烤之所以能够在网络上走红，也与网络推广手段的巧妙运用有关。传播前期的报道树立、打牢"烧烤名城"这一招牌，后续通过网络传播聚焦淄博市民们"热情好客"地招待远道而来的游客，突出市民对这一美食现象的认同与热情，从而增强城市的凝聚力和认同感，使得美食与城市形象在网络平台上形成有机结合。

"城市 + 美食"的报道形式给地方经济与城市发展带来了积极效果：淄博烧烤在网络上走红带动了当地经济，新闻报道开始关注这种美食现象，从而对淄博的商业和旅游发展带来积极影响。这样的报道将美食现象与城市的经济繁荣相联系，形成良性传播循环。

通过这些方式，新闻报道将地方的美食特色与城市形象紧密结合，不仅展现了美食在城市推广中的作用，而且展现了城市的魅力和独特之处，展现了美食报道与城市发展相互促进的局面。

（二）美食报道的未来展望

随着技术的进步和传媒形式的多样化发展，美食报道更加注重多媒体的呈现方式。除了传统的文字报道外，视频、音频、图像等形式被广泛运用，以更生动、更直观地展示美食的魅力。未来的美食报道将会变得更加多样化、创新化和智能化。

（1）美食报道将与其他领域——如文化、旅游、科技等进行更多的跨界合作，这种合作可以丰富美食报道的内容和形式。

（2）随着人们对健康和环境问题的关注不断增加，未来的美食报道将更加关注可持续和健康的饮食。报道将涉及食品的生产、供应链、环境影响等方面，推动人们更加重视健康和可持续性的饮食选择。

（3）美食报道将更加注重地方特色和民族文化的呈现，将深入挖掘不同地区和民族的美食传统、历史和故事，为读者提供更多元的美食体验和文化认知。

（4）社交媒体和在线平台将成为美食文化传播的重要渠道。未来的美食报道将更加依赖于社交媒体和在线平台，通过图片、视频、文字等形式，将美食的魅力展现给更多的人。人们可以通过社交媒体分享自己的美食体验，了解全球各地的美食文化，从而拓宽自己的饮食视野。

总的来说，社交媒体和在线平台将成为美食文化传播的重要渠道，未来的美食世界将给人们带来更多的惊喜和享受。

思考题

1. 目前我国的美食新闻报道存在哪些优点和不足？

2. 美食报道是否能够引起读者的兴趣和共鸣？（例如，是否有独特的故事、观点或者见解）

3. 美食报道是否准确地向读者传达了美食的味道、口感和视觉效果？

4. 未来如果你成为一名美食新闻工作者，你会从哪些方面提升美食报道的传播力？

5. 美食新闻的写作应该怎么发展？

📚 参考文献

［1］邵黎.新媒体时代如何做好舌尖上的新闻：一则高点击量美食新闻引发的思考［J］.中国报业，2020（8）：58-59.

［2］黎菲，王冲."Z世代"背景下如何打造美食文化爆款融媒产品［J］.新闻潮，2023（11）：17-19.

［3］王涛.数据与传播力有机结合路径探析："淄博烧烤"网络热点事件带来的启示和思考［J］.新闻世界，2024（4）：26-28.

［4］周庆祥，方怡文.新闻采访写作［M］.台北：风云论坛出版有限公司，2003.

［5］郑保卫.当代新闻理论［M］.北京：新华出版社，2003.

［6］李良荣.新闻学导论［M］.北京：高等教育出版社，1999.

［7］芮必峰.新闻与新闻报道［J］.新闻大学，2004（2）：17-21.

［8］李超.浅析美食新闻报道：以台湾报纸为例［J］.商业文化，2012（2）：310-311.

［9］王喜君.如何当好行业记者与编辑［J］.记者摇篮，2014（5）：24-25.

［10］吴静.新媒体视域下《舌尖上的中国2》的传播解析［J］.新闻世界，2014（9）：129-130.

［11］苗艳.新闻栏目周末版的文化性和服务性探讨：当新闻遇上美食［J］.电视指南，2016（12）：194.

［12］游永南.浅析《舌尖上的中国》解说词写作特色［J］.东南传播，2014（7）：166-167.

第十三章

节假日报道：假日经济与休闲时光

导　语

概念变迁的背后是观察变迁、社会进步和科技发展。在强调勤劳、勤奋的观念里，只有工作和生活，只有工作和休息，没有休养、休闲这一类近乎奢侈的概念，甚至把休闲等同于偷懒和游手好闲的不良习惯。活着不再仅仅是为了吃饱饭，工作也不是全部，人还需要终身学习和提升人生质量，只有这个时候，休闲才可能成为一种真正的权利和福利。

随着科技进步，人们的工作时间大大收缩，而休闲时间不断增加，这是趋势，有的国家已实行一周休息三天、工作四天的制度。休闲报道包括节假日报道，因此有了正当化的空间和扩展可能。周末和节假日，如同劳动的权利一样，进而成为第三个生活空间、第三种生活状态。如何提高休闲生活质量，获得身心健康，则是人们普遍追求的目标。新闻报道能够促进休闲方式交流，从而推动休闲品质提升。节日和假日的交织不清，也是这种报道类型形成和演变过程中的必经阶段。

——华南城市研究会创会会长、暨南大学教授　胡刚

节假日报道小组有导师 1 名：胡刚；助教 1 名：高小雨；学生 15 名：林永仪、蔡芷莹、石嘉雯、林宙仪、洪婉庭、吴洁雯、陈槿榆、江采芸、洪静怡、谢懋镕、罗佳雯、吴恺珩、郑芊芊、杨扬洋、谢雨欣。

一、节假日报道的概念变迁

（一）节假日的分类

节假日，即节日与假日的合称，是人们在日常生活和工作中，由于某种特殊原因或传统习俗，而享有休息、娱乐或进行特定活动的特定日期。节假日的设定通常与宗教、文化、历史、国家纪念等相关，具有深厚的社会和文化内涵，是媒体进行新闻报道策划的重要资源。一篇好的节假日报道能够通过节日话题的建构与故事的挖掘充分反映人民生活，展示社会活力和传承精神文明，依据节假日意义的不同，节假日报道在报道主体和报道主题的选择上各有差异：

1. 传统节日

这类型的报道主要聚焦人们的休闲活动，体现人民群众在吃、穿、住、行、游、购、娱等过程中的体验。此类节假日的报道通常会强调节假日的文化内涵和历史渊源，让大众在感受浓郁的文化氛围的同时提升文化涵养。例如在春节、元宵节等传统节日期间，媒体会通过报道这些节日的历史文化背景、风俗习惯和庆祝方式，弘扬中华民族的优秀传统文化与价值观。

2. 职业节日

在教师节、护士节等职业节日期间，媒体会着重关注特定职业群体的工作重要性，突出这一群体为社会所做出的贡献。报道通常会围绕着相应职业群体日常的辛勤劳作和付出，表达大众对这些职业群体的尊重和感激，在全社会倡导尊重劳动的风气，营造热烈的节日氛围。

3. 国家纪念日

国家纪念日主要是为纪念国家重大事件、伟人和先烈而设立的，例如国庆节、雷锋日等，还有一些特殊的主题庆典，如香港回归纪念日等。媒体会根据各自的性质，采取一些规范化的采编手段来撰写主题宣传。一般可总结为：一是展示一年来建设与发展所取得的辉煌成就、社会变化的整体风貌；二是营造一个喜庆、和谐的节日气氛和良好的舆论氛围，以增强人们的爱国情感和归属感。

（二）节假日的休闲观念变迁

在中国，如果算上双休日，我们每年近三分之一的时间都是在节假日中度过，节假日对人们生活的重要性可见一斑。节假日的休假安排，为居民出行、购物和休闲提供了时间上的便利，为拉动内需、促进经济增长做出了贡献。与此同时，假日经济也在重塑人们的消费观念与消费模式。一方面，拥有更多的休闲时间享受生活仍是消费者的普遍诉求。根据《小康》杂志社发布的《2021中国现代休闲发展指数》，在每周休闲时长方面，34.7%的受访者为10小时以内，25.7%的受访者为10~19小时，16.4%的受访者为20~30小时，11.8%的受访者为30小时以上。此外，完全没时间休闲的受访者占比11.4%。56.3%的受访者表示自己的休闲时间"差远了"，26.2%的受访者直言"一般"，10.2%的受访者抱怨"几乎没有休闲时间"，只有7.3%的受访者表示休闲时间"足够"。

另一方面，随着生活水平的不断提高，人们的休闲方式越来越多元化，对于如何利用节假日获取个人满足感这个问题，人们也有了新的答案。《2021中国现代休闲发展指数》调查结果显示，国人认为最有价值也最常采用的几种休闲消费方式分别是旅游、玩手机和逛街购物，其中选择旅游的人数占比更是高达58.3%[1]。在此背景下，一篇好的节假日报道能够通过对休闲活动、旅游景点与消费内容的推介，吸引读者的兴趣和关注，由此引领新的娱乐休闲风潮，打造一种新的文化消费业态，起到推动经济增长、促进文化传播的积极作用。

小康榜 国人最喜爱的十种休闲方式	
旅游	58.3%
玩手机	43.7%
逛街购物	25.4%
看电影	21.0%
睡懒觉	20.4%
读书	18.6%
参观博物馆	14.7%
摄影	11.2%
体育运动	11.1%
享用美食	11.0%

图13-1 《2021中国现代休闲发展指数》调查结果

[1] 刘彦华. 2021中国现代休闲发展指数62.2：休闲时间"足够"者不到一成[J]. 小康，2021（28）：46-48.

（三）节假日报道的变化趋势

伴随着科技进步与人们节假日休闲观念的变迁，节假日报道在形式、内容等各方面都发生着新的变化。

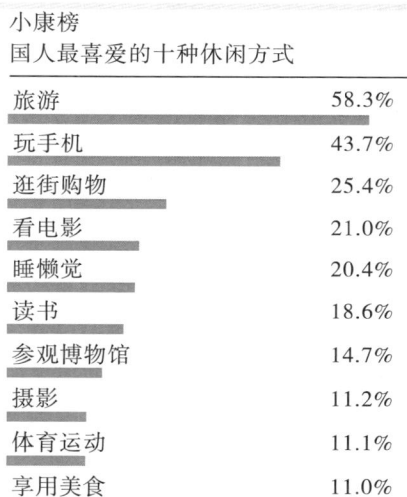

1.媒体报道形式更加多样

在过去的二十多年中，媒体对于节假日的报道形式越来越丰富，从单一的图文向视频、直播、数据新闻等多元的形式进行转变，这也使得节假日的报道更加生动、有趣，为观众提供了更加多样化的选择。短视频平台的兴起和流行使得视频成为节假日报道最重要的形式之一。通过视频，媒体可以直观生动地还原出节假日的氛围，让观众获得沉浸式的体验。

直播是节假日报道的一种重要形式。通过直播，观众可以实时了解节假日的活动和情况，增强参与感和互动感。

图 13-2 央视频于 2023 年端午节期间的视频报道

图 13-3 2023 年国庆节天安门升旗仪式直播

数据新闻在节假日报道中的应用也越来越广泛。基于数据的抓取、挖掘、统计、分析和可视化，这一新型新闻报道方式可以更加直观有趣的形式呈现节假日的休闲娱乐、消费旅游等数据，为观众提供更有价值的信息。

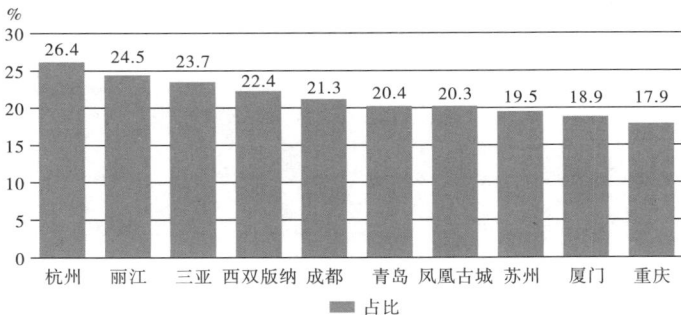

数据来源：iiMedia Research（艾媒咨询）

样本来源：草莓派数据调查与计算系统（Strawberry Pie）
样本量：N=1996；调研时间：2023年4月

图 13-4 2023 年"五一"出游数据调查报道内容

2. 社会责任意识增强

在节假日报道中，不难发现媒体更加注重传播正能量，强化社会责任意识。例如在报道旅游景点拥挤、旅客维权等问题时，媒体会关注并呼吁公众文明旅游、保护环境，以期提升公民素质。

3. 强调文化自信，弘扬传统文化

近几年来，节假日报道在内容方面侧重于强调中国文化自信，突出中国传统文化的魅力，越来越多的媒体开始关注并弘扬优秀传统文化。如春节、端午等传统节日，媒体会通过专题报道、民俗解读、传统文化传承等方式，让观众深入了解和感受传统文化的魅力。同时，节假日报道也开始强调创新和科技元素，尤其是在国庆节这类大型国家性节日时，烟花、灯光秀、无人机表演等高科技元素的应用成为报道中的亮点，展示中国科技水平的提升。

4. 注重个性化需求

随着人们对信息需求的多样化，节假日报道也更加注重用户的个性化体验，致力于提供更加细分的报道，满足不同人群的差异化需求，即使是不同地区、不同年龄、不同文化背景的人们，都可以找到与他们兴趣相契合的节日信息。

5. 商业化趋势

节假日文旅日益升温，消费市场持续火热，各大商圈不仅有老玩法，也有新潮流，消费新场景、新业态持续激活消费新动力，也构建了节假日报道的新内容。节假日通常带来消费旺季，节假日报道对于促进消费、推动经济发展具有重要意义；而从微观层面来看，节假日报道也为商家提供宣传和推广的机会，能够促进商业活动的开展。

6. 国际化趋势

随着全球化的发展，节假日报道也越来越国际化，新闻媒体不仅报道本国的节日，还会关注其他国家和地区的节日。

自 20 世纪以来，中国节假日相关报道在传播形式、内容呈现、社会参与等方面都发生了显著的变化，反映了社会、科技和文化等多个层面的发展和演变，其发展和创新满足了人们对节假日报道的不同需求。

二、节假日报道的案例分析

（一）优秀报道分析

1.《年饭，不过一碗人间烟火》

该篇报道从"每逢佳节胖三斤"的戏言引出美食与春节的深刻联系，再将2022年的北京冬奥会与春节、美食相连，共同融合进中国青年报与百度百家号联合打造的短视频节目——《家宴》。此篇报道围绕独特的短视频节目，介绍了当年冬奥会上体育嘉宾的美食体验，重在讲述对家与团圆的理解。

报道的第一部分以短道速滑冠军张会制作大杂烩引出什么是"家宴"，通过他的回忆，读者沉浸在"一到冬天，学校操场就成了天然的冰场，夏天跑步，冬天滑冰，操场上总是有孩子喧闹的笑声"的场景之中。除此之外，报道中还提到了张会离家训练的场景，对家乡味道的思念，进一步呈现离家的游子对家宴的期望，使读者与张会产生情感的共鸣。

报道的第二部分重点谈到了美食可以是个体心灵的寄托，写到了热爱美食的苏轼，提到了同样是"资深吃货"的谢冕教授。在苏轼身上，美食事关豁达，而对于谢冕教授来说，"做学问是体验，体验人生、体验学术，需要细致；而要了解它的源头，了解它的'人格'，了解它的许多变化和创造性，这就和我们的饮食有关系"。

报道的第三部分主要讲述了美食带来的人与人之间的羁绊。从新冠疫情出发，讲述了疫情之下食物与人的温暖连接。"一个人的口味要宽一点、杂一点，'南甜北咸东辣西酸'，都去尝尝，对食物如此，对文化也应该这样。"

在春节期间，此篇报道以春节美食为主题，结合了古今人物各种与美食有关的故事，融入了百姓的生活，较为丰富、有趣地进行了《家宴》短视频节目的宣传，亦增添了春节团圆的节日氛围。[1]

2.《"我"死后，要花多少钱？》

"我""死""花钱"都是当下人们颇为关注的词语，这也使得该篇报道的标题极其抓人眼球。该篇报道讲述的其实是清明节殡葬服务收费的社会问题，这样的话题本身较为沉重，但标题较为俏皮、戏谑且带有一些乐观精神，这也是一种较好的创新。

"一个花圈几百块，一个骨灰盒上千块，一块墓地二十万……"报道从一组数据出发，引出巨额殡葬费用这一社会议题，接着又以玩笑的方式发问："又是一年清明节，殡葬服务收费'退烧'了吗？"此后，报道从殡仪馆、殡仪机构、法院、政府部门多重视角出发，全面展开对该社会议题的讨论。在第一部分，殡仪馆表示有惠民殡葬政策，并将服务明码标价。第二部分展现北京某知名殡葬服务机构的套餐，通过记者走访和调查的方式揭示了各机构对明码标价的可能假象。第三部分通过北京四中院法官对天价殡葬隐蔽性事实的披露，提醒消费者应提高防范意识和维权意识。第四部分阐述了政府部门将加大殡葬服务价格检查力度的事实，给群众吃下定心丸。[2]

该报道与传统的清明节报道不同，并未聚焦于祭奠和墓园这些常规视角，而是转向对殡葬服务费用的关注，题材与内容新颖，关注逝者，亦关怀生者，展现了记者高度的人文关怀与社会责任感。

3.《把幸福指数引入黄金周》

黄金周文旅市场的持续升温，使得假日报道受到越来越多民众的关注。与传统的消费报道不同，假日报道不仅聚焦消费热度，注重数据的呈现与解读，还强调消费温度，将消费者的幸福指数作为重要的报道内容。早在 2006 年 5 月 6 日新华社发表的《把幸福指数引入黄金周》中，记者就不只关注到假日经济的增长，也关注到了人们的幸福指数，诚然，经济在假日报道中占据较为重要的地位，但正如这篇报道所说，"经济的增长是增强

［1］年饭，不过一碗人间烟火［EB/OL］.（2022-01-24）［2024-04-17］. https：//baijiahao.baidu.com/s?id=1722791391781374496&wfr=spider&for=pc.

［2］"我"死后，要花多少钱？［EB/OL］.（2023-04-05）［2024-04-17］. https：//baijiahao.baidu.com/s?id=1762340185340135588&wfr=spider&for=pc.

幸福的手段，而幸福才是目的"，假日报道如果只顾着经济部分而忽略了人们的幸福感，便是舍本逐末了。这篇报道注意到了这点，意识到黄金周对人们幸福感的提升不太理想，所以它对只要收获"黄金"的黄金周思维方式进行批评，强调报道要反映人们生活质量的幸福指数才能体现长假的价值，这也为后续的假日报道指明了方向。

这篇报道以兰州市一家中等规模的公园为例，用"2.5万市民""5元""10万元"这三个数据将"五一"长假的经济增长可视化、具体化。在靠近结尾的部分，报道对幸福感展开了较为具体的描述，从满足幸福感的需求和幸福感的重要性展开，为社会的改进提出方向性的建议[1]。

整篇报道逻辑条理清晰，紧紧围绕着题目展开，透过人们出行和休闲的不便看到本质问题——长假忽视了人的幸福感，再对幸福感的重要性和可以采取的改进措施展开论述。报道文笔细腻，立意新颖，在一众报道经济增长的假日报道中脱颖而出，是关切老百姓幸福和快乐的假日报道，也是老百姓爱看的假日报道。

4.《Citywalk火了，城市因何值得漫步？》

此篇报道选材新颖有趣，选择了"citywalk（城市漫步）"这一全新的休闲方式。citywalk是近期兴起的一种休闲娱乐方式，是指年轻人在假日期间通过漫步自己所在的城市，发现城市细节之处的风景，强调随心所欲和慢节奏，是一种自由随性的"微旅游"方式。这篇报道不仅让citywalk这种休闲方式在年轻人中得到进一步的传播，也向全社会传播了这一新型的休闲方式与休闲理念。

通篇报道切入点新奇有特色，着眼于城市值得欣赏的"小而微"之处，既有为了城市文化建设而做出"微更新""微调整"，也有城市漫步的热门小微路线介绍——北京胡同、上海梧桐区等。

文章从三个点介绍了城市漫步兴起、城市值得被看见的原因：见文化——城市本身拥有足够的文化底蕴，将传统文化实体

［1］把幸福指数引入黄金周
［EB/OL］.（2006-05-06）
［2024-04-17］. https: //
news.sina.com.cn/o/2006-05-
06/01308852539s.shtml.

守护得很好；见更新——城市有意识保护、更新调整旧文物，使其焕发出新的生机；见自然——整治曾经的脏乱差地区，令其重新焕发自然之美。除了强调城市的转变，也提到了在保护城市文化之中对于当地居民需求的关注，不仅强调城市对于文化的重视，也彰显了城市建设以人为本的工作基准。

文章通过大量的举例子、列数字，让读者对城市的转变一目了然，更加清楚城市文化建设的工作成效。此外，报道大量运用打比方的手法，如"下足了'修旧如旧，建新如故'的'绣花功夫'"，形象生动地展现了城市在保护文化方面做的精微努力。[1]

整篇报道文化气息浓厚，一方面是因为全篇介绍了多处文化地点，另一方面是作者的语言文字处处精巧，流露出扎实的文字功底。此外，本篇报道在对城市文化的介绍之中加入城市管理相关的内容，让读者在享受休闲报道的同时也加强对国家政策的了解。

（二）问题报道分析

1.《大连瓦房店：小城节日"花样多"，镇域经济"热力足"》

该篇报道主要介绍了大连瓦房店市复州城在"双节"期间，为庆祝节日积极展开的各种文化活动[2]。但该篇报道的重点放在各类文旅数据上，侧重于描述瓦房店市的节庆活动和经济发展情况，较少涉及民间风俗和传统文化。在描述节日氛围时，可以加入更多有关民间风俗和传统文化的内容，以丰富报道的内涵。同时，该篇报道虽然提到了不少节日活动，但并没有活动照片，可以增加更多具有代表性的图片，使报道更具吸引力。报道并未展示人民群众在节日期间的获得感和幸福感，在描述节日氛围和经济活力时，可以更多地关注人民群众的生活变化和满意度，以体现报道的人文关怀。

2.《歌剧艺术的盛会　人民群众的节日》

该篇报道介绍了在杭州开幕的第五届中国歌剧节的主要节目内容及其代表含义[3]。全篇报道采用比较笼统的形式介绍节日活动，没有深入介绍某一出戏剧。报道标题虽然写着"人民群众

［1］Citywalk 火了，城市因何值得漫步？［EB/OL］.（2023-07-12）［2024-04-17］. https://baijiahao.baidu.com/s?id=1771168199289231088&wfr=spider&for=pc.

［2］大连瓦房店：小城节日"花样多"，镇域经济"热力足"［EB/OL］.（2023-10-10）［2024-04-17］. https://mp.weixin.qq.com/s?__biz=MzA4NDU5OTM0Mw==&mid=2247633501&idx=2&sn=2fce36b5a4020f588bcfcfe943f56d3c&chksm=9fe83d1da89fb40b015dcb0fd272cf1bfd58bccbe15b4b0ed0bd4a493f0fef255b8e31077317&scene=27.

［3］歌剧艺术的盛会　人民群众的节日［EB/OL］.（2023-05-18）［2024-04-17］. https://baijiahao.baidu.com/s?id=1766162001091402392&wfr=spider&for=pc.

的节日"，但整篇报道下来却并没有提到人民群众对于本次活动的关注度、参与度和积极性。报道并未对开幕式现场氛围进行描绘，未能充分展现现场观众的热情和互动，以及对歌剧艺术的热爱，使得该报道缺少生动感和感染力。此外，该报道着重于介绍中国歌剧节本身，却并未提及为何选择在杭州举行，内容不够全面，显得较为单薄。

三、如何写好节假日报道

（一）注意节日和假日的区别

虽然我们平常会说"节假日"，但是节日和假日不一样，节日报道和假日报道也不一样。节假日是休闲日、消费日，也是纪念日，对于商业机构和个体经营者来说，并非所有节日都适合做营销，积极参与节假日氛围不能等同于蹭热点。

节日指具有特定文化内涵和传统活动的时间节点，通常是用来纪念某个历史事件或是值得尊敬的人物，而假日则是指国家规定的用于休息的日子，通常与周末或法定节假日相结合。此外，随着全球化的推进，我国也逐渐兴起庆祝国际性节日的风潮，如圣诞节、情人节等，这些节日并非我国法定节假日，但部分人群和商家会予以庆祝，这些就只是节日而非假日。

节日报道和假日报道有所不同。无论是全国纪念日还是行业职业纪念日，针对它们的报道偏重的是社会效益内容，注重价值观的传达。节日报道往往具有社会性色彩，或者带有民俗、纪念以及文化属性，有自身的空间、外延和张力，往往可以提前做系统性、观点性的报道策划。假日报道针对的是"放假"的假日，核心内容还是假日经济与民众休闲，这些假日的主题可以预知，但是具体的形式和内容却大有可为。简而言之，节日报道更注重传统文化的传承和节日氛围的营造，而假日报道更关注人们的休闲娱乐和生活消费需求，两者都是为了满足受众在特定时期的需求，能够有效提高受众的满意度和幸福感。

（二）优秀报道的特征

从节日报道来说，精心别致的报道能结合当下的时事和新媒体技术，融入百姓的生活，达到预期的传播效果。地方性的报道也应该进一步突出浓郁的地方特色，服务于市民的节日生活，在与时俱进的同时也要做到人文关怀，以独特的角度、观点给读者留下深刻的印象。而对于特定人群的节日报道，应是体现对其的深切关怀，可以利用采访、故事自然地穿插其中，多层次、多侧面、多手段、立体化报道。

从假日报道来说，关切百姓是至关重要的。假日报道要能通过对休闲生活的刻画，带动假日经济的发展，引起新观念、新时尚、新潮流在全社会的普及与流行。因此，假日报道要用百姓的语言讲百姓的故事，通过普通市民的所见所闻展示社会的生机与活力，体现亲民、便民、服务于民的媒体精神。而在休闲报道方面，则是要体现出轻松的特点，从生活内容、生活领域、生活方式等多个角度报道时下新型的休闲方式与休闲理念，这对个人、家庭、经济、社会都有积极的意义。此外，假日经济背后对应着新的消费模式、维权手段、经济形态甚至是新的社会结构，这些新变化也是假日报道、休闲报道值得关注和报道的内容，新闻记者必须用发展的眼光看问题，才能写出有角度、有深度、有温度的假日报道。

（三）问题报道的特征

一篇失败的节假日报道，可能不仅达不到想要的效果，甚至还会产生反向效果，使读者产生逆反的心理。从各篇效果不佳的节假日报道来看，有以下几个值得注意的点：

第一，将特殊职业人群在节假日仍然坚守岗位作为正面典型来报道，过度强调无异于"捧杀"，可能会使民众提高对特殊职业人群的道德要求。同时，职业不分高低贵贱，不能以个人眼中的价值判断决定不同职业报道的篇幅大小，譬如警察节与环卫工人节，媒体在报道篇幅上就容易向警察倾斜。

第二，应全面地进行假日报道，而非仅仅着眼于经济层面。

经济消费是假日重要的一部分，而非全部，应拓宽视野，扩大报道思路，将报道范围延伸到整个社会的方方面面。

第三，不少报道的版面仍略显单薄，要注重多种形式结合，以丰富的图文进行呈现，譬如以生动活泼的语言描绘活动现场的盛况，再配以鲜明多彩的活动照片，增强报道的吸引力。

第四，要区分节日硬新闻与休闲报道的不同。比如在一些严肃的节日，企业不能简单地把其当作一个促销节点，否则就可能踩到"高压线"，碰到敏感点，造成"翻车事故"。我们在过好节假日的同时，也要知道哪些节日是纪念日，许多报道仅描写了当时的状况，评论却寥寥几笔。对于节日硬新闻，要加强评论，把握时代趋势，以求集中显示导向，彰明立场，给予读者深刻的启迪。

第五，做节假日报道时要深刻考虑当地的人文环境，不能用地方特色强硬推广，否则效果会适得其反。北京烹饪协会在国庆期间发出倡议："国庆吃面，国泰民安。"提倡国庆期间人人吃面，据说，许多北京高级饭馆也响应其号召推出了特色面食。但其口号也引发了不少争议。有人认为"国庆吃面"与"国泰民安"两者并无相关性。一个知名大 V 发声道："什么节都说吃饺子我就忍了，但国庆吃面我不奉陪。"北京烹饪协会的初衷是希望在国庆假期能够形成一种新风尚，但忽略了南北饮食习惯的差异，反而弄巧成拙。

总而言之，节假日报道中可能遇到的雷点不止于此，需要认真规避，方能做出一篇优秀精彩的报道。

四、节假日报道如何创新

（一）形式多元

随着互联网的发展，新媒体在新闻媒体中扮演着越来越重要的角色，短视频和直播报道凭借其强大的互动性逐渐成为新闻报道的主要形式。这两种形式能够即时为观众呈现节假日活动的精彩瞬间，给他们以身临其境之感。

1. 视频新闻：短视频的传播优势

近年来，伴随着社交媒体的发展与普及，短视频凭借其"短平快"的特点迅速吸引了大量用户，成为社交媒体平台上最受欢迎的内容形式之一。首先，短视频具有强大的传播力，相较于传统媒体，观众可以通过转发、点赞、评论等方式与他人互动，扩大报道的影响力，引发用户病毒式传播，让信息在短时间内迅速扩散，达到事半功倍的效果。其次，短视频生动、直观，观众可以通过视觉和听觉多感观结合，快速了解节假日活动的情况，获得更沉浸式的体验。最后，短视频为创作者提供了很大的创意表达空间，媒体可以通过剪辑、音效、字幕等技术，将节假日活动的精彩瞬间，以更富吸引力和感染力的方式呈现给观众。

2. 直播报道：精彩瞬间第一时间呈现，弹幕评论互动

直播报道在新媒体时代下，成为展示节假日活动的最佳方式之一。实时性是直播报道最显著的特点，直播报道可以将节假日活动的精彩瞬间即时呈现给观众，让他们在第一时间感受到现场的氛围和魅力。直播报道可以通过多个摄像机切换不同的角度，呈现不同的活动细节和场景，让观众有更全面的观察和体验。另外，观众可以通过弹幕评论与主播及其他观众互动，提问、表达自己的看法或者分享自己的经历，增强了他们的参与感和互动感。

（二）内容多元

在融媒体环境下，单一的报道手段已逐渐无法满足读者多样化的需求，探索和创新报道方式，提供更加多元、生动、有趣的新闻内容是吸引读者的关键。

一方面，深度报道或是新媒体时代下节假日报道的新方向，通过深入挖掘、调查和研究节日背后的故事与意义，帮助读者更好地理解节日的历史和文化背景以及对生活和文化的影响。在节假日报道中，应扩大采访范围，覆盖不同年龄、性别、职业和背景的受访者，并利用社交媒体等平台公开征集不同人群的意见，以更全面地反映社会的多元声音。另一方面，数据可视化工具的

运用可以提高新闻报道的质量，提升新闻报道的影响力。

（三）扩展传播渠道

伴随着科学技术的发展，人们获取信息的形式发生了根本性的变化，大部分人获取信息的来源不再是报纸、广播等传统媒体，新媒体成了信息传播的重要阵地。因此，想要实现更好的传播效果，节假日报道应该要构建起新媒体传播矩阵，通过在微信公众号、微博、抖音、快手等多平台建立新闻账号，实现多平台全覆盖，让不同类型的受众群体都能够通过各种渠道了解到新闻信息。

当然，不同平台的传播特点和受众类型也决定了平台发布内容形式和特点的不同。微信公众号适合发表篇幅较长、观点较深刻的报道；旅游景区、酒店住宿、交通出行、天气状况等引导信息也可在此发布，方便游客调整出游计划，更好地进行假日休闲活动。微博热搜每十分钟更新一次，因此微博适合发布简短精准、高时效性的实时热点。而抖音、快手上的内容要做到短而精，有足够强的视觉冲击力，文案也要更通俗化、生活化，让大众都看得懂，都能被吸引。

值得一提的是，媒体如果能够通过社交平台打造大众热点，对于促进节假日旅游经济具有巨大效应，2023 年"五一"假期爆火的淄博烧烤就是一个很好的例子。相比起报纸、广告等传统营销，社交媒体营销覆盖面广、互动性高，且直观生动、吸人眼球，具有强大的传播效力。淄博市政府巧妙运用社交媒体营销，让"淄博烧烤"成为旅行热点，成功实现了城市 IP 的打造和城市品牌的宣传，甚至带动了山东省内其他城市的旅行，如青岛、潍坊、烟台等地的旅游热度也得到了显著提升。这为其他城市如何通过节假日报道营销打造城市名片、促进旅游消费提供了良好的范例。

（四）增强交互性

随着科技发展，AR 和 VR 的视频数量在各大平台网站占据的份额越来越大，各大媒体可以使用专业摄像机拍摄节日活动的场景，辅以记者的报道音频，再转换成 AR 和 VR 视频上传到各大平台上。这两种新兴交互技术可以将用户带入一个具有节日氛围的虚拟现实当中，使用户即便远在千里之外仍能一览节日盛会。

与此同时，各大社交媒体平台也常在搜索排行榜单上置顶特定的节日主题标签，用户发布帖文时带上主题标签，帖文的曝光度将得到大幅提高，这种做法将极大地鼓励用户分享自己的假日瞬间，引导其他用户参与讨论和分享。而各大媒体可以选择浏览量大的帖文作为时兴的度假方式进行转发，并且辅以新闻评论员的解读，减轻了到各处走访调查的工作量，而帖文发布用户也因具有庞大关注数的媒体账号的转发而拥有更多的流量，形成了良性的双赢局面。设置节日主题标签的有利之处还在于不少好奇节日报道的用户会点进搜索榜单上的节日标签阅读相关报道，若报社媒体与平台达成合作，可以将报道放置前列，将大幅增加曝光度并获得流量。

总之，新媒体时代下，丰富多元、强传播力、高互动性的节假日报道才能吸引大众的兴趣，适应大众的需求。节假日报道如何创新，如何与时偕行，仍是一个需要不断探索的重要课题。

思考题

> 1. 节假日报道分为几类？
> 2. 节假日报道呈现出怎样的变化趋势？
> 3. 如何写好节假日报道？
> 4. 现阶段媒体节假日报道存在什么问题？
> 5. 节假日报道在理念上发生了什么变化？

📖 参考文献

［1］杜梁．习亦男电影中的"情感地理"图绘［J］．当代电影，2020（9）：47-52.

［2］杨慧霞．节假日新闻报道策划的六个角度［J］．传媒，2016（3）：74-76.

［3］何临青．从大众情感最深层找到传播点、共鸣点：以央视2015年春节期间新闻播出为例探索主流媒体节假日报道［J］．电视研究，2015（9）：51-53.

［4］朱群．节日民俗报道如何推陈出新：近年部分主流媒体节假日民俗报道分析［J］．中国记者，2012（5）：93-94.

［5］何星烨．告别节假日期间媒体的失声：论微博时代突发事件报道的变革［J］．新闻爱好者（上半月），2011（9）：14-15.

［6］周跃敏．生活全天候·阅读全天候·引领全天候：新华日报创新节假日报道的思考与实践［J］．传媒观察，2011（1）：5-8.

［7］胥琳佳．美国报纸节假日报道的现状与变革［J］．中国记者，2010（11）：31-33.

［8］姚红骏．节假日报道：电视媒体的努力与挣扎［J］．中国记者，2010（11）：34-35.

［9］梁益畅，周瑜．纸媒节假日报道运作三问［J］．中国记者，2010（11）：36-37.

第十四章

公益报道：公共利益与价值传递

导　语

如今，中国的公益事业发展很快，尤其是慈善法实施以来，中国公益进入法治化发展快车道。公益传播也仍有很大的发展空间，尤其是基于技术进步的人机交互、虚拟现实，未来也将成为它的载体和形式。不过，尽管在新媒体时代，公益传播的主体、内容、渠道等呈现出多元化特点，但我认为这些都只是表现形式。当下及未来的公益传播，最重要的是价值的传递，其意义在于有关公民意识的价值传播，是随着全球化和互联网时代的到来，所带来的公民权利意识的增强。

——中山大学新闻传播学院副教授　周如南

公益报道小组有导师 4 名：王帅、刘琴、金久淳、周如南；助教 2 名：余安迪、刘影；学生 15 名：张渝、崔卿雅、陈俊铭、郑诗炀、区咏诗、余俊莲、林紫茵、卞迁、谭晓善、陈芷惠、唐瑜泽、黄韵旬、张美瑛、王欣然、谭晨菲。

一、公益报道的概念、发展与问题

（一）公益报道的概念

"公益"一词，自"五四"运动后方才出现，即为公共利益[1]，公益报道即媒体对包括慈善新闻在内的，关于救助弱势群体、动员社会大众参与公益事业、与公共利益密切相关的各种报道的总称[2]。媒体机构参与公益报道是积极承担社会责任的突出表现，应在坚守新闻客观性原则的基础上，借助媒介的动员机制，凸显报道的公益性与公共性。

学界对公益报道的相关研究有一定的重视，其集中讨论的方向主要包括公益报道的特征、公益报道的优势以及公益报道对于社会发展的作用等。近年来，国内公益报道的研究视角不断更新，最为明显的转向之一是技术革新下，公益报道的媒介载体由传统媒体向新媒体过渡后带来的报道主体、报道渠道、报道受众等各环节的特征演变。曹轲等指出，数字技术、媒介力量的参与和融入，改变着公益传播的发展。全媒体时代，"公益五力"（传播力、数字力、创新力、领导力、政策力）对于公益报道中资源和平台的打通与连接至关重要。[3]其他针对公益报道的相关研究还包括韦中华指出都市媒体在做公益报道时有独特优势，他们更为开放，更接地气，面向更广大的人群，影响力和号召力自不待言。[4]余子瑛认为大众媒介通过传播公益信息、赋权公益组织、提升公民意识、引导公民舆论等，能够促进国民对公共利益的维护、对公共领域的支持和对公民社会的建构。[5]丁智擘、孟祥斌在基于中国社区志愿服务网的实证研究中指出，公益网站的信息传播充分运用了多点聚合和单点分解相结合的形式，用活动先行、打造独家报道的方式赢得了良好形象，同时有效引导舆论，开创了一种新型的社区志愿服务模式。

正如传播学创始人韦尔伯·施拉姆所指出的那样，媒体一经出现，就参与了一切意义重大的社会变革。[6]新闻媒体具有引导正确舆论、传递主流价值、稳定社会情绪、凝聚民众力量、协同

[1]能青青.浅析传统报刊公益报道的发展现状[J].新闻研究导刊，2016，7（9）：119，55.

[2]刘继忠，乔文娟，石娜.我国公益报道的现实困惑与对策[J].青年记者，2011（27）：14-15.

[3]常琳，张渝，王欣然，等.全媒体时代公益报道趋势研究[J].新闻战线，2024（5）：29-32.

[4]韦中华.都市类媒体公益报道的优势与短板[J].青年记者，2011（27）：9-11.

[5]余子瑛.《南风窗》公益报道与公民社会建构[D].合肥：安徽师范大学，2013.

[6]马明新.微博救助中的社会动员：对三个个案的考察[D].合肥：安徽大学，2013.

经济发展、促进政府善治的义务。[1]公益报道彰显的正是重在公益，新闻媒体应始终将社会效益放在首位，积极主动履行社会责任，在全媒体时代更好地彰显出维护新闻报道和促进公共利益的价值与力量。

（二）公益报道的发展

对于公益报道的发展历史，应首先从报纸这一传统媒介形式谈起。早在20世纪初，我国报纸就出现过公益报道，1903年《申报》刊登了《劝募山东四川两省急振》，报道山东、四川洪灾，呼吁民众捐助[2]。1991年，《中国青年报》摄影记者解海龙受中国青少年发展基金会委托拍摄了一组关于中国农村儿童成长教育的照片，名为《我要上学》，这组照片在媒体上发表后，很快被国内各大报纸杂志转载，引发社会各界广泛讨论，在国内掀起了一场捐赠热潮。其中最为家喻户晓的是一张"大眼睛女孩"苏明娟的照片，画面中苏明娟手握铅笔，又大又亮的眼睛里充满着对知识的渴望，这张照片后来更是被当作希望工程的宣传标志，苏明娟也成了希望工程的代言人。2001年，由民政部主管、中国社会工作协会主办的第一份全国性、综合性公益类报纸《公益时报》面世。但整体而言，报界对公益新闻的报道尚未形成统一规范，内容也多由社会新闻发展而来。

值得注意的是，2008年被称为"公益元年"，这是基于该年南方雪灾、汶川地震等自然灾害频发的影响，激发了社会民众的公益慈善意识。以报刊为代表的传统媒体不断加大对于公益报道的投入比例，纷纷开设专版专栏助力公益报道发展。随着我国物质文明与精神文明的全面提升，公益组织等多元主体参与公益事业，推动公益传播蓬勃发展，公益报道也随之得到更多关注，力量逐渐得以壮大。加之技术的支持、媒介技术的更新，使得公益报道呈现出多维发展的态势。在主流媒体层面，如人民网、新华网、凤凰网、《南方周末》等媒体均在自有端口开设了公益版块，用于报道和传播公益相关的新闻、活动等。在互联网平台层面，出现了以腾讯公益等为代表的互联网公益平台，多年来致力于提

[1] 傅雅彤. 媒体＋公益：传媒社会责任践行之路[J]. 全媒体探索，2023（7）：84-85.

[2] 陈蛟. 论国内报纸公益报道的现状与发展[D]. 南昌：南昌大学，2013.

升公众对公益事业的关注，公众对公益行为的参与也是热度不减。可以说，在互联网蓬勃发展的当下，多种形态的公益报道，让公益的形式与内容出现了较大变化，更让"人人公益""指尖公益"变成现实。

2016年，中华人民共和国第十二届全国人民代表大会第四次会议通过了《中华人民共和国慈善法》，为我国公益事业提供了法律依据。其中第八十八条规定，广播、电视、报刊、互联网等媒体应当积极开展慈善公益宣传活动，普及慈善知识，传播慈善文化。[1] 这对媒体促进公益事业的发展提出了要求，而如何做好公益报道，如何让公益报道深入人心，也更需要我们认真思考并付诸实践。

（三）公益报道要解决的问题

社会现实中往往存在着弱势群体话语权不大等问题，公益报道的主旨之一就是帮助弱势群体发声，充分发挥新闻媒介作为社会传声筒的作用，以自身的影响力与公信力扶贫济弱，传递向上向善的社会力量。

一方面，公益报道可以发挥引导和建构社会价值观的功能。随着中国市场经济近40年来的发展，社会出现原子化、冷漠化的转向。经济腾飞的同时，也带来了集体化的式微，公益报道需要解决的正是这些问题。"为众人抱薪者不可使其冻毙于风雪。"公益报道对公益事业和公益精神进行传播与宣传，能够让更多人加入为公共利益添砖加瓦的行列。

另一方面，公益报道揭露和批评涉及公共利益的不正之风和相关问题，推动公益事业的规范化、透明化和专业化，维护其公信力和声誉。例如2021年《中国青年报》就曾报道公益服务证书在网上被明码标价出售，互联网成为"公益造假"的重灾区一事。在事件发酵过程中，《中国青年报》起到了新闻媒体舆论监督的功能，引导社会关注公益行业乱象，推动社会问题的加速解决，进一步规范公益事业的发展。[2]

互联网语境下，公益报道能够扩散公益参与范围，拓宽公益

[1] 中华人民共和国慈善法［EB/OL］.（2021-09-02）［2024-04-27］. https://www.thepaper.cn/newsDetail_forward_14335126.

[2] 互联网成公益造假重灾区：公益证书明码标价出售［EB/OL］.（2021-04-16）［2024-04-27］. http://news.enorth.com.cn/system/2021/04/16/051277753.shtml.

话语空间。每个社会个体都可以发起、参与和关注公益行为，实现自我价值的满足，提高社会公众对公共利益的关注，使人人公益的理念深入人心[1]。媒介要充分发挥公共论坛的作用，积极报道公益活动，监督公益视野，传播公益话题。

[1] 李美玲. 微信公益传播现状与效果研究[D]. 郑州：郑州大学，2017.

二、公益报道的核心及趋势

（一）公益报道的核心

与其他类型的新闻报道不同，公益报道的公益属性是其核心特征。公益报道的形式与内容多样，在互联网技术的不断推动融合下逐渐改变以往的单一范式，向整合化、传播化方向发展。然而无论其如何发展，公益报道的社会公共性特质是需要重点关注的。

因此，公益报道的内容主题往往与社会日常生活密切相关，观照社会生活的方方面面：上至社会公众的整体性利益，例如对于环保、教育、医疗、卫生等问题的报道；下至弱势边缘群体的相关议题，例如对于抗战老兵、失学儿童、残障人士、乡村女童等群体的帮扶和救助。通过报道社会关切的问题，搭建社会情感连接的桥梁，发挥促进行动的关键作用。整体而言，对公益新闻的报道，需要倡导以人为本的价值观念，借助对公益议题的探讨彰显社会关注与人文关怀，整合社会力量推动社会和谐发展、向善发展。

（二）公益报道的发展趋势

随着互联网技术的蓬勃发展以及公民意识的逐渐增强，当前的公益报道也呈现出了以下几个值得关注的发展趋势：

1. 多元主体积极参与公益报道

传统媒体时代，依托丰富的信息以及人才资源，传统媒体是公益报道的唯一参与主体。互联网技术的勃兴，使得公益报道的主体不再局限于传统专业媒体机构，多元主体参与公益报道成为可能。互联网时代的公益报道具有更强的大众性、草根性，它更像是一种生活方式，传递一种人人公益的理念，其中互联网提

［1］周如南，陈敏仪.互联网时代的公益传播新趋势［J］.新闻战线，2016（15）：50-51.

［2］李颖."互联网＋公益"背景下品牌公益营销策略优化研究：以腾讯公益为例［D］.苏州：苏州大学，2023.

供了全民参与的渠道，发挥出极大的社会动员力[1]。除了普通民众外，企业也成为公益报道的另一重要主体，例如曾经全球卖得最好的鞋类品牌之一TOMS，号称每卖出一双鞋就会捐出一双给非洲的贫困儿童。从企业角度来说，这种营销能够帮助其增加盈利，提升品牌知名度；从非营利组织角度来看，能够通过与大企业合作增加募款金额，提升公众对公益项目的关注。因此公益营销对于企业和非营利组织而言都是双赢的[2]。在互联网视域下，公益报道的主体得以扩展，多元主体的有机结合，使公益报道的效果得以最大化。

2. 技术革新创新公益报道渠道形式

公益报道发展的又一典型趋势是渠道不断更新，在报纸、电视等传统媒体报道渠道外，互联网渠道的拓展也值得关注。移动端的参与创新了公益报道的渠道，并使得公益报道的形式不断革新，例如有声媒体、实时直播等。例如2023年佛山城市主端"佛山＋"客户端正式上线"公益＋"频道，搭建公益慈善新闻宣传平台以及信息交流平台，传播社会正能量。

3. 开阔视野，拓展公益报道内容议题

新时代背景下，针对社会生活各方面出现的新问题、新态势，公益报道也呈现出报道议题层面的拓展更新，除扶贫、促教、疾病救助、自然灾害等传统议题外，也增加了传统文化传承、环境保护、女性权益等相关报道议题。同时报道的对象也拓展至草根民众，报道的深入程度不断加深。

4. 公益报道效果的裂变效应

互联网时代公益报道的传播效果得到极大的扩大。一方面，这是基于当下社会化媒介平台自有的广大用户基数；另一方面，当下的公益报道的传播会伴随关系网络实现裂变式传播。无论是政府、公益组织还是社会公众，通过社会化媒介平台发布公益项目，通过不同的传播节点扩散信息，在一定程度上增加了公益项目的可见性，从而促进公益筹款的增加及公益项目品牌的扩散。

三、公益报道存在的不足

伴随中国公益事业的迅速发展，公益传播日益丰富活跃，《公益时报》、《环球慈善》杂志、央视《感动中国》、中华慈善网等公益类报纸、刊物、电视节目、网站纷纷涌现。特别是在2008年汶川地震后，慈善公益跃升为媒体竞相传播的热点题材，《南方都市报》等知名报刊纷纷开设《公益周刊》，新浪、新华网等主流门户网站相继开设公益频道[1]。尽管目前公益报道的发展已有长足进步，但仍有未解决的问题以及不足。

（一）报道尺度不当增加主体负担

当下，扶贫济困类公益报道的标准流程包括：发布信息，捐赠物资、钱财，举行仪式等。但当我们转变视角，站在受助者的角度来看待这样的报道——对于受助者而言，接受捐赠本身已经是一件让他们觉得难为情的事，举行捐赠仪式、发布相关的报道，本意是鼓励大众参与公益，但同时也会把受助者曝光在公众视野里，伤害其自尊心。这样的报道对于当事人而言，反而会使他们抗拒所受捐赠，认为接受公益帮助是需要付出"代价"的。

对于公众而言，这样的报道其实也并未起到鼓励他们参与公益的作用。互联网公益欣欣向荣的今天，做公益的门槛并不高，可能是付款时随手捐的几毛钱。但这些合影、报道又重新把"做公益"放置于一个较高的道德位置，在这个过程中，接受捐赠的人有道德负担，那些不常做公益的"潜在用户"也会因此加深对公益行为的刻板印象，认为"公益是很大的事情，我做不了"，反而可能限制了大众公益的发展。

（二）部分公益报道的真实性存疑

2011年，媒体人邓飞通过微博发起"免费午餐""微博打拐"民间公益项目，迅速吸引了广大网民积极参与，开启了人人参与的"微公益"时代，网络新媒体逐渐成为最广泛的公益传播新平台。2015年，腾讯联合全球数十家知名企业，上百个公益组织、名人艺人以及数亿网友，发起首个互联网公益日"9·9公益

[1]高春艳.陕西公益传播现状与发展探析[J].西部学刊（新闻与传播），2016（4）：19，81.

[1] 高春艳.陕西公益传播现状与发展探析 [J].西部学刊（新闻与传播），2016（4）：19，81.

日"，成为中国全民公益新的里程碑。[1]但不得不承认，在此背景下，新媒体公益报道传播也日益显现出弊端。

在真假参半的网络语境中，传播过程往往出现信息虚假、信息泛滥等问题。例如一些人利用网络平台传播虚假消息进行诈骗，这样就导致信息可靠性不足，从而影响公益行业整体的公信力。大众对于公益活动本身就很敏感，一旦有人质疑，负面情绪便会通过网络迅速扩散，会大大降低人们对公益活动及公益组织的信任度。[2]

[2] 储超.新媒体环境下的公益传播研究 [J].传媒论坛，2023，6（6）：90-92.

不仅如此，新媒体环境中，公益活动一旦通过网络平台报道传播，可能无法保证其安全性。首先，网络是一个虚拟的平台，各主体之间没有直接的来往。虚拟环境让人们自由自在地传播信息，但虚拟网络环境日趋复杂，人们很难分辨信息源的真实性和可靠性，一些不法分子会利用新媒体平台发布虚假欺骗信息为自己牟取利益，从而引发一系列问题。其次，新媒体具有交互性、及时性、成本低和覆盖范围广等优势，虽然方便了信息的传播，但也增加了监管的难度。追根溯源，当下的公益传播确实存在制度缺陷的劣势，使得公益活动有时无法有效地开展。[3]

[3] 储超.新媒体环境下的公益传播研究 [J].传媒论坛，2023，6（6）：90-92.

（三）"卖惨式"公益报道削弱公众好感度

公益活动的初衷是通过第三次分配扶助有需要的人，以促进社会公平，但由于渠道多元以及内容繁杂，总有人利用该机制消费社会同情心。比如抖音平台的一些公益活动报道中，用户刷几条视频就会弹出捐助广告，对平台来说既树立了口碑，也作为宣传得到相应的收益。但很多视频夸大了受助者的不幸，而往往卖惨只是情节，带货才是目的。为了制止无底线的假公益继续愚弄消费者，抖音也发布规定，要求"公益类账号，不得进行直播打赏、电商销售等营利性行为"[4]。虽然采取了措施，但"卖惨式"公益仍然存在。面对这种现状，屏幕前捐助者的行为也被随之牵动，他们面对公益项目不会轻易参与，这一定程度上也影响了真正需要帮助的人。

[4] 凉山沦为"伪慈善"打卡地，透支公益现象何时休？[EB/OL].（2023-09-28）[2024-04-27].http://news.sohu.com/a/724481432_121478296.

四、提升公益报道水平的措施

当下，提升公益报道水平需要报道者认清互联网时代的发展特点，在信源获取、报道尺度、事实核查、创新策划等方面出新出彩，更好地发现线索、报道新闻，从而推动社会问题的解决，助力社会公益事业的发展和公共利益的守护。

（一）善于借助互联网寻找报道线索

互联网和新媒体技术的发展为公益报道从业者提供了更加即时和广泛的线索来源渠道，例如在一些短视频平台或者公益筹款平台，往往是由受助对象自行注册账号发起内容传播，对于一些具有报道价值的线索，公益报道从业者可以随时在媒介平台上与内容发起者取得联系，迅速获取具备新闻价值的内容。这要求公益报道从业者注重拓展信源，对于一些看似不起眼的求助内容，可以多留心眼，透过文本去挖掘报道价值。

（二）恪守职业道德，把握报道尺度

铁肩担道义，妙手著文章，这是对公益报道记者的责任要求。而在实际报道过程，难免会遇到各种障碍和诱惑，例如为了追求或完成报道数量、阅读量指标，报道者可能会选取一些能够直击读者内心的图文或音视频素材进行公开报道，但往往这些素材是涉及受助者个人隐私的，一经报道可能会给捐赠者、受助者带来不必要的过度关注。因此，在进行公益报道时，记者要准确把握报道的尺度，对于涉及隐私的内容要进行脱敏处理，尤其是对于受助者不愿意披露的内容，就不要进行报道，坚持道德底线和职业操守。

（三）注重事实核查，确保报道真实性

新闻真实性是新闻的生命，真实性对于公益报道的重要性也不言而喻。不同于政治报道、法治报道、财经报道、体育报道等，公益报道往往涉及的主体较多，在报道过程中，记者需要核查捐赠者、受助者、民政部门、公益组织等所提供信息的真实性。例如有的受助者为了能够获得更多关注，得到更高金额的善

款，可能会自觉或不自觉地夸大自身面临的困难，这就需要记者透过交叉验证，多方确认核实信息，增强公益报道的可信度。公益报道只有建立在真实性基础上，公益行业才能有更高的公信力，社会公众对于慈善行为的参与才能够更加积极、稳定和可持续。

（四）培养策划能力，创新报道模式

培养策划能力并不是让记者凭空捏造新闻事件，而是以公益新闻为线索挖掘事件背后所反映的主题和内涵，洞察新闻背后的社会现象，准确全面地把握公益报道的全面性，找到不同于其他同行的切入点，在保证新闻真实性的情况下，通过策划增强公益报道的吸引力和传播力。在创新报道方面，传统的新闻生产模式很容易让重要的新闻要素淹没在信息洪流中，而创新公益报道的标题、内容、表达形式、传播渠道等，可以突出公益报道的重点要素，使得新闻能够在同质题材中脱颖而出、出奇制胜。

（五）具备同理心与社会责任感

公益报道需要始终以公共利益为出发点和归宿，坚守媒体的社会责任，秉持真实、客观、公正的原则进行报道，不偏不倚地传递信息，引导社会舆论，推动社会进步。媒体人需要具备较强的社会责任感和使命感，严格遵守新闻报道的职业道德和规范，不断提高自身的新闻素养和专业水平，确保所报道的内容真实、准确、客观、公正。

思考题

1. 公益报道目前存在怎样的不足与问题？

2. 公益报道在新媒体环境下呈现出怎样的发展趋势？

3. 公益报道在新媒体环境下有何发展对策，如何提升公益报道的新闻传播力？

4. 以自身经历与社会生活为基础，尝试策划一则公益报道。

📖 参考文献

［1］刘继忠，乔文娟，石娜.我国公益报道的现实困惑与对策［J］.青年记者，2011（27）：14-15.

［2］韦波.媒体如何更好地报道公益活动［J］.视听，2011（4）：53，52.

［3］武骁.论公益报道中的媒体责任：以"冰桶挑战"事件为例［J］.中国报业，2015（4）：49-50.

［4］庄永志.媒体公益报道的典型样本：央视"黄手环行动"解析［J］.青年记者，2021（13）：62-65.

［5］林如鹏.在互联网时代谈公益：评《公益传播十讲》［J］.传媒，2023（12）：97.

［6］查本恩.从报道者到组织者：公益新闻中媒体角色的转变［J］.中国记者，2010（10）：80-81.

［7］刘涛.融媒体如何讲好公益故事［M］∥曹轲.公益传播十讲.广州：南方日报出版社，2023.

［8］支庭荣.新闻非寻常　专业即深度：《专业报道深度谈》序［J］.新闻战线，2023（2）：77-78.

［9］王冰洁.新时期传统纸媒做好公益慈善报道的内容维度探析［J］.传媒，2023（17）：39-40.

［10］王灿发，曹光煜.中国特色社会责任理论的内涵及实践：从新华社公益报道谈起［J］.新闻爱好者，2013（1）：6-8.

第十五章

讣闻报道：人文关怀与人情温度

导　语

转眼 18 年过去，我并没有成为"中国最牛的讣闻记者"，也泯然于一浪接一浪的新生代。

2006 年深秋，我成为《南方都市报》广州新闻部的唯一专职人物（讣闻）记者。一同入职的还有另一名同事，但她上岗不到两个月就转部门了，唯有我坚守到讣闻栏目停掉，看着纸媒从黄金时代到日渐式微。

讣闻从西方"舶来"，在中国传统媒体的巅峰时期大放异彩。《南方都市报》从 2005 年 4 月开设讣闻专栏，一年后开设正式的讣闻专版，且相当长的一段时间里保持每周两版的频率。《南方都市报》讣闻的宗旨是：每一个生命都是值得怀念的。小到刚出生两三月的弃婴，大到省部级高官、少将，等等，都曾是报道对象，也拥有相当大的读者群。

18 年前，我当时的领导对我说："希望你能成为中国首批最牛的讣闻记者。"这个愿景注定不可能实现。

印象中，《南方都市报》的讣闻专版只盛行了四五年，大约从 2009 年起版面就不甚规律，后期栏目也逐渐取消。到新媒体大浪打来，讣闻这个报道文本也几乎成为中国媒体发展史上的一粒尘埃。然而它并没有消失，只是以另一种报道方式见诸新媒体之上。

——《南方都市报》资深记者　邱永芬

讣闻报道小组有导师 1 名：邱永芬；助教 1 名：莫非；学生 14 名：张乐彤、朱恺熙、陈煜希、苏铵淇、邱靖雯、温嘉琪、李敏怡、邓泽思、胡倩华、李明晓、李丹阳、任晓芊、臧子涵、刘珈余。

讣闻报道是一种特殊的报道文本，是对逝者的告别与追思，亦是对多元化社会价值和生命价值的认同。[1]通过讲述人物的多样故事，记录下不同人物的人生命运，向逝去的生命表达敬意，向活着的人传达人性光辉。讣闻报道以逝者为中心，呈现出他们的人生经历与社会影响，为读者提供了一个与逝者和过去对话的机会，使他们在时间上与事件相连接，深刻触摸到那些由记忆支撑的历史时刻。

[1] 胡晴昕.《南方人物周刊》"逝者"报道的叙事方式及其意图研究[D].长春：长春理工大学，2019.

一、讣闻报道的历史发展与概念辨析

（一）讣闻的历史发展

讣闻，是指人物逝世的消息，在《汉语大辞典》上被解释为"报丧的文告"[2]，在媒介上刊登的讣闻，不仅是一则报道人物去世的消息，更是展示人物一生的窗口。对人一生的回顾和重塑，是对死者生平及其社会贡献做出的总结和评述。

[2] 李南.论我国讣闻报道的提升之道[J].新闻传播，2011（12）：56-57.

讣闻报道的前身正是古代的"讣告"文体。自古以来，我国就有告丧的制度以及悠久的丧葬文化。在漫长的发展过程中，形成多种与人生命的死亡紧密联系在一起的文体，一定程度上影响着我国当代讣闻的表现与发展。[3]从"天子死曰崩，诸侯曰薨"到"大夫曰卒，士曰不禄"，古代的讣告多为统治阶级死亡的专属权力。在先秦古籍中，多以"赴"字表示奔走报丧的行为；到了汉代，"讣"凸显出"告诉"的意义，淡化了"奔走""急疾"的色彩；再后来，"讣告"发展为一种独立的记录文体，如哀辞、祭文、碑文等祭奠类作品，代表作有韩愈的《祭十二郎文》、袁枚的《祭妹文》，无一不彰显"未尝有意为文，而文无不工"。[4]从早期简短的死亡记载，到专门丧葬文体的出现，再到古代讣告向现代讣闻报道的转变，讣闻报道离不开大众媒体的兴起和发展，死亡因而具有了公共属性。讣闻报道的发展背后是社会的变迁、技术的革新，也是人们观念的转变。

[3] 孙荟萃.我国当代讣闻研究[D].济南：山东大学，2018.

[4] 何仁富.媒介的生死建构：讣告与讣闻报道的生死学解读[J].华人生死学，2023（2）：14-30.

（二）中西方讣闻报道概念辨析

在不同的文化语境中，讣闻报道的发展形态也有所不同。西方的讣闻报道作为一种独立的新闻文体经历了多个世纪的发展以至成熟。而中国的讣闻报道作为"舶来品"，初见于 20 世纪初的民国报业实践中。

1. 国外的讣闻报道

在西方媒体行业中，讣闻是一种非常重要且常见的新闻类别，受到新闻从业者和读者的特别关注。在英国，《泰晤士报》的讣闻历经了 200 多年的历史发展，仍然占据主要位置。1851 年，美国《纽约时报》开辟了专门的讣闻版，逐渐发展为美国讣告界的标杆。受到"黑色幽默"的传统文化影响，西方社会涌现出一批专门从事讣闻写作的知名记者，既书写大人物，也关注无名英雄，他们注重深度的、多方的资料挖掘，偏爱琐碎的生活细节以再现逝者的人物形象。如知名记者甚至会提前几十年草拟某些特殊人物的讣闻，他们执笔书写的人物生平具有极强的可读性。优秀的讣闻内容吸引了一批爱好讣闻报道的受众粉丝，因而受到了热烈的欢迎。

讣闻报道在西方新闻中已发展成为一种非常重要且常见的新闻类别，且分布广泛，阅读率高。相较于西方，国内的讣闻报道还不够成熟，版面不足、记者缺乏、读者稀少、关注不够，这些都是国内讣闻报道处于成长期的表现。[1]

2. 国内的讣闻报道

受到儒家传统文化的影响，尽管我国的丧葬文化历史悠久，死亡在我国的社会当中仍然属于忌讳的话题。早在明清时期，我国就有"讣闻"的文体，承担着告知信息的功能，但直到民国时期，1906 年《大公报》才刊登了第一篇正式的讣闻报道。

自中华人民共和国成立以来直到 20 世纪 70 年代，我国讣闻报道的人物范围和行文模式都相对局限。1982 年，新华社记者郭春玲的一篇新闻《金山追悼会在京举行》[2]，以摄影式的导语从"特写"切到"全景"，创新了党媒历来的讣闻写作传统。

[1] 王珩. 关于中西讣闻报道的几点比较 [J]. 新闻爱好者（理论版），2012（5）：71-72.

[2] 郭玲春. 郭玲春新闻作品选 [M]. 北京：新华出版社，1991：206.

伴随着由计划经济向市场经济过渡的时代浪潮，在 21 世纪初期，晚报、都市报等商业媒体大批量地涌现，报纸的服务功能凸显，各类公众人物的讣闻开始进入读者视野：2003 年《楚天都市报》创办了我国最早的讣闻专版"怀念"，2005 年后《新京报》《财经新闻周刊》等杂志相继推出讣闻专栏，均将目光投向平凡人物，甚至将讣闻报道的对象扩大到动物等非人类的生命体。可以说，讣闻报道记录的不是死亡，而是生命。我国讣闻报道多以逝者遭遇的事件为重心，展现出浓郁的人文关怀。

总的来看，现代讣闻报道在我国已经有了几十年的实践历程，其间涌现了大量优秀案例。但是讣闻报道尚未发展成为独立的新闻类别。另外，讣闻报道相较于其他新闻种类，并没有受到各级媒体的足够重视，未能最大限度地发挥其应有的新闻价值以及对人的启示作用。[1] 讣闻报道应主动承担道德教化功能，以提高内容质量为任务适应新的媒介环境。

中西双方的传统文化与价值理念虽然不同，但也有共通之处。作为追悼逝者、激励后人的讣闻报道，遵循以人为本的价值观念，应该说是合理而富有时代意义的。讣闻报道写作中，融入人本主义的思想，以富有感情基调的笔触关注普通个体的存在价值，是讣闻发展的新路径。[2] 唯有人民真正喜爱并为之动容的讣闻报道才是成功的，才能够发挥讣闻报道沟通民情、引导社会正能量发展的价值导向功用。

[1] 孙荟萃. 中美讣闻报道差异原因初探[J]. 新闻知识，2017（1）：81-84.

[2] 王珩. 关于中西讣闻报道的几点比较 [J]. 新闻爱好者（理论版），2012（5）：71-72.

二、讣闻报道的类别

一般的讣闻报道都会采用正式的报告格式，包括结构化的标题、导言、生平回顾、评价等，使报道行文有序、阅读顺畅。为了尊重逝者，讣闻报道也常用敬重和严肃的语气来总结和评述逝者的生平过往和社会贡献。最重要的是，撰写一篇讣闻报道的时候要遵守坚持客观事实的基本原则，对逝者的一些特殊成就、生平娓娓道来，辅以详细和真实的数据，杜绝造假、捏造、夸大的行为，让读者在阅览讣闻报道的时候，能通过最真实的数据和事实了解逝者生平，初步认识或加深对逝者的印象。但讣闻报道并不是千篇一律的公式，优秀的报道会灵活建构文章逻辑：有的讣闻报道根据逝者生平的时间线，简明扼要地突出想要介绍的重点；有的讣闻报道以大事件为尺度节点，重点回顾逝者的贡献和时代变迁。无论是哪一种类型，讣闻报道都会尽量避免使用负面或刺耳的语言，保持对逝者的尊重，同时对图片的选取也比较谨慎。

学者孙荟萃将中国的讣闻报道按照报道对象、报道体裁、逝世原因三个角度进行分类。[1] 本文着重关注报道对象的人物类别，试图探讨当讣闻报道面对不同的报道对象时，具体会产生哪些差异，需要注意哪些事项。

[1] 孙荟萃. 我国当代讣闻研究 [D]. 济南：山东大学，2018.

（一）国家公职人员的讣闻报道

国家公职人员的讣告、治丧公告往往由最高国家机关予以发布，一般情况下，国家各级机关会首先发布官方讣告，之后官方媒体、大众媒体才开始转载。官方发布的讣闻报道行使的是国家权力，体现的是国家意志，是具有法律属性的官方文件。讣告信息的发布主体不同，其重要性和意义就不同。同时，国家公职人员的讣告内容措辞严谨，细节明晰无误，一篇官方讣告能清晰地反映出逝者生前的社会经历。国家公职人员的讣闻报道大致可分为以下三类：

一是以"中共中央、全国人大常委会、国务院、全国政协、中央军委"共同名义发布的，如邓小平、陈云、李先念、彭真等党和国家领导人逝世的文告，均由上述单位联名发布。

二是由"中共中央""全国人大常委

图 15-1 《人民日报》关于邓小平同志逝世的讣闻报道

会""国务院""全国政协""中央军委"中的几个部门联合发布讣告，例如邓颖超同志逝世时，是由中共中央、全国人大常委会、国务院、全国政协四家单位联合发布讣告[1]；聂荣臻元帅逝世时，是由中共中央、全国人大常委会、国务院、中央军委四家单位联合发布讣告[2]。

三是由"中共中央""全国人大常委会""国务院""全国政协""中央军委"中的某一机构单独发布讣告，如胡耀邦同志去世时是以中国共产党中央委员会的名义发布讣告[3]，班禅大师逝世时则是以全国人大常委会名义发布讣告[4]。

对于国家公职人员而言，讣闻是评价功过、表达敬意的重要方式，这些人物的讣闻报道有着特殊的政治意义和功能，因而有着严格的规定和考量。讣闻报道仅由各级党政机关和官方媒体发布，部分市场化媒体可以申请转载。官方发布的讣闻报道除了是对逝者生平的介绍与功绩的评价，更是其丧葬仪式的重要一环，向民众传达着纪念的信号，号召民众参与到缅怀逝者的集体行动中来。

（二）行业领军人物的讣闻报道

来自各个行业领域的重要人物，生前奋斗在各自的岗位上，产生了一定的社会影响力；他们的离世消息是重要的社会新闻，讣闻报道是他们与大众的正式道别。对待这类公众人物的讣闻报道，不必严守讣闻报道的模式化结构，但这类讣闻报道十分强调时效性，还需在增强可读性的同时，避免落入俗套。

一般而言，传统的讣闻报道大多遵循这样一种行文结构：开篇介绍逝者个人信息，描述其在行业内的成就与影响，再对其进行评价与缅怀。比如《澎湃新闻》曾经发布的一篇讣闻报道，文章内容是中山大学林家有教授的讣告，虽篇幅不长，但结构完整，逻辑清晰。[5]

［1］中共中央、全国人大常委会、国务院、全国政协沉痛宣告邓颖超同志逝世［J］. 中华人民共和国国务院公报，1992（18）：680-682.

［2］中共中央、全国人大常委会、国务院、中央军委沉痛宣告聂荣臻同志逝世［J］. 中华人民共和国国务院公报，1992（14）：469-471.

［3］中国共产党中央委员会. 中国共产党中央委员会沉痛宣告胡耀邦同志逝世［N］. 人民日报，1989-04-13（1）.

［4］胡玉鸿. 关于官方讣告、治丧公告的几个法理问题［J］. 法学，2013（12）：83-94.

［5］岳怀让. 著名历史学家林家有逝世，长期从事孙中山研究［EB/OL］.（2023-11-17）［2024-04-10］. https：//www.thepaper.cn/newsDetail_forward_25333620.

著名历史学家林家有逝世，长期从事孙中山研究

澎湃新闻记者 岳怀让
2023-11-17 19:40 来源：澎湃新闻·中国政库 >

🎧 字号▼

澎湃新闻记者从中山大学方面获悉，著名历史学家、中山大学历史学系退休教师林家有教授，因病于2023年11月16日下午在广州辞世，享年86岁。

林家有教授，广东廉江人，1937年10月出生，1956年加入中国共产党。1963年毕业于中山大学历史学系，先后在中国科学院民族研究所、中山大学历史学系工作，历任中山大学讲师、副教授、教授、博士生导师，曾兼任中山大学孙中山研究所所长、中山大学近代中国研究中心主任、广东孙中山研究会副会长、孙中山基金会副理事长等，为推进孙中山与近代中国研究做出重要贡献。

林家有教授长期从事历史教学和研究，在孙中山研究及近代中国政治和思想史诸学术领域卓有建树，出版专著《辛亥革命运动史》《辛亥革命与民族问题》《孙中山与国共第一次合作》《孙中山振兴中华思想研究》《孙中山与中国近代化道路研究》《孙中山评传》《孙中山社会建设思想研究》《孙中山国家建设思想研究》等，曾参与《孙中山全集》《复兴文库》等国家重点文献编撰工作，培养和提携了一大批学术骨干和各领域优秀人才，素为学生爱戴和学界推崇。

图 15-2　《澎湃新闻》刊登的讣闻报道

仪式化的报道形式是对公众人物身份、地位的尊重，在纪念逝者的同时，弘扬奉献、忠诚、奋斗等正面精神，这也是讣闻报道一个隐藏的社会功能，它往往突出人们的成就，潜移默化地影响读者的价值观，正如，"有些人的生命已经化成一朵黄花，但每一位逝者的生命态度组成千千万万种中国人生死观的面貌"[1]。

一些篇幅较长的讣闻报道，例如《沉痛哀悼！袁隆平院士逝世》，在大致介绍袁隆平先生的成就后，将时间线拨回多年前："1961年7月的一天，袁隆平发现一株稻株籽粒多达230粒……"[2]以人物的生平为线索，重启了尘封的往昔记忆。逝者的"死亡"事实并没有被刻意淡化，只是在意义如此重大的"生"面前，死亡不再是终结。一篇优秀的讣闻报道旨在传递人文关怀与人情温度，不是只聚焦于逝者的死去，而是注视着他们鲜活的过去，讲述他们的人生故事，让他们永远活在人们心中。

讣闻报道固然要庄重严肃，但是人们对死亡的接受度已经越来越高，以讣闻为代表的纪念类文章也在有意识地转变对死亡的表述，让读者在读这类报道时，

[1] 名人去世，讣闻报道怎么做？［EB/OL］.（2022-08-12）［2024-04-19］.https://www.163.com/dy/article/HEJ6LFJA0519QQUP.html.

[2] 沉痛哀悼！袁隆平院士逝世［EB/OL］.（2021-05-24）［2024-04-10］. https://www.thepaper.cn/newsDetail_forward_12819277.

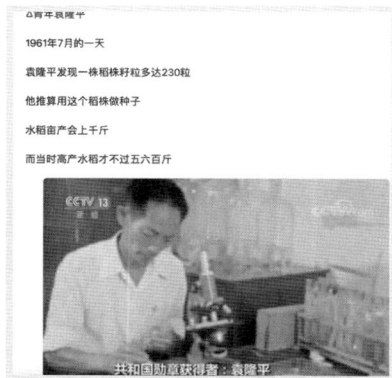

图 15-3　讣闻报道《沉痛哀悼！袁隆平院士逝世》

有一种笑中带泪、悲中有喜的交织感。例如人民网的《她的讣告，选择了一张彩色照片……》[1]一文，从讣告颜色的更改谈起，回顾了邹竞院士生前在感光色彩领域所取得的成就，这种写作方式关注到了离世人物的特殊性，也冲淡了死亡的悲伤和沉重。还有多篇讣闻选择用诗歌化的表达方式追思逝者，使讣告变得柔软、抒情。

如果讣闻报道只是客观描述贡献，也会使读者产生距离感。优秀的讣闻报道不仅可以再现逝者的一生，还可以将逝者带回到生者的眼前，比如在行文中加入逝者本人的一些主观视角、想法，让人物的形象生动、贴切现实，也让读者在阅读过程中产生亲切、熟悉的感情。例如讣闻报道《"天眼"之父南仁东》中，就引用了南仁东本人的话："我谈不上有高尚的追求，没有特别多的理想，大部分时间是不得不做。人总得有个面子吧……"[2]没有过度地歌颂，这种质朴的言语更能引起读者共鸣。

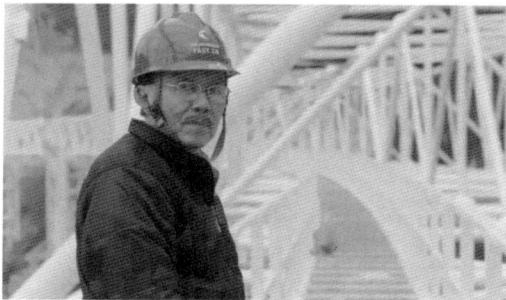

中国工程院首批院士、感光材料专业奠基者，天津大学供图

图 15-4　邹竞院士的讣闻报道

[1] 崔新耀，刘晓艳.她的讣告，选择了一张彩色照片……[EB/OL].（2022-06-10）[2024-04-10]. http://tj.people.com.cn/n2/2022/0610/c375366-35309565.html.

[2] 张宇欣，何钻莹."天眼"之父南仁东[EB/OL].（2017-09-19）[2024-04-10]. https://mp.weixin.qq.com/s/8nh5BEIQCSGnP26Fj4C8MQ.

"天眼"之父南仁东 | 逝者

原创 张宇欣 何钻莹 南方人物周刊 2017-09-19 19:36 发表于广东

"像很多为国家做出杰出贡献的人那样，南仁东的个性被挡在了那口大锅之后。"

南仁东（1945-2017），中国科学院国家天文台研究员，FAST（500米口径球面射电望远镜，Five hundred meters Aperture Spherical Radio Telescope）工程总工程师、首席科学家。

图 15-5　讣闻报道《"天眼"之父南仁东》

（三）文娱艺人的讣闻报道

在流量至上、众声喧哗的商业市场，文娱艺人无论生前还是身后都被高度关注，他们的个体身份被流量化和符号化，他们的私人领域和公共空间的边界日益模糊。因此，文娱艺人的讣闻报道尤需把握好度。目前，涉及文娱艺人的讣闻常常出现一些较为明显的问题。一方面，有媒体参与其中企图获得更多流量；另一方面，部分受众缺乏对生命的敬畏，视讣闻报道为普通八卦，由此产生了一系列围绕着讣闻报道的议论纷扰。

在讣闻报道中，文娱艺人的讣闻报道与其他人的报道稍有不同。比如科研人员的讣闻报道，大家会重点关注他们的专业专长。但文娱艺人大家会更加偏向八卦层面，倘若该艺人在逝世之前有过什么传闻，在逝世之后更会被挖出夸大报道，作为吸引流量的工具，以及成为大众讨论的重点。所以在报道文娱艺人的讣闻时，首先要遵守新闻的第一原则：实事求是，不写为了吸引流量但并不真实的报道；其次，需始终处于公平、公正的视角，客观、完整地对逝者做出评析；最后，应该以尊重逝者为主，谨慎考虑报道的价值取向。

（四）舍己救人的普通大众的讣闻报道

长期以来，讣闻报道都主要聚焦于各领域有着卓越贡献的人，这与以往的纸质媒介信息承载量有限有一定关系。传统报纸中刊登的普通人讣告有许多是逝者亲属联系报纸所登，需支付版面价钱，登报内容可自行编辑，这种讣闻报道与商品、广告的性质有些类似，主要是为了满足逝者或逝者亲属的情感需求，相关媒体应该针对受众需求做好相应服务。如今身处信息时代，媒介与大众的关系也随之变化，有不少媒体主动扩大了讣闻报道的主体对象[1]，使得一些平凡的普通人也出现在报道之中，这首先表现了对每一位个体生命的尊重——"人人相亲，人人平等，天下为公，是为大同"。从传播效果上看，这些讣闻报道主要传播了社会正能量。报道着重突出逝者为社会所做的贡献，如救助落水儿童、抗灾救援、器官捐献等，折射出在大时代中闪闪发光的人性光芒。2023 年 11 月 10 日，《宁波晚报》刊发报道《"小天使捐献多个器官" 让生命之花以另外一种方式绽放》[2]，文章中记录了一位生前捐出心脏、双肾、肝脏和双眼角膜的 1 岁幼童浩浩（化名）。

[1] 田野. 新媒体时代如何做好讣闻报道[J]. 中国报业，2023（6）：108-109.

[2] 杨朝清. "小天使捐献多个器官" 让生命之花以另外一种方式绽放 [N]. 宁波晚报，2023-11-10（10）.

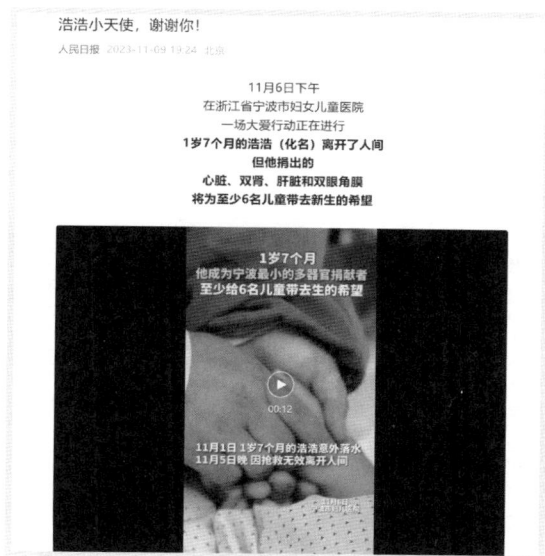

图 15-6　人民日报转载文章《浩浩小天使，谢谢你！》

讣闻报道主体从公众人物扩大到普通人，涵盖了各行各业、形形色色的人物，更是根据报道对象生前从业领域和工作性质进行细节更改，可以说显示出了当代社会生命教育与生死观的进步。"死亡"在中国传统文化中是比较忌讳的话题，但随着我国现代化建设不断推进，人民物质生活水平上升，精神生活日益丰富，人们对于死亡有了更科学、更全面的认知，死亡开始摘下面纱，出现在不同信息媒介中。人们阅读讣闻报道，遇见"死亡"，也学习与思考生命的真谛，优秀的讣闻报道能让逝者永远鲜活地被纪念着。

三、讣闻报道的特殊性与挑战性

讣闻报道作为特殊的人物报道，其内涵不仅是告知公众消息本身，亦是对逝者人生的回顾。新闻从业者应怀揣最基本的人文情怀与尊重[1]，秉持新闻工作原则来进行讣闻报道的撰写。然而，随着新媒体的兴起，社会公众发布和接收信息方式逐渐多元化，新闻来源不明、信息真假难辨、数据量大、传播迅速，一些新闻从业者为了博取流量，违背了新闻工作原则，对逝者家属与读者造成了困扰，引发了社会道德伦理争议。

[1] 范思翔. 勿忘人性中对生命的基本尊重：名人讣闻报道中的媒介伦理探讨 [J]. 东南传播，2017（7）：59—61.

（一）讣闻报道的伦理问题

1. 炒作现象

2023 年 9 月 6 日，某浏览器推送的一篇新闻标题名为《张艺谋老师逝世！遗体告别仪式在八宝山举行》，一时引起大众争议，张艺谋导演的名字也登顶热搜。实际上，该篇新闻所指的"张艺谋老师"是张艺谋的老师司徒兆敦先生。司徒兆敦先生已于 2023 年 8 月 31 日去世，本应对此表达尊敬和怀念，一些媒体却以模糊不清、用词不当的标题误导读者。2023 年 10 月 15 日，某网站的一篇消息标题写道《一路走好！赵本山 42 岁徒孙刘能脑溢血去世，妹妹在朋友圈发了讣告》，网友在该篇文章下纷纷留言"我以为王小利去世了……""此刘能非彼刘能"等，实际上该篇文章写的是演员赵明远，在《乡村爱情13》中饰演刘能，而此前《乡村爱情》刘能一角一直由王小利扮演，王小利也是观众心中印象最为深刻的刘能扮演者，因此大部分读者看到此标题的第一反应就联想到王小利。为了流量不将标题人物清楚写明，误导读者，这些为博人眼球进行炒作的新闻从业者有不可推卸的责任。

2. 信息失察

2010 年 12 月 6 日，有博文称，著名作家金庸因突发脑炎合并胼胝体积水，于当日 19 时 07 分在香港尖沙咀圣玛利亚医院去世。经《中国新闻周刊》微博官方账号转发，很多微博直接将信息改为讣告形式。实际上金庸先生彼时仍在人世，直至记者发微博辟谣，大众才恍然大悟，这是作家金庸"被去世"的假消息。[1] 无独有偶，2015 年 3 月 18 日，有消息称新加坡前总理李光耀去世，实际上李光耀是 3 月 23 日因病去世。媒体为争取第一时间发布信息从而提前编辑无可厚非，但听到风吹草动便迫不及待地"秒报"实在有失常理。

讣闻报道应该追求真实性及客观性，这不仅是对逝者的尊重，也是对逝者家人的尊重，作为新闻媒体更应该对逝者抱有敬意，这既是对生命个体的尊重，也是对社会价值意识的强化。以界面新闻对主持人李咏的讣闻报道为例，标题直接写明逝者身份

[1] 范思翔. 勿忘人性中对生命的基本尊重：名人讣闻报道中的媒介伦理探讨 [J]. 东南传播，2017（7）：59—61.

信息，不炒作标题以博人眼球，内容真实客观，强调个体价值，保护逝者尊严。

图 15-7　逝者李咏的讣闻报道

3. 道德失范

2015 年 1 月 16 日 16 点 55 分姚贝娜病逝，当天 16 点 56 分《深圳晚报》在微博发布了这则信息，成为第一个报道此新闻的媒体。[1]17 日，博主"释不归"发文斥责《深圳晚报》记者不顾逝者尊严和家属情绪，擅闯太平间偷拍。该条微博引起了大众热议，纷纷斥责《深圳晚报》道德失范的行为，一时间舆论哗然。同时也有质疑此条微博内容的人，另一微博大 V "破破的桥"发文指出"释不归"的微博有几处舆论引导之嫌，首先事件发生的地点在病房而不是太平间，开始要手术时"记者大喊新闻自由""姚母在混乱中被推倒"为"释不归"依据自己想象添加的内容。1 月 22 日，《深圳晚报》对此事件做出正面回应，称没有"偷拍事件"，没有伪装成医生，没有高呼"新闻自由"，没有推倒姚贝娜母亲，并发出声明以及进行"过程还原"。本是沉重的名人离世事件，却在自媒体和地方媒体的拉扯之中演变成一场

[1] 邵羽西. 社会责任视角下记者的职业道德缺失：从"姚贝娜事件"谈起 [J]. 新闻世界，2015（6）：277-278.

"罗生门"，这不仅仅是对家属的伤害，作为一桩发生在公共领域的负面新闻，这还是对大众道德观念的错误引导。

由此事件可以看出，新闻的伦理道德批判界限实际上还很模糊，大众对于新闻伦理的接受程度较难把握，我们应该根据讣闻报道伦理问题的具体情况具体分析。记者跟踪事件发展应是基本的职业操守，重点在于这个过程应注意规范自己的行为，不要引起公众的反感。

（二）重大灾难事件中的讣闻报道规范

1. 避免二次伤害

在突发性的重大灾难事故的报道过程中，新闻媒体在第一时间会关注具体的伤亡信息，力求还原事实真相和挖掘背后的事故原因，他们往往会试图采访失去亲人的家庭成员或伴侣，这个过程被称为"死亡敲门"（death knock），而这一过程给家属亲友带来的困扰被称为"侵扰悲痛"（intrusion into grief）。[1] 媒体应当注意，在对事关生命的事态进展进行追踪报道时，一定要以专业性、责任感作为出发点与原则，在情绪安抚、价值引导和客观真实之间做好平衡，避免侵扰悲痛。反观 2014 年马航 MH370 失联事件，在个别中国媒体急切且片面的解读引导下，有相当多的国人相信飞机上的乘客很有可能还活着。但从国际社会通行的话语方式及国外文化价值背景的角度来理解就能明白，马来西亚方在事故初期发布的新闻公告没有轻易地否认生命尚存的可能，是基于早期搜救和信息分析工作的不明确性。这种严谨的做法不仅审慎、负责，也表达了对乘客家属、生命的尊重。但是由于两国距离较远、信息沟通受阻，中国的媒体在第一时间选择性地将"生命可能尚存"这一陈述耸动性地放大，调动起社交媒体的受众情绪，形成了强大的舆论误导，没有做到客观真实地传达事实信息，反而扭曲了事态进展，也在最终悲剧被证实时，更深深地伤害了重燃起希望的家属。[2]

因此，媒体在发布每一篇报道前都应持有审慎的态度，真正从受害者角度出发，从公共角度出发，不刻意煽情，不弄虚作

[1] HARCUP T. A dictionary of journalism ［M］. London: OUP Oxford，2014.

[2] 李昕. 反思马航事件报道中的中国舆论场［EB/OL］.（2014-03-26）［2023-11-20］. https://news.ifeng.com/opinion/wangping/mahangbaodao/.

假，不为及时性而蹭热点，产出让公众真正满意的讣闻报道作品。

2. 关注普通个体

灾难讣闻报道更应关注普通个体的生命价值。灾难具有突发性、不可预测性和巨大危害性，灾难事件的主角往往是普通百姓。2005 年 3 月，《新京报》学习美国《纽约时报》定期推出讣闻版，取名《逝者》，将报道对象定位于普通人，首开中国讣闻报道平民化和常态化之先河。在《新京报》的带动下，《南方都市报》《楚天都市报》等也开始登载普通人的讣闻报道。然而在 2007 年后，讣闻报道的发展遭遇瓶颈，单纯的模仿使国内的讣闻报道停滞不前。

在此背景下，《新京报》的"逝者·祭汶川大地震遇难同胞"专题无疑是在困境中的一次大胆尝试。在地震发生后的 8 天时间里，《新京报》向震区派出了 20 余名记者。由于地震发生在偏远地区，灾情严重，此次报道过程困难重重。记者们在 8 万多名普通遇难者中凝练出了 30 篇具有代表性的个人或群体讣闻报道：既有在校学生，又有中学教师；既有政府官员，又有家庭妇女；既有旅游大巴上的 37 名乘客，又有三江村、木瓜坪数目不详的遇难村民……[1]

这样的选择别有深意，它集中体现了记者和编辑对平民遇难者的惋惜。普通人的故事是广大人民群众生活的缩影，他们的故事反映着更深层次的社会现实，更接近社会真相。[2] 而灾难是对普通人即大多数人生活常态的破坏，突发性的社会事件在第一时间就能牵动人心，吸引社会大范围的高度关注。在此背景下，讣闻报道选择普通人作为灾难事件的主角，不仅是对现实逻辑的遵循，有利于引发读者情感共鸣、强化读者文化认同，更是彰显人文关怀、巩固读者基础、赢得社会认可的关键。[3]

3. 引导正确价值观

媒体不仅构成了死亡仪式发生的空间，还成为提供道德导向的关键机构。[4] 灾难类的讣闻报道要注重新闻价值向社会价值的转化，注重发挥平复心灵创伤、重建公共意识、审视生命价值等

［1］毛晖圆，聂瑞筠. 浅析《新京报》"汶川地震"讣闻专题［J］. 新闻世界，2008（12）：38.

［2］柴焰. 关注逝去的平凡的生命：《新京报》逝者版的人文关怀［J］. 新闻爱好者，2005（11）：24.

［3］吴锋，季英. 理论流变与路径优化：我国重大灾难事件中的讣闻报道伦理规范研究［J］. 福建江夏学院学报，2022，12（3）：61–70.

［4］MORSE T. The construction of grievable death：toward an analytical framework for the study of mediatized death［J］. European journal of cultural studies, 2018, 21（2）：242–258.

[1]毛晖圆,聂瑞筠.浅析《新京报》"汶川地震"讣闻专题[J].新闻世界,2008（12）：38.

[2]陈想.特定语境中的修辞分析：以《奥斯维辛没有什么新闻》为例[J].广州广播电视大学学报，2017，17（3）：44-48，109.

功能。[1]一篇优秀的讣闻报道不在于如何具体地叙述死亡的细节，也不在于具象化地描写痛苦，而是应该注意抚慰读者的情绪，引导大众珍惜美好生活，从无法挽回的死亡中领悟生活的真谛。美国新闻记者亚伯拉罕·迈克尔·罗森塔尔笔下的《奥斯维辛没有什么新闻》曾荣获普利策新闻奖，被誉为"美国新闻写作中不朽的名篇"[2]，该文通过描写作者在"毒气室—焚尸炉—死囚牢—女牢房—灰砖房—长廊—地下室"的参观过程中的所见所闻，抒发了对法西斯暴行的深恶痛绝，同时也通过"这里阳光明媚，绿树成荫，在集中营大门附近，孩子们在追逐游戏""在德国人撤退时炸毁的布热金卡毒气室和焚尸炉废墟上，雏菊花在怒放"等句子反复展现今天布热金卡安谧、秀丽的风景，这是用乐景寄托对遇难者的哀悼，同时提醒人们"前事不忘，后事之师"，要更珍惜今天的自由与幸福。讣闻报道是生命的挽歌，为逝者感伤，亦化悲痛为力量，勉励生者继续前行，凸显生命的可贵。

总的来说，讣闻报道还应仔细甄别信息，确保报道"准确、真实"，不应为争"快"而不重视信息的准确性，不应为夺取流量进行炒作，造成报道信息的不准确。尊重逝者及其家属，关注社会影响。不要过度追求独家报道，对逝者家属造成二次伤害；在重大灾难事件的受害者讣闻报道中，不应制造过度的情感煽动，避免对社会造成消极影响。

总之，新闻从业者在讣闻报道中应从人文情怀的角度出发，给予生命和个体必要的尊重，遵循道德伦理原则，确保报道的真实准确与道德性。

四、讣闻报道的未来展望

在如今这个新媒体时代，新闻信息传播的形式和内容不断创新，讣闻报道也应当与时俱进，正向引领人们树立正确的价值观。本章认为对讣闻报道的内容要恰当取舍，应始终怀以公平公正的视角。除了传统的文字描述，还可以通过图文、视频、音频等多种形式，呈现逝者的生平事迹和感人故事。例如新浪微博博主"逝者如斯夫dead"，他在微博记述每一个被发现的因故逝者的人生，帮助逝者留下存在过的痕迹。资料来源于私信整理和公众信息，记述的逝者有公众人物，也有平民百姓。在那透明的网络世界中，我们则又可以聚焦于互联网中关于逝者纪念的新议题——"用户离世，账号何去何从？"永久的网址、IP，是否可以让活着的人从逝者的死亡中打捞永恒？在记忆成为常态、遗忘成为例外的社会交往背景下，又应不应该注重逝者的被遗忘权？

新媒体时代的新闻信息传播形式和内容不断创新，值得特别注意的是，新媒体时代赋权用户以平等自由的舆论空间，亦滋生了许多不实、负面的信息，特别容易造成大众对逝者的错误判断，甚至媒体也时常因误判而误发，例如袁隆平先生在病危阶段，CGTN率先发布讣闻宣告死亡，极大地伤害了当事人和大众的感情。因而媒体对于讣闻报道的内容要恰当取舍，注意客观评价和正面宣传引领，必须保护作为信息源的权威性和真实性，积极引导自媒体和普通用户树立正确的价值观。

在其他方面，讣闻报道在时效性提高的当下，也应充分利用好新媒体信息体量大的特点，对事件进行动态跟进，获取更完整、可靠的信息，从多视角分析逝者生平，彰显讣闻报道的深度和广度。与此同时，强化评论，打造有思想的讣闻报道，利用好各类媒体，让讣闻报道评论不拘泥于一种声音。[1]

[1]田野.新媒体时代如何做好讣闻报道[J].中国报业，2023（6）：108-109.

思考题

> 1. 讣闻报道的定义是什么？
> 2. 讣闻报道的发展历史在中西方有什么异同？
> 3. 讣闻报道的伦理规范需要注意哪些方面？
> 4. 讣闻报道的人物类别有哪些？
> 5. 新媒体时代的讣闻报道有哪些方面的发展？

📖 参考文献

［1］玛里琳·约翰逊.先上讣告,后上天堂［M］.李克勤,译.北京:新星出版社,2007.

［2］田野.新媒体时代如何做好讣闻报道［J］.中国报业,2023（6）:108-109.

［3］方志华.网络辟谣机制在融媒生态下的创新构建［J］.传媒评论,2022（6）:31-32.

［4］孙荟萃.我国当代讣闻研究［D］.济南:山东大学,2018.

［5］范思翔.勿忘人性中对生命的基本尊重:名人讣闻报道中的媒介伦理探讨［J］.东南传播,2017（7）:59-61.

［6］孙荟萃.融合新闻背景下讣闻报道方式的变化［J］.青年记者,2017（2）:58-59.

［7］孙荟萃.中美讣闻报道差异原因初探［J］.新闻知识,2017（1）:81-84.

［8］刘元.关于当下媒体公信力下滑的探讨:以"姚贝娜病逝引发热议"为例［J］.青春岁月,2016（15）:74.

［9］胡玉鸿.关于官方讣告、治丧公告的几个法理问题［J］.法学,2013（12）:83-94.

［10］王珩.关于中西讣闻报道的几点比较［J］.新闻爱好者（理论者）,2012（5）:71-72.

［11］燕玉芝.中西讣闻报道的特点之比较［J］.济源职业技术学院学报,2011,10（4）:114-116.

［12］陈春丽.我国讣闻报道存在的问题及对策研究［D］.保定:河北大学,2008.

［13］姚文慧.中西讣闻报道比较［J］.青年记者,2004（11）:66-67.

第十六章

国际报道：区分国别与放眼全球

导　语

国际化和全球化有什么区别？中国形象和中国声音是什么关系？立场和共情如何统一？走出去做到了，走进去要如何实现……国际新闻报道是一扇窗，让我们看到真实的世界；国际新闻报道也是一面镜子，我们如何看待自己，决定了别人如何看待我们。

同中国看世界，同世界看中国，这是国际新闻报道的"呼吸"：一呼一吸，有进有出，这是生命的基础，也是传播的活力之源。国际新闻报道，期待大家看到的不是里外有别，而是里外交融。

——阿里巴巴公益基金会副秘书长、

新华社国际部原记者　金久淳

国际报道小组有导师 1 名：金久淳；助教 1 名：农舒婷；学生 14 名：袁嘉婧、周宇婷、陈娜娜、陈芷欣、吴怡萱、李修霆、陈姝妃、李智森、吴峻毅、姚锐泓、郑苏芯、林桐、孙则尧、周源。

一、国际报道的概念与分类

（一）国际报道的概念

国际报道，狭义上指对本国之外的新闻报道，举凡其他国家和地区内发生的新闻事件及新闻人物均可列入国际报道的范围。[1]从广义上来说，国际报道包括外国或国际新闻，也包括对外传播本国的新闻。[2]也就是说，国际报道既包括对国际事件、国际问题及涉及中外关系的事实的报道，也包含面向全球受众的有关本国事务的报道。国际报道是我国新闻事业中的重要组成部分，随着我国对外开放程度的进一步加深，了解世界形势、把握国际新动向已经成为当今国人的迫切需求。国际报道在面向国内读者传播国际信息、对外展示大国形象的过程中正发挥着越来越重要的作用。与此同时，现代信息技术的提高也让国际报道在内容、形式等多方面呈现出新的变化。如何在新时代做好国际报道，进一步提升国际传播效能，成为当前我国新闻媒体所面对的一大课题。

（二）国际报道的分类

具体来说，国际报道可以分为三种模式。[3]

第一种是"向中国说明世界"的国际新闻，涉及境外事实、本国媒体和本国受众，对发生在其他国家或地区的事件或新闻人物进行报道。

第二种是"向世界说明中国"的对外新闻，涉及国内事实、本国对外媒体和境外受众，向世界展示国内的重大事件，报道本国在国际舞台上的活动和成就，传递本国声音。

第三种是"向世界说明世界"的国际新闻，涉及全球性事实、国际化媒体和国际社会受众，但仍然站在国家或地区的视角审视全球事务。

二、国际报道的特征

当前，随着我国综合国力不断提升，国际传播的重要性也进一步凸显。当今世界正经历百年未有之大变局，国际报道处于

[1]甘惜分.新闻学大辞典[M].郑州：河南人民出版社，1993：152–153.

[2]李念.在传播全球化语境中报道中国和世界：试论涉我国际新闻报道策略[J].新闻记者，2005（6）：25–28.

[3]郭可，梁文慧.70年来我国媒体国际新闻报道的三种范式及特征[J].现代传播（中国传媒大学学报），2020，42（11）：41–45.

变革关口。一方面，国际秩序有待调整重构，国际传播"西强我弱"的话语格局仍待打破；另一方面，网络化、信息化使国际新闻报道的手段和媒介更加丰富，国际报道的内容和受众也更加多元。在此背景之下，国际报道也不断与时俱进、应时而变，在发展中呈现出新的特征。

（一）国际化视野

国际化是国际报道的首要特征，也是其区别于其他新闻类型的特点。在面向国内受众的对内传播中，国际报道关注的是涉及不同国家和地区的国际事务，介绍国际上发生的重大事件或重要人物的活动，展示当前的世界形势，表明本国在国际事务上的态度。而在对外传播中，国际报道同样需要具备国际化视野，在立足于本国立场的同时，深入了解目标受众的文化背景、宗教信仰等，重视报道国际社会所关心、感兴趣的国内事务，以国际受众更容易理解和接受的方式来开展传播。这要求记者和编辑要具备国际化视野，以更宽广的格局来理解和分析国际政治、经济、文化等多方面的复杂议题，以更敏锐的视角来讲述中国故事，展示我国的大国形象。

（二）政治性较强

国际报道往往涉及不同国家政治、经济等多个领域的内容，因而具有较强的政治性。由于不同国家和地区的利益诉求不同，因而媒体对待同一国际事件的倾向也有所不同。媒体在报道时通常会从本国利益出发，传播本国声音，表明政治立场，国际报道也因此成为国际舆论斗争的重要方式。习近平总书记在十九届中央政治局第三十次集体学习时强调，在国际上讲好中国故事、传播好中国声音，展示真实、立体、全面的中国，是加强我国国际传播能力建设的重要任务。[1] 面向世界的国际报道是展示中国智慧、中国方案，塑造大国形象的关键，也是国家文化软实力的重要组成部分。这需要记者在采写和报道过程中坚定政治立场，维护国家利益，提高国际舆论的引导力、影响力、传播力。

[1] 习近平在中共中央政治局第三十次集体学习时强调：加强和改进国际传播工作 展示真实立体全面的中国 [N]. 人民日报，2021-06-02（1）.

（三）客观性原则

客观性是新闻的基本原则之一，国际报道也要遵循客观性原则，以事实为根据，力求展示真实、客观的世界。真实是新闻的生命，用事实说话最有力量。国际报道是人们认识世界的重要窗口，要求新闻媒体必须坚持客观性原则，对消息来源进行多方核实和比较，并在报道中呈现不同利益方的立场和观点，以求更全面地报道事件，避免偏听偏信、片面报道。

值得一提的是，国际报道坚持客观性与上文提及的政治性并不矛盾。在国际报道中，由于涉及国家利益、外交政策等敏感因素，媒体的政治倾向难以避免，但这并不意味着政治性与新闻需要坚持的客观性相矛盾。恰恰相反，正因为国际报道具有较强的政治性，客观报道国际事务显得更为重要。国际报道的客观性可以通过反复核查信源、平衡报道、呈现多方视角等方式来实现，即使涉及政治因素，也可以通过呈现事实和观点来保持客观性。在新闻报道中，记者需要在政治性与敏感性之间取得平衡，做到既客观真实又全面深入。

（四）跨文化交流

国际报道不仅是国与国之间的信息交流，更是不同文化的互通往来。不同国家和地区有各自独特的历史背景、社会制度和价值观念，在看待国际问题等方面存在差异与冲突在所难免。这要求记者要具备跨文化交流的能力，在国际报道中尊重世界文化的多样性，展现不同文化的独特性，避免对某一文化的过度解读或刻板偏见。国际报道要深入了解所报道地区的文化传统、历史背景，尊重和包容文化间的差异，在报道中增添必要的文化背景介绍，通过报道来促进文化间的友好互信。

例如在"一带一路"倡议推进的过程中，国际报道在传播中国文化、促进"一带一路"沿线国家的友好交流方面发挥了重大作用。如《人民日报》（海外版）对"中国造"匈塞铁路修建过程的报道[1]，让世界看见可靠可信的"中国造"，展现了大国工程的实力、中国铁路建设者的踏实敬业，更展示了中塞之间的深

[1]"中国，帮助我们实现了高铁梦"［N/OL］．（2024-03-28）［2024-04-18］．http://paper.people.com.cn/hwbwap/html/2024-03-28/content_26049270.htm.

厚友谊，显示出"一带一路"倡议给中国和沿线国家带来的机遇与变化。

图 16-1 《人民日报》(海外版)版面

三、国际报道存在的不足

近些年来，我国的国际报道较之以往有了长足的进步，在国际舞台上更为活跃，报道量加大、报道范围扩大、报道时效也有所增进。但同时也应看到，我国国际报道在写作中仍存在不少亟待改进之处，要形成与我国综合国力、国际地位相匹配的国际话语体系仍有较长一段路要走。总体来说，国际报道写作中的不足主要体现在三个方面：过于重视宏观叙事，缺少微观视角和细节把控；对国际事件的深度分析和解读相对不足，缺乏背景介绍、原因剖析；叙事方式较为单一，公式化模板化盛行，缺少创新和变通。

（一）过于重视宏观叙事，缺少细节把控

从叙事手法上来说，我国国际报道更侧重于宏观叙事，在展现国际事件时往往以宏观、全局的视角来统领全文。整体、系统的叙述在内容生产中必不可少，但没有微观视角和细节描绘做补充，宏观叙事就会显得空洞、呆板，缺少鲜活的生命力。必要的细节描写可以让新闻作品更具现场感和感染力，化抽象为具体，化枯燥为生动，化呆板为鲜活。

另外，在好内容不再罕见的今天，信息资讯愈发个性化，内容也呈现出定制化的趋势。为了更好贴近不同受众的文化背景与阅读习惯，实现分众化、差异化传播，提升传播效能，国际报道在写作中应更加注重细节刻画和小角度描写，以小见大，增强叙事的丰富性与饱满性。在自身的"熟悉感"与他者的"陌生感"之间，国际报道可以打造第三文化共情叙事模式，提供一种"宜人宜家、宜兄宜弟"的亲切感小叙事和"天下咸宁、协和万邦"的清新感大叙事 [1]。在宏观叙事与微观描绘相结合的报道中，讲好中国故事，让中国故事实现从"走出去"到"走进去"的转变。

（二）深度分析与解读相对不足

从报道内容上来看，我国国际报道缺乏一定的广度和深度。在报道国际事件或议题时，只停留在对表面现象的描述上，没有对其展开深层原因的挖掘与剖析，缺少对报道国家社会背景和历史传统的介绍。国际报道难免涉及其他国家和地区的复杂形势，这就需要记者查阅大量相关资料，甚至开展实地调查采访，获取更多一手信息。除此之外，还可以邀请专家对事件进行解读分析，增强报道的专业性与深度。同时关注事件的后续发展及相关方面的态度，进行持续性跟踪报道，给读者呈现完整、全面的事件过程。

（三）叙事方式较单一，缺少创新和变通

通过阅读不同媒体的国际新闻报道可以发现，不同媒体的写

[1] 陈先红，汪让.评估·建构·超越：中国故事社交媒体国际传播的效能研究 [J].现代传播（中国传媒大学学报），2023, 45（11）：55–65.

作方式、报道形式较为相近，视角局限，表达严肃，且不少地方媒体原封不动地转载新华社、央视新闻等主流媒体发布的内容，缺少自身国际版面的写作特色、报道风格。许多媒体在对国际重大事件的报道上较为被动，往往只关注单一事件，且缺少创新、独特的表达方式，在内容上显得较为平淡。此外，在注意力成为稀缺资源的今天，不少新闻媒体为了追逐高曝光率而甘愿成为千篇一律的"标题党"，新闻标题和报道内容均缺乏诚意，无法打动读者。

国际报道采编人员要有国际化的视野，了解相关国家的政治经济、历史文化背景，更全面地理解事件、展开报道，还可以采用多样化的报道方式，做到严肃新闻客观报道、软新闻生动叙述。但我国部分国际报道采编人员习惯"拿来主义"，追求稳妥省事。在话语表达上，也略显沉闷、严肃，容易让读者产生疲乏、无聊之感。

四、国际报道的写作方法

从类型上看，国际报道可分为对内的国际报道、对外的国际报道以及涉及全球议题的国际传播，但一般来说，国际报道主要指前两者，即对内面向本国受众传达国际信息、政策变动等，对外面向国际受众介绍本国政策、成就，传播文化、展示国际形象。

国际新闻的对内报道与对外报道在内容、目的、受众等方面存在许多差异，因而两者的写作方法与传播策略亦有所不同。总体而言，对内传播的国际报道旨在帮助国内受众更好地理解国际形势，提升国际视野，因而在写作时要注重使用本国语言与本国受众所熟悉的传播渠道，以更好地符合国内受众的阅读习惯；对外传播的国际报道则发挥着传播本国文化与价值观、促进国际交流与合作等作用，写作上要采用国际通用的语言、贴合海外受众的喜好与习惯，以吸引国际社会的关注并获得认可。以下将结合具体案例进行具体分析：

（一）对内的国际报道

1. 重视本土化视角，加强深度分析

尽管国际报道是对国际范围政治、经济、文化等方面事件的报道，但在写作与报道过程中仍然要立足于本国受众的需求，在事件上贴近受众心理，在语言上贴近受众喜好。国际报道要考虑人民大众所关心的国际主题，对最新、最热的国际事件进行报道，并展开详细解释，以便受众更好地理解国际事务对我国的影响及我国对此次事件的态度。在报道时还需要融入本土化视角，将国际报道与本国国情、民生关切相联系，让国际报道更符合国内受众的实际信息需求。

以央视网的国际新闻报道版块为例，在主题与事件选择上，不仅紧跟国际时事热点，还注重选择与我国有所联系、对国内社会民生产生影响的国际事件，并通过时评等方式来坚定地表明我国立场。在写作与报道过程中，将国际事件与我国的实际情况相联系，并深入分析其对我国社会、经济等多方面的影响。对待国际上的"无端指责"，及时发表国际评论，引用本土专家解读，厘清事件的来龙去脉，避免国内读者受不实言论误导。

图 16-2　央视网国际新闻版块（来源：央视网）

在叙述方式上，要采用本土化的语言和叙事方式。以央视网报道《中国"产能过剩"？经济学大神耶伦为什么要"颠覆"经济学原理？》[1]为例，报道中采用了非常生动活泼的语言来解释美国财长耶伦为何"口出狂言"，分析了其背后国家角色的转变

[1]中国"产能过剩"？经济学大神耶伦为什么要"颠覆"经济学原理？［EB/OL］.（2024-04-13）［2024-04-18］.https://news.cctv.com/2024/04/13/ARTIMUaElCgMy5cI50t9QXpF240413.shtml?spm=C94212.PBi4fu284lJm.EqrnPf7WDfbU.16.

及国家利益的影响，并用了一系列反问句，循序渐进地揭示了所谓"产能过剩"不过是美方"中国威胁论"的"新说辞"。语言不仅通俗易懂，并且深入浅出、鞭辟入里，在生动化的语言中讲明了事件的本质。

图 16-3　央视网报道《中国"产能过剩"？经济学大神耶伦为什么要"颠覆"经济学原理？》(来源：央视网)

2. 诉诸情感，细节刻画引发共鸣

新闻价值中的接近性，指的是新闻与读者的关切程度，通常与读者的心理、地理、趣味等相关联[1]。尽管不同国家和地区的人们相隔遥远，但人类拥有对生命、爱与勇气等事物的共通情感，这些情感成为连接人与人的纽带之一。在国际报道中，"怎么说"和"说什么"同样重要，情感主导下感性、自动的信息加工模式在跨文化传播中更能跨越疆域、逾越分歧、直抵人心。因而在国际报道的采访与写作过程中，记者要主动运用和调用情感性因素，提升情感转向国际报道的传播效能[2]。

新闻报道的描述角度、文字及图片，会在读者脑中构建出一幅相关景象。只有从观众最容易理解、接受的角度出发，才能让他们深刻体会国际事件对个人以及家庭生活的影响。除了要有从大局进行考量的宏观解读，更要有"接地气"的视角、生动活泼的表达。贴近个人情感的表达，更容易触动人心，也更容易入眼、入脑、入心。新华社国际版一篇名为《列国鉴·叙利亚｜记者手记：饥饿正在敲门　苦难终点难现》[3]的报道中，记者在文章开头并没有在宏观层面对叙利亚战事进行解读，而是将居民苏瓦德·沙维一家真实的生存状况展示在读者面前，通过对普通百姓在战争中食不果腹、艰难维生的细节如"孩子被迫辍学""40天没有开火做饭"等进行描写，让读者更加直观地体会到战争的无情，引发人们的同理心，在事实陈述中表达对无辜人民的深切

[1] 胡正强.正确理解新闻接近性的内涵[J].当代传播，2005（5）：9-11.

[2] 赵睿.叙事、认同、沉浸：多模态国际新闻报道中的情感转向[J].中国出版，2023（12）：11-16.

[3] 列国鉴·叙利亚｜记者手记：饥饿正在敲门　苦难终点难现[EB/OL].（2024-03-15）[2024-04-18].http://www.news.cn/world/20240315/10a008db14f8472989ac0f38c902ed23/c.html.

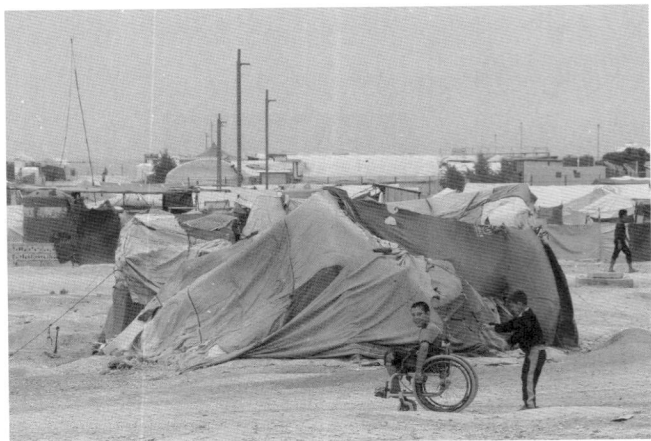

图16-4 2023年5月28日在叙利亚哈塞克省拍摄的霍尔难民营内的孩子们（来源：新华网）

同情，表明我国坚决反对国际战争的态度。

值得注意的是，重视情感调用与遵循新闻报道的客观性原则并不矛盾，二者相辅相成、相互促进。马克思主义新闻观提倡新闻客观性与情感倾向性的有机统一。要实现二者的统一，就必须恰当把握情感倾向性的分寸。国际报道的倾向性必须在准确契合事实属性和含义的基础上做适度表达，如果超过限度，报道中的情感调用就会遭到质疑，甚至损害新闻与媒体的信誉。只有坚持情感倾向性与客观性原则的统一，才能写出一篇情理交融、既讲道理又有感染力的新闻报道。

3.生动活泼，转变叙事语言

与社会新闻、娱乐新闻对比，国际报道的内容由于受众信息渠道受限和空间距离遥远，因而更具隔阂，而受众之间也存在着不同职业、不同年龄、不同阅读习惯的差异，对于新闻信息的接受能力也不尽相同。因此，在国际报道写作时，应当增强语言的生动性，用广大群众喜闻乐见的语言进行写作，让受众更好地理解与接受。新闻报道从群众中来，也要回到群众中去，生动活泼的语言不仅能提高文章的可读性，还能拉近与读者的距离，改善阅读体验，丰富阅读感受，让新闻报道为人民服务。

生动的语言能软化"硬"新闻，让严肃的新闻变得更易理解。如《环球时报》的国际评论《社评：华盛顿发出酸葡萄酸倒牙的尖叫》[1]，记者对于美国副国家安全顾问博明斥责中欧完成双方投资协定谈判这一事件，用"酸葡萄酸倒牙"来形容美国想把对华经济问题完全地缘政治化的野心，此外，还有类似"战略自私和狂妄看来把一些美国政治精英的脑子烧坏了""一说起道义，他们一副君子腔；一算起利益，他们又拿出一本小人账"等

[1]社评：华盛顿发出酸葡萄酸倒牙的尖叫［EB/OL］.（2021-01-01）［2024-04-18］.https://opinion.huanqiu.com/article/41LMBGwQrrP.

表达，既贴近生活，富有幽默讽刺的喜剧效果，又让人忍俊不禁，丰富了读者的阅读体验。

除了转变语言风格，在国际报道中善用数据也十分重要。新闻报道既要用事实说话，又要用数据说话。数据的运用不仅是确保报道真实性和客观性的关键手段，更是构建报道稳固基础不可或缺的元素。数据直观、独立的特性能够有效减少信息传递中的歧义和主观色彩，让国际报道保持较高的客观性。澎湃新闻关于全球气候峰会的一篇报道《全球气候峰会临近，各国的气候承诺和行动执行得怎样了？》[1]，充分展示了数据如何成为客观事实的强有力证据。报道中广泛使用了气候指标变化的数据以及各国应对气候变化采取的解决方案，如全球气温变化趋势的具体数据、应对灾情需要投入的资金等。这些数据的引入增强了报道的可读性和可理解性，能够更好地帮助读者直观理解和掌握信息。当然，在新闻报道中运用数据应保持其原有的含义，注意其客观性、选取的参照物和视角，避免造成数据真实却被误读、误用的情况。

（二）对外的国际报道

1. 坚定本国立场，积极表态

坚定本国立场是国际报道的基本原则之一。面向世界范围的国际报道必须明确表明中国立场，维护本国利益。在对外报道中，不仅要对国际事件进行深度分析与阐释，更要清晰地表明我国在国际重大事件上的立场与主张，以告知国际社会我国对国际事件的态度，并在报道中展现本国文化与价值观。在涉及国家主权、安全等国家利益问题时，更要坚守报道底线，坚定国家立场，维护国家的尊严与利益。例如在佩洛西窜访台湾事件中，新华社国际[2]多次就事件发表报道，每篇报道均清楚表明中方强烈反对佩洛西窜访台湾的计划，表达了国家主权与领土完整不容挑衅侵犯的坚定立场。

［1］全球气候峰会临近，各国的气候承诺和行动执行得怎样了？［EB/OL］.（2023-10-31）［2024-04-18］. https://www.thepaper.cn/newsDetail_forward_25084032.

［2］China strongly opposes Pelosi's plan to visit Taiwan［EB/OL］.（2022-07-19）［2024-04-18］.https://english.news.cn/20220719/c813d9aca7024201aff55271a47b55b0/c.html.

图 16-5　新华社国际就佩洛西窜访台湾发表多篇报道（来源：新华社）

2. 视野下沉，宏观故事微观讲述

讲好中国故事，讲的不仅是国家大事，更是老百姓的故事。中国故事既要有与国家、与时代息息相关的大主题，也要有乡野城镇和小人物的日常生活。地方新闻、小新闻也可以做成国际新闻，只要选题契合国家战略布局和国际关心的议题，就有可能将国内报道国际化，让小新闻走向大世界[1]。这就要求新闻记者要善于从小故事中窥见大变化，选择代表性事件，深入挖掘细节背后的意义，将百姓生活与宏观的社会背景、国家政策相结合，在实际的采访过程中耐心聆听老百姓的讲述，并通过生动的语言描述和细节呈现给读者带来更好的阅读理解体验。

以小见大的叙事策略中，"小"并不是指事小，而是指大事件的小方面。以澎湃新闻出品的全英产品 Sixth Tone 报道的 "Young Chinese Embrace Change in Traditional New Year Celebrations"[2] 为例，报道以年轻人黄雪燕和黄琦积极参与春节庆祝活动开篇，展示了两个年轻人扮演"春节组织者"时的习俗新变化，说明了一些中国年轻人正从新年的被动参与者转变为积极主动的策划者，这一新现象既有推陈出新的含义，也代表着年轻人正在以新的姿态拥抱中国传统佳节。在展望这种积极变化的同时，报道也很好地宣扬了我国的优秀传统文化，介绍了春节

[1] 李书贤.讲好中国故事，做好国际传播[J].青年记者，2019（35）：39-40.

[2] Young Chinese embrace change in traditional New Year celebrations [EB/OL].（2024-02-15）[2024-04-18].https：//www.sixthtone.com/news/1014647.

习俗如贴对联、吃年夜饭、看春晚等，在新春之际报道，为营造海内外共度佳节的氛围、适时传播中国文化发挥了作用。

3.巧借"他者"，言说中国故事

"他者言说"的叙

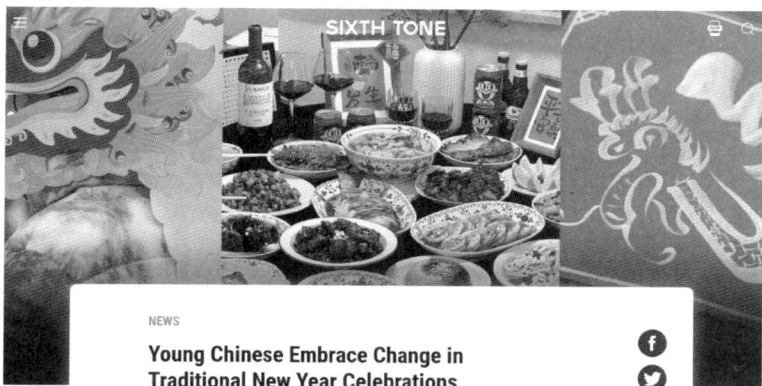

图16-6　Sixth Tone 报道 "Young Chinese Embrace Change in Traditional New Year Celebrations"（来源：Sixth Tone 官网）

事手法自带真实、客观的特点，它强调通过引用外部观点，例如官方和权威意见领袖的声音，来避免国际报道中的单一视角，确保新闻报道的客观性、真实性和多元性。"他者言说"与"自我叙述"相互呼应，共情共通，能够改变"我说我好"的自我表露，增加他者表达，增强观点说服力。党的二十大报告强调"坚守中华文化立场，提炼展示中华文明的精神标识和文化精髓，加快构建中国话语和中国叙事体系，讲好中国故事、传播好中国声音，展现可信、可爱、可敬的中国形象"[1]。讲好中国故事，除了自己讲，还可以让他人讲，"借嘴说话"，展示丰富立体、真实生动的中国形象。

此外，在某些特定的国际报道中展现"他者"的声音能在一定程度上避免文化偏见，避免对某一文化的单一印象，使国际报道更富有包容性和理解力。以新华社国际视频报道 "Xinjiang in Your Eyes: What do Foreigners Say?"[2] 为例，其中不仅展示了新疆的风土人情和独特风貌，并对在新疆定居、工作、旅游的外国友人进行采访、跟踪拍摄，以"他人"之口，表达对新疆发展的肯定、对新疆及中国文化的喜爱。因此，在写作与报道过程中，也应该注重对外国友人的采访，丰富报道视角，避免自说自话，使报道更具说服力和真实性。

［1］中国社会科学院习近平新时代中国特色社会主义思想研究中心.加强我国国际传播能力建设［N］.人民日报，2022-10-27（10）.

［2］Xinjiang in your eyes: what do foreigners say？［EB/OL］.（2024-04-13）［2024-04-18］. https://english.news.cn/20240413/7c77406e217d416ab7e9ad055a2ea9ef/c.html.

"I love living in Xinjiang. China is a very beautiful country, but if I have to describe China in one word, that would be peace and safety, and that is the most important thing." What's it like living in China's Xinjiang? Xinhua speaks to foreigners staying in the region to get their thoughts. #GLOBALink

图 16-7　新华网（国际版）报道 "Xinjiang in Your Eyes: What do Foreigners Say?"（来源：新华网）

与此同时，国际报道还需要注意不同国家或利益方的观点呈现，为读者提供多样化视角，避免偏袒或歪曲事实。尤其是在报道涉及冲突和争议的国际新闻时，应该尽可能地平衡各方的意见，避免一方独大，在"一种声音"和"多种声音"之间找到平衡点，促进不同国家之间的理解沟通。

在国际关系与国际形势变化日趋复杂的今天，网络化、信息化使得国际新闻报道的手段与渠道更加丰富多元。国际报道永远是一个充满活力和不断变化的领域，国际新闻工作者需要用动态的、发展的、长远的目光看问题，在追寻真相的过程中多方面思考，洞悉新闻事件的本质与发展趋势。

思考题

1. 什么是国际新闻？它有什么特征？

2. 我国国际新闻报道有哪些特征？是如何发展而来的？

3. 我国国际新闻报道在写作中存在哪些不足之处？

4. 应如何改进国际新闻报道写作？

5. 除书中介绍的相关案例外，你还知道哪些国际新闻报道的精彩案例？

📖 参考文献

［1］李韧.国际新闻报道双语教程［M］.北京：法律出版社，2015.

［2］蔡帼芬，徐琴媛.国际新闻与跨文化传播［M］.北京：北京广播学院出版社，2002.

［3］刘笑盈.国际新闻学：本体、方法和功能［M］.北京：中国广播电视出版社，2010.

［4］福特纳.国际传播：全球都市的历史、冲突及控制［M］.刘利群，译.北京：华夏出版社，2000.

［5］甘惜分.新闻学大辞典［M］.郑州：河南人民出版社，1993.

［6］郭可，梁文慧.70年来我国媒体国际新闻报道的三种范式及特征［J］.现代传播（中国传媒大学学报），2020，42（11）：41-45.

［7］陈先红，汪让.评估·建构·超越：中国故事社交媒体国际传播的效能研究［J］.现代传播（中国传媒大学学报），2023，45（11）：55-65.

［8］胡正强.正确理解新闻接近性的内涵［J］.当代传播，2005（5）：9-11.

［9］赵睿.叙事、认同、沉浸：多模态国际新闻报道中的情感转向［J］.中国出版，2023（12）：11-16.

［10］李书贤.讲好中国故事，做好国际传播［J］.青年记者，2019（35）：39-40.

［11］王纬.国际新闻的采访与编写：第六章 国际新闻要反对假、大、空［J］.国际新闻界，1982（4）：45-52.

［12］张毓强，庞敏.新时代中国国际传播：新基点、新逻辑与新路径［J］.现代传播（中国传媒大学学报），2021，43（7）：40-49.

［13］李念.在传播全球化语境中报道中国和世界：试论涉我国际新闻报道策略［J］.新闻记者，2005（6）：25-28.

［14］陈先红，秦冬雪.全球公共关系：提升中国国际传播能力的理论方法［J］.现代传播（中国传媒大学学报），2022，44（6）：44-56.

［15］梁岩，刘洋洋.我国都市报国际新闻报道中存在的问题与对策：以《法制晚报》国际新闻报道为例［J］.现代传播（中国传媒大学学报），2011（1）：139-140.

［16］周庆安.中国国际新闻报道的趋势与转型［J］.新闻与写作，2011（3）：21-24.

［17］KUANG X，WANG H. Framing international news in China: an analysis of trans-edited news in Chinese newspapers［J］. Global media and China，2020，5（2）：188-202.

［18］KEVIN W. International journalism［M］. London：Sage，2011.

第十七章

战争报道：战事新闻与局势洞察

导　语

孙子曰：兵者，国之大事，死生之地，存亡之道，不可不察也。

人类历史上，没有战争的年份是很少的。即使没达到"战争"的规模、程度与名义，冲突就以不同形式推进事态发展，战事可能已经发生，战场已经无处不在。

"战争是政治的继续"，德国军事家克劳塞维茨《战争论》中这句话最为人熟知。冲突与战事，就是政治对话和政治意愿的表达形式。这让人们扼腕叹息，人类怎能以这种形式决定他人，实际上也在决定自己的命运？

战争报道包括战事报道、战地报道，是新闻报道重要而特殊的部分，这不仅因为历史上最新报道手段往往先用于战争报道，比如摄影术；更因为战事新闻、战场新闻最考验新闻记者、编辑和审稿人发现真相所在的洞察力。战事进行中，捕捉到的多种细节是否就能够拼出战事背后的真相？何况，"战争中最先牺牲的是真相"，美国参议员海勒姆·约翰逊 1918 年就这样道出了某种"真相"。

正因如此，必须更深入研究、理解、把握战争报道，以记录滚烫的历史，剖视人类的命运。

——天津大学新媒体与传播学院院长、讲席教授　陆小华

战争报道小组有导师 1 名：陆小华；**助教 1 名**：何琦；**学生 14 名**：王磊、蔡梓炀、孙惠军、廖璜、韩欣爱、王剑锋、陈希柏、甘俊威、甘兆华、高李臣、钟宸、余励、王淑贤、丁艺。

一、战争报道的概念界定与历史溯源

公众对于"战争报道"并不陌生。从古时历代王朝的露布、檄文，再到如今充斥社交媒体的俄乌冲突、巴以冲突的新闻报道，关于战争的报道，形式愈发多样。

回溯历史，早期战争信息的传播主要依靠口头传播和文字传播的方式，此外，战争信息也通过雕刻、绘画等途径得以流传。这一时期战事的相关信息，更多是作为战前鼓舞士气、打击敌人宣传、向国民传递军事捷报、内部沟通军事战况的工具。

15世纪古登堡印刷术所引发的媒介革命，让文字信息得以大规模复制和生产。18世纪后期到19世纪，报纸成为战争报道传播的主要工具。当时的报纸可以通过报道战争进程、军事策略和战场动态，引起国际观众的关注。一些重要的战争事件，如拿破仑战争和美国内战，受到了广泛的报道和关注。报纸还会通过插图和图表等形式，为受众提供更加直观的战事信息。在这一时期，战争报道已经初具雏形，内容不再局限于简单的军情信息传递，而是将战事进展、政局动荡等情况也囊括在内。

进入20世纪初，电报、电台和电视相继涌现，为战争报道的快速大范围传播提供了新的可能性。电视增加了信息呈现的维度，以音频结合画面，为公众提供了解战事发展的有效渠道。现代互联网和社交媒体的兴起，让战争报道的传播形式产生翻天覆地的变革。互联网使得人们可以随时随地获取最新的战争信息及其相关的社会动态，而社交媒体则提供了一个平台，让人们可以分享和评论新闻，提高了公众对战争报道的参与度。此时，战争报道逐渐成熟，得以定性为文武英界定下的概念，即"在战争的特殊时段和状态下，对新近发生的战争及与之密切相关的社会活动的报道"，这一概念指出了战争报道所涵盖的题材范围。

二、战争报道的分类：传统与革新

经过简单梳理，传统的战争报道大致可分为以下类别。

（一）战争阶段性报道

1. 战争实况报道

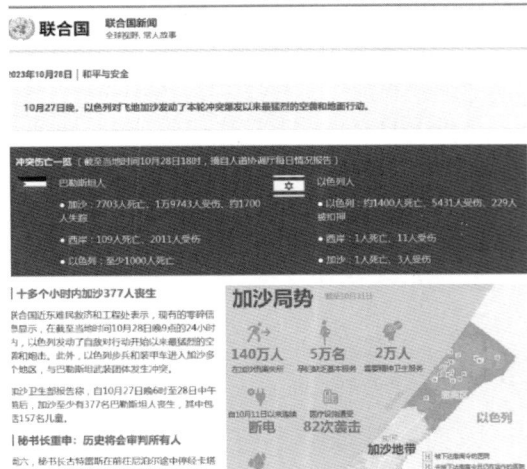

图 17-1[1]　联合国对巴以冲突的有关实况报道

［1］【巴以冲突第 22 天】袭击最猛烈的一晚［EB/OL］.（2023-10-28）［2024-04-13］. https://news.un.org/zh/story/2023/10/1123427.

战争实况报道是指报道现场情况和具体细节的新闻，包括战争的时间、地点、规模、对象、过程、结果等信息，旨在让公众直观地了解战争的实际情况和发展动态。

战争实况报道的最大特点是客观，即尽可能地反映战争的真实和全貌，内容大致有以下三种，即从战场或战区获取的第一手信息、从可信度高的目击者或参与者处获取的信息、从权威机构或组织获取的信息。此类报道形式多样，可以采用图文、声音以及视频等多种媒介，采用直播、回放、专题等多种方式，来呈现战争的场景和细节。

2. 战争局势报道

图 17-2[2]　BBC 中文网对阿富汗战争的相关报道

［2］阿富汗战火再起？BBC 梳理美国"反恐战争"的得与失［EB/OL］.（2020-03-04）［2024-04-13］. https://www.bbc.com/zhongwen/simp/world-51738646.

战争局势报道指对战争的局势进行分析和解读的报道，包括战争的策略、态势、趋势等信息，是基于建立和提高公众对战争实况及其可能走向和结果的认知而出现的。

战争局势报道的特点是主观性强，根据不同的立场和观点，对战争的信息和数据进行选择和评价，提出自己的观点，支持或反对某一方，赞扬或批评某一行为。其形式多样，既可以采用评论、专栏、专访、专题等样式，也可以采用图表、地图、时间线等加以辅助，阐述战争局势。

总体上看，战争局势报道更偏向总结一段时间内的情况，夹带作者或他人的观点、分析，而实况新闻更偏向对短时间内战争的变化进行报道，因此多为短讯，通常不掺杂他人观点，只对现场情况做出翔实的介绍。尽管战争局势报道和战争实况报道的侧重点大相径庭，但两者并非互斥，而是彼此融合。战争局势报道在阐述个人观点的同时，也会报道战事实况；而实况新闻也可能会对战局做简要分析以提供更为权威的信息。

3. 战争影响报道

战争影响报道指的是围绕战争造成的负面影响而撰写的报道，涵盖人文、经济、艺术、体育、国际关系等多个维度。此类报道的主要目的是帮助公众建构起对战争巨大破坏性的正确认知，让公众了解到战争不仅会造成人员伤亡和经济损失，也会导致参与国家在国际中举步维艰。

战争产生的动乱会为社会带来方方面面的不稳定，从而产生诸多变局。以俄乌冲突为例，就战争在经济方面造成的影响而言，如法国国际广播电台（RFI）在《自俄罗斯入侵乌克兰后，哪些公司已经离开俄罗斯市场？》一文中，列举了在汽车制造业、航空业、咨询业、消费品业等九大行业中，因对俄罗斯不满，选择退出俄罗斯市场的多家大型企业名单及其制裁俄罗斯的手段。[1]BBC 则是对俄罗斯遭受西方制裁，卢布不断贬值的事实进行了报道。[2] 可以说，经济主题这一方面的战争影响报道，让公众直观了解到俄乌冲突所造成的全球经济增长减缓、通货膨胀加速等重大影响。此外，就体育领域而言，俄罗斯的相关事业和产业也遭到了严重波及，西方国家在各项国际比赛中对俄罗斯下了禁令，如半岛电视台（ALJAZEERA）报道了俄罗斯遭到欧足联禁赛制裁的被动局面。[3]

（二）战争人物报道

此类新闻报道的内容，主要围绕战争中的受害者经历而展开。记者并非冷冰冰地报道战场上的局势发展或者实况，而是将目光聚焦在战场上的渺小存在——每一个活生生的人身上，将他们的故事娓娓道来，让公众了解他们悲惨遭遇的同时，对战争进行反思。可以说，此类报道在一定意义上起到了反战、维护人权、促进和平的积极作用。例如，由路透社制作的"The Day They Took Our Men"（《破碎的生活》）是"Myanmar

［1］弗林.自俄罗斯入侵乌克兰后，哪些公司已经离开俄罗斯市场？［EB/OL］.（2022-05-03）［2024-04-19］.https：//rfi.my/8Ds2.

［2］乌克兰战争：卢布兑美元跌破100大关 创16个月新低［EB/OL］.（2022-05-03）［2024-04-19］. https：//www.bbc.com/zhongwen/simp/business-66506965.

［3］欧足联主席称在战争结束之前"很难"解除对俄罗斯的禁令［EB/OL］.（2023-04-06）［2024-04-19］.https：//ajch.io/ugux2e.

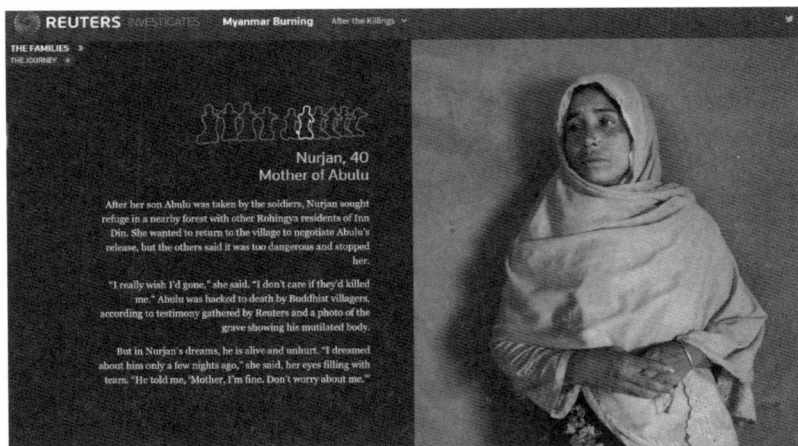

图 17-3[1] 路透社报道 "The Day They Took Our Men"（《破碎的生活》）

Burning"（缅甸在燃烧）系列专题下的一份报道，以十名被缅甸士兵和佛教徒村民枪杀的罗兴亚人的亲人为主角，讲述他们逃离缅甸成为孟加拉国难民的事件。

报道中对罗兴亚难民语言及其相关照片的大量引用，让他们颠沛流离的逃亡之旅和悲惨的生活现状跃然纸上，主题沉重，能够充分调动起读者对这些受害者的同情心和反战情绪，呼吁社会各界关注和保障难民人权。

总体而言，目前与战争相关的新闻报道，不论是传达战役的爆发原因，还是介绍局势发展，报道的内容多从宏观视角进行描述，弱化了战争当中"人"的存在。因此，让新闻报道回归对人的关切，是新闻媒体在报道战争时应当重点考虑的问题。

（三）战争技术性报道

进入全媒体时代后，多元的技术为新闻报道带来了更多的可能性，使得一些新的报道形式陆续出现在人们的视野中。无人机在战争的报道中被广泛使用，战争题材的新闻游戏也陆续上线，为公众带来独特的新闻体验。

1. 无人机战地报道

技术的发展，让无人机走进人们的视野。无人机凭借其他拍摄工具难以比拟的长处，被广泛应用于新闻行业。无人机航拍的演进，让以往平面且平淡的拍摄角度变得多元而富有趣味，确保了在战乱地区报道的安全性，同时也让拍摄的表现维度得以拓宽，可视化报道实现空间的升维。技术变革带来传播介质和载体变化的同时，也使得读者的阅读方式和习惯发生了变化，从而对报道内容的表达形式提出了挑战。而具备突出技术优势的无人

[1] ANDREW R C MARSHALL. After the massacre：murvivors of Myanmar killings tell their story ［EB/OL］.（2018-04-11）［2024-04-13］. https://www.reuters.com/investigates/special-report/myanmar-massacre-survivors/.

机，成为应对这一挑战的最优解之一，借助灵活多变的空中视角，为读者生产出更适合新媒体传播形态的新闻作品，进一步提高传播速度和效果。

如在近期的战地报道中，记者随乌军大疆无人机飞手，空中看巴赫穆特的地狱战场。近期俄乌双方围绕巴赫穆特展开激战，惨烈的战场被媒体称为"地狱"。记者弗朗西斯·法雷尔，在顿涅茨克州巴赫穆特无休止的战斗中，躲在地下掩蔽部写下了对战场的描述："巴赫穆特之战是人间地狱，很难理解地面上到底发生了什么。"所以他通过无人机飞手的视角观看了这场战斗。[1]

在危险混乱的战场下，使用无人机拍摄新闻有着以下优点：

第一是成本低且噪声小，有利于提高新闻时效和素材质量。相较于租借直升机或固定翼飞机动辄数万元的费用，专业级航拍无人机的均价一般在一万元左右，可以长期使用，配以专业的操控人员，基本足以应对新闻报道的需求。同时，无人机审批流程较简单且随起随降，保障了新闻的时效性。此外，无人机飞行时产生的噪声也小，极大地减少了对所采集素材质量的影响。受益于信号实时传输技术，无人机也可以实现对新闻现场的移动直播，向公众实时传达现场信息，进一步增强新闻时效。

第二是使用便捷，适应性强，能够作为记者的替身进入现场。无人机轻便易携带，在绝大多数恶劣环境中都能稳定运行，尤其是在需要进行灾害报道、调查报道等状况下，其适应性尤为突出，并具有远程操控的优势，能够代替记者进入危险的战场内部，确保记者的人身安全。在两军冲突现场，这些区域经常被封锁或受到限制，使得记者无法靠近拍摄，难以获取一手资料。在这种情况下，无人机成了一种有效的工具，可以进入这些地方，收集到重要的第一手信息。

第三是增加视角的多样性，以增强新闻的真实感。传统电视新闻的拍摄主要采用地面推拉和摇摆的技术，多从平视和仰视的角度进行，而较少使用俯视角度，这种拍摄方式使画面显得较为"平面化"，容易让观众感到审美疲劳。无人机打破了对新闻现场

［1］虹摄库尔斯克.战地报道！记者随乌军大疆无人机飞手，空中看巴赫穆特的地狱战场［EB/OL］.（2023-03-23）［2024-04-13］. https://new.qq.com/rain/a/20230323A0436100.

记录的传统手法，以"上帝视角"立体化、全方位地展现战场，为观众还原更为真实的场景，不仅使新闻表现空间得以拓宽，还丰富了其表现手段。

但无人机报道也存在弊端，如滥用、侵犯他人隐私权的道德和法律问题。无人机报道的发展，可能会模糊公私领域界限，若记者缺乏道德约束，可能会导致越界行为的出现。

2. 战争题材新闻游戏

新闻游戏，简单来讲就是以游戏的形态出现或者以游戏充当报道传播载体的表现形式。"游戏＋新闻"的报道组合，打开了战争报道的思路，在为报道增添交互属性的同时，利用游戏化的新闻叙事方式，为受众呈现战争信息的不同面向。

譬如，BBC出品了战争题材新闻游戏《叙利亚之旅：选择你自己的逃生路线》，以叙利亚难民因内战爆发而纷纷出逃为背景，以第一人称叙事，并在其中穿插不同的报道和互动标题，让玩家作为一名叙利亚难民经历逃难过程的艰难险阻，同时根据游戏内的文字指引，做出自己的选择，迎接不同的结局。其中，受众作为玩家，在贯穿主线的同时可以知晓支线内容，从而更加深入地了解叙利亚战争的残酷，对被迫流亡的叙利亚难民的痛苦和无助感同身受。

The flights from Beirut to Istanbul have taken a large chunk of your money.

After a week in Istanbul, you meet Abu Hassan, a smuggler. He takes you to a busy cafe in the centre of town. He says he can get you to Greece for an initial $3,000 deposit per person.

Do you pay him the deposit?

| The week you've just spent in Turkey has already drained a lot of your resources. | You know that there are many fraudsters and don't want to lose your money. |
| Pay him the deposit | Refuse to pay him the deposit |

图 17-4[1]　BBC 制作的新闻游戏 "Syrian Journey：Choose Your Own Escape Route"（《叙利亚之旅：选择你自己的逃生路线》）

[1] Syrian journey: choose your own escape route［EB/OL］.（2015-04-01）［2024-04-19］. https://www.bbc.com/news/world-middle-east-32057601.

可以看到的是，新闻游戏拥有着传统报道方式所不具备的突出优势：

第一，线性叙事与非线性叙事结合。媒体对于战争的多数报道是围绕一条逻辑清晰的主线展开的，受众在阅读后所接收到的信息是同质化的，呈现出单一、线性的特征。而新传播形态下的信息，呈现出非线性、圈层、超链接的连接方式，改变了以往的线性顺序。新闻游戏在设置好主线之余，采用了更为灵活多元的非线性叙事结构，为受众呈现出复杂事件的多个侧面，程序设计则赋予受众选择的权利，使其真正被卷入战争事件当中，在推动游戏进行的同时，一步步接近真相，从而建构起对事件全方位、立体化的认知。

第二，"读"新闻转向"玩"新闻，重塑用户体验。新闻游戏是以新闻事实为基础的，是原生新闻报道的一部分，因此，受众的游戏过程本质上也是阅读新闻的过程，实现了"读"新闻向"玩"新闻的转变。同时，受众在新闻游戏中做出的不同选择会造成不同的后果，由此，他们能够更加真切地认识到战区人民所面临的困境，与他们共情。

但值得注意的是，在看见新闻游戏长处的同时，也要警惕移情表面化、奖惩机制功利化削弱新闻议题严肃性以及游戏双重媒介化、叙事角度迁移损害新闻客观性等问题。

三、战争报道中存在的突出问题

值得关注的一点是，在战争中，新闻媒体不只是单纯的信息传播者，同时也是服务于国家机器的宣传工具和舆论武器，在战争中的杀伤力并不亚于枪械。此类情况的存在，对报道的真实性和客观性构成了严峻挑战，具体表现在：

第一，战争迷雾弥漫，信息虚实难辨。伊拉克战争是一个极为典型的案例，美英联军和伊拉克双方利用新闻媒体展开激烈的信息战和心理战。为了打赢心理战，美英联军不惜大肆散布利己但未经证实的消息，甚至捏造虚假信息和假新闻。譬如，在战争伊始，美英联军宣称萨达姆可能已经在第一轮轰炸中丧生[1]，之后又通过媒体宣称伊拉克所属的一支部队的师长带领 8000 名士兵向美英联军投降[2]。尽管这些信息最后都被证实是美英方凭空捏造，但无论是主动还是无意，全球的媒体均成为美英联军的传

[1] 李静.布什：证据显示萨达姆很可能已炸死 至少身受重伤[EB/OL].（2003-04-25）[2024-04-17].https://www.chinanews.com.cn/n/2003-04-25/26/297479.html.

[2] 江亚平.硝烟中的"新闻自由"[EB/OL].（2003-03-28）[2024-04-17].https://zqb.cyol.com/content/2003-03-28/content_637145.htm.

话筒，为伊拉克带去了巨大的舆论压力，从中不难看出真实性无从谈起。然而在战时这种特殊时期，新闻媒体必须无条件服从于国家的要求，维护国家的利益，否则将会面临来自法律以及道德上的审判，新闻媒体被迫直面坚持职业操守还是维护国家利益的两难选择。如美国知名记者彼得·阿奈特，在战时接受了伊拉克官方电视台的采访，发表了对美国不利的言论，激怒了美国政府和部分国民，最终导致被 NBC 解雇。

第二，各方利益交织，报道客观性严重缺位。事实为第一性，新闻报道要忠于客观事实，不加偏袒地进行报道，但是只有在理想状态或者说是和平状态下，新闻媒体才能堪堪满足这一要求。而在战时，混乱的不只是战场，同样也是舆论场和利益场，从中得以窥见西方资本主义国家话语霸权的缩影。聚焦当前的巴以冲突，交战双方乃至整个西方媒体撰写的片面报道、煽情新闻层出不穷。《独立评论》于 2023 年 11 月 1 日发布了一篇极具煽情色彩的文章。作者集中笔墨将哈马斯描绘成一个为全人类带来灾难的、充满野心的恶魔，以极尽煽情的语调，将其所过之地描写成人间炼狱。富有煽动性的话语和片面性的事实呈现，将以色列塑造成为一个惨遭巴勒斯坦侵略的受害者形象，却对于以色列对巴勒斯坦平民造成的伤害闭口不提。

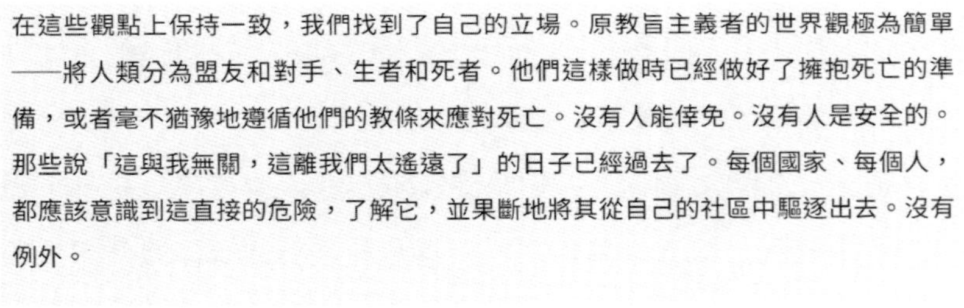

在這些觀點上保持一致，我們找到了自己的立場。原教旨主義者的世界觀極為簡單——將人類分為盟友和對手、生者和死者。他們這樣做時已經做好了擁抱死亡的準備，或者毫不猶豫地遵循他們的教條來應對死亡。沒有人能倖免。沒有人是安全的。那些說「這與我無關，這離我們太遙遠了」的日子已經過去了。每個國家、每個人，都應該意識到這直接的危險，了解它，並果斷地將其從自己的社區中驅逐出去。沒有例外。

图 17-5[1]　由以色列企业家撰写的煽情文章

美国之音（VOA）于 2023 年 10 月 11 日发布了一篇名为《以色列哈马斯冲突，中国社媒上为何反犹太情绪高涨？》的片面报道。[2] 该报道在公然为以色列站台的同时，针对性地挑选了部分中国网友在微博上发表的对以色列不友好的言论进行解读，将抨击的矛头转向中国，字里行间攻击中国"限制民众言论自

[1] Jonathan Gropper.【投书】一个以色列人的忧患：哈马斯的恐怖主义，是否可能扩散到全球？［EB/OL］.（2023-10-07）［2024-04-13］. https：//opinion.cw.com.tw/blog/profile/515/article/14205.

［2］文灏.以色列哈马斯冲突，中国社媒上为何反犹太情绪高涨？［EB/OL］.（2023-10-11）［2024-04-13］. https：//www.voachinese.com/a/china-israel-jews-20231010/7305010.html.

由""政府默许国民反犹""中国人愚昧，充斥对犹太人的阴谋论"，浑水摸鱼，借机抹黑。

除此之外，战争作为全世界密切关注的重大事件，人们不只会搜索查看实时战况、军队部署、各国表态等宏大叙事的相关报道，也会将目光聚焦在战场上的老弱病残等弱势群体身上。但随之而来的庞大流量，也会使得部分媒体工作者的价值观偏离正轨，开始盲目追求血腥、刺激、暴力等画面的展现。具体来讲，即人道主义消亡，将名望建立在他人的痛苦之上。在战争中，儿童是一个特殊群体，脆弱的他们更容易引起世人的关注和同情，也正因如此，展现战争中儿童的惨状，进而博取眼球和获得荣誉成为部分新闻工作者用以追名逐利的手段。出于迎合受众追求刺激的视觉消费欲望，获取高额点击量、发行量，或是为了赢得相关荣誉，部分媒体和摄影师忽视受害者本人及其家属的感受，将儿童遭遇不幸的惨烈画面血淋淋地展现在公众面前，对他们造成巨大的二次伤害。同时，这种血腥、惨烈的画面也会使得观看者产生不适感。

图 17-6[1]　战火下加沙地区儿童的惨状

诚然，悲惨的事实已然发生，新闻工作者虽无力改变，但可以尽己所能避免或减少对受害者的二次伤害。一味追求画面的震撼而丧失伦理道德、恶意消费苦难的行为不值得被提倡，也不会得到他人的认可。

［1］Children of Gaza：caught in the crossfire of war［EB/OL］. （2023-10-23）［2024-04-13］. https://www.reuters.com/pictures/children-gaza-caught-crossfire-war-2023-10-19/.

四、战争报道问题的解决之道

战争不同一般的新闻事件，具有事发突然、信息量大、真假难辨等特殊性，因此如何针对这些特殊性去做好战争报道，对媒体工作者，尤其是战地记者提出了高要求。他们在战争中如何定位自己的身份，关系到报道能否真实客观地向公众传达战场信息，影响着公众对战争的认知。

第一，明辨虚实，做好事实的记录者。在国家间爆发的战争中，交战的不只是明面上敌对的两个国家，也有作为幕后操手的强国。同时，现代战争不仅是兵器和血肉的交锋，更是信息战。记者冀惠彦指出，"出于政治、军事目的通过媒体发布的虚假消息，是国家利益和军事斗争的需要，是辩证的真实"。由交战双方及其背后强国有意释放的"烟雾弹"充斥着战场，与真实信息混杂在一起，形成一个个陷阱。战争的逻辑不同于一般事件，军队有着独特的行动和思维方式，这就要求记者必须具备一定的军事知识，能够揣摩交战双方的心思。由此，记者才能拥有鉴别战场信息真伪的能力，做到对战争的相关信息进行报道前的判断核查，避免在无形中充当了某一方的传声筒。

第二，不偏不倚，做好事实的见证者。战争的爆发有着极其复杂的背景，身为非参战国家的媒体工作者，在未对战争双方的历史纠葛、矛盾问题形成明确的认知时，要谨慎发声，秉持中国立场，从中立的视角出发，平衡报道中双方所占的篇幅，让双方都有表达自己的权利而不失偏颇。其原因在于战争也是舆论战，是真相与谎言的较量。国际舆论的风向会对战局产生巨大的影响，当邪恶的一方占据上风时，维护正义也就无从谈起。同时，国际政治环境错综复杂，媒体也无法第一时间获取战场的第一手消息，因此需要引用外媒报道，引用时要注意审慎思考国际主流媒体报道的立场和价值观，尽可能地选择客观中立的表述角度，并在引用时以客观的方式加以表达。

第三，心系人民，成为人权和人道主义的呼吁者。人文关怀既是人道主义精神的具体表现，也是特殊场合下对记者的职业道德的特殊要求。战地记者因为身处战场，能够更加直观地感受到战争的残酷，看到战争给无辜平民造成的伤痛，而这也正是公众更为关心的话题。关注饱受战争蹂躏的平民输出富有人情味的报道，往往能引起公众的共鸣。战地记者要坚持正确的价值导向，善于通过合理的方式向世人展现受难民众的惨状，力图通过现场描写把公众带进居安思危的氛围，唤起人民对和平的企盼，呼吁战争尽快结束。

思考题

1. 什么是战争报道？

2. 战争报道有哪些类别，特点分别是什么？

3. 结合案例，谈谈你对战争报道的理解。

4. 如何看待战争报道存在的问题？

5. 记者在报道战争时应当如何定位自身的角色？

参考文献

［1］文武英.战争新闻研究的三个基本理论问题［J］.军事记者，2002（2）：19-20.

［2］季春红.无人机航拍的新技术、新理念、新表达［J］.中国记者，2023（3）：14-17.

［3］刘志强.浅析无人机在新闻报道中的应用［J］.新闻论坛，2017（3）：16-19.

［4］郑俊彬.探析无人机在灾难新闻报道中的特点及创新应用：以南方都市报为例［J］.新闻研究导刊，2016，7（3）：28-29.

［5］顾洁，梁冰洁.新闻游戏：一种新式传播理念的实践［J］.东南传播，2016（7）：4-6.

［6］陈力丹.以互联网思维看互联网和关于互联网的研究［J］.新闻界，2015（20）：21-24，42.

［7］周敏，侯颖.新闻边界视角下的新闻游戏探究［J］.现代传播

（中国传媒大学学报），2016（1）：161-162.

　　［8］冀惠彦.小谈"战地报道"［J］.新闻与写作，2007（6）：56-57.

　　［9］徐壮志.战地记者应具备的知识和能力［J］.中国记者，2003（3）：50-52.

　　［10］赵亚辉.灾难报道中的记者素质［J］.新闻战线，2011（9）：71-73.

　　［11］廖文根.战地报道的理性思考：战地新闻写作谈［J］.国际新闻界，1999（A1）：30-35.

第十八章

突发报道：速度、温度与深度、维度

导　语

　　突发报道因其本身所具有的即时性、不确定性、紧迫性，历史上即为吸引力最强的新闻产品。随着信息技术的飞速发展和社交媒体的广泛普及，公众对突发报道的关注度和获取信息的速度都有了显著提升。在这样的背景下，新闻机构如何有效应对突发新闻事件，新闻记者如何确保信息传播的准确性和及时性，成为新闻传播学研究的重要课题。

　　数字化时代背景下，突发新闻的报道机制与策略的关键在于新闻机构如何利用新兴技术提高报道效率，同时确保新闻内容的质量和公信力。总结国内一线媒体的突发新闻记者的实操经验，梳理不同类型突发新闻事件的报道案例，提炼新闻机构在信息采集、内容审核、传播策略等方面的创新做法，提出面对挑战的策略建议，这些都极有理论价值和现实意义。

——《南方日报》深度新闻部主任　胡念飞

　　突发报道小组有导师 1 名：胡念飞；助教 1 名：周奥；学生 16 名：戴其琪、黎思嘉、赵惜雨晨、施琪铧、罗钰淇、姚贝芬、陈凯欣、林家盈、黄嘉慧、陈美慈、列绮童、陈艺涵、邓蔚楠、曾晓莹、赵贝茜、何思成。

一、突发报道的概念

2011 年，普利策新闻奖董事会重新修正了突发新闻的定义，强调突发新闻报道的实时性：即突发新闻要尽可能迅速、精准地捕捉事件的发生，并随着事件的发展不断补充背景材料，挖掘深度信息。普利策新闻奖董事会对突发新闻定义的修订重申了突发新闻报道的可预见性、敏锐性和重要性。此外，普利策新闻奖官网在《2024 年新闻投稿指南、要求和常见问题解答》一文中对突发新闻报道做出的定义为：突发新闻是指能够快速、准确地识别突发事件的发生并展开实时的报道，且能够厘清事件的前因后果的新闻 [1]。李良荣教授在《新闻学概论（第七版）》中根据新闻的时间性将新闻分为突发新闻与延缓新闻两类，其中突发新闻是指"报道突发事件的新闻，如自然灾害、突发性社会事件等，其新闻价值突出地表现为新鲜性、显著性与对受众的震动力、吸引力" [2]。

从国内外对突发新闻的定义可以看出，突发新闻报道与突发事件紧密相关。战争、社会恶性伤人事件、自然灾害等报道都属于突发新闻，丑闻、知名人士的死亡等重大社会新闻也属于突发新闻报道类型。

因事发突然、影响广泛、社会关注度高等特性，突发新闻往往具有时新性、新鲜性、显著性的新闻价值。准确、及时的突发新闻报道能够起到引导舆论、安抚民心、增强公信力等效果。以 2001 年 9 月 12 日《人民日报》对美国"9·11"事件的报道为例，文章开头以简短的 34 个字交代了时间、地点、事件——"今天上午，纽约世界贸易中心和华盛顿五角大楼接连遭到飞机撞击而引发爆炸"，全文共 561 字，却浓缩了最紧要、最关键的信息。报道信息丰富，语言精练，重点明确，反应迅速，塑造了中国人对"9·11"事件最早、最基础的认知，阐明了中方对待"9·11"事件的态度——反对针对平民的恐怖袭击，尊重美国公民的财产权和生命权，起到了引导舆情、为官方态度定调的作用。

[1] 2024 Journalism submission guidelines，requirements and FAQs［EB/OL］.（2021-01-25）［2024-04-18］. https://www.pulitzer.org/page/2024-journalism-submission-guidelines-requirements-and-faqs.

[2] 李良荣.新闻学概论［M］.7 版.上海：复旦大学出版社，2021：34.

第1版(要闻)
专栏:

美国纽约华盛顿受到严重袭击

纽约世界贸易中心和华盛顿五角大楼接连遭到飞机撞击而引发爆炸

综合本报纽约、华盛顿9月11日电记者何洪泽、丁刚、任毓骏、王如君报道: 今天上午, 纽约世界贸易中心和华盛顿五角大楼接连遭到飞机撞击而引发爆炸, 震惊了美国乃至整个世界。

美国东部时间11日上午8时45分许 (北京时间11日晚8时45分许), 一架被劫持的由波士顿飞往洛杉矶的波音767型飞机撞击了位于纽约曼哈顿区的世界贸易中心安装有电视天线的一号大厦。约18分钟之后, 另一架被劫持的飞机拦腰撞入世界贸易中心的二号大厦。上午10时30分许, 遭到撞击的世界贸易中心双子大厦相继坍塌。411米、110层高的世界贸易中心是纽约市的标志性建筑, 平时在那里上班的人多达4.5万人。据了解, 在世贸中心有一些中国公司和不少华商工作人员。

目前尚不清楚具体伤亡情况。据纽约市长朱利安尼说, 这些爆炸事件导致了"巨大的人员伤亡"。

此后不久, 位于华盛顿的美国国防部所在地五角大楼也发生飞机撞击事件, 导致建筑物浓烟滚滚, 部分倒塌。有报道说, 国务院附近也发生了汽车爆炸事件。

这一系列爆炸事件在美国引起了极大恐慌。美国国防部发布了最高级别的国家安全警报。国会、白宫及政府各部门迅速将所有人员撤离。全国的所有航班停飞, 机场关闭, 所有飞往美国的国际航班转停加拿大。

事发之后, 美国总统布什立即向全国发表了简短声明。他说, 这些飞机撞击事件可能是恐怖分子所为, 这是一个"全国悲剧", 并发誓捉拿和严惩肇事者。

图18-1 2001年9月12日《人民日报》对"9·11"事件的报道截图[1]

二、突发报道的特征

(一)速度与深度并存

由于突发新闻的紧迫性, 在交叉核实事件的真实性后, 记者往往以最快的速度和精练短小的文字消息向社会报道事件的发生与现场的客观状况。于群众而言, 新闻机构尽力发挥"传声筒"的作用, 告知事件的发生与概貌, 满足公民的知情权。于新闻机构而言, "第一发声人"可以抢占市场的注意力, 获得流量, 同时巩固媒体的权威性与专业性。

突发新闻任务急、时间紧, 预留给记者的采写时间有限。接到前线任务的记者需恪守"黄金四小时"法则[2], 尽快进入现场, 以最快的速度梳理事件的前因后果并还原事件原貌。韩福涛、刘颖、赵翔等记者均认为先到达现场才是"王道", 在突发新闻报道中最为核心的就是现场状况和相关当事人, 谁先掌握现场状况、最先采访到核心当事人, 谁就最有可能争取"头条"[3]。突发事件现场存在诸多阻碍, 如公共卫生事件中, 相关部门会设置隔离区、防疫区, 严管出入; 路面塌陷、山体滑坡、洪水肆虐、森林火灾等自然灾害引发的交通管制/交通不便、网络信号

[1] 何洪泽, 丁刚, 任毓骏, 等. 美国纽约华盛顿受到严重袭击[EB/OL]. (2001-09-12)[2024-04-18]. https://cn.govopendata.com/renminribao/2001/9/12/1/.

[2] 黄德华. 地方纸媒新闻策划三昧[J]. 中国记者, 2010(6): 68-69.

[3] 朱新颜. 采写新闻事件, 有哪些采访和突破的技巧?[EB/OL]. (2023-03-24)[2024-04-18]. https://zh.gijn.org/stories/%e7%aa%81%e5%8f%91%e6%96%b0%e9%97%bb%e9%87%87%e8%ae%bf%e7%aa%81%e7%a0%b4/.

减弱/消失、人员疏离、停电以及当地方言引发的语言障碍，等等。这些情况都会影响进入突发新闻现场的速度，记者需要随机应变，适当地伪装身份、另辟蹊径或寻求相关人士的帮助，在不影响救灾工作和保证自身安全的前提下，尽快进入现场采集突发新闻的第一手素材。

新媒体时代，突发新闻往往采取"社交媒体优先，全平台推送"的传播策略，首先将事件的概况在微博、微信、短视频、今日头条等新媒体平台同步推送，再根据事件的动态发展深挖背后的深层原因及产生的各类影响，并在各类媒体平台上追加持续的跟踪报道与深度报道。此类传播策略既可以满足群众对"是什么"的知情权利，又能够回应群众"为什么"的社会关切，从而实现媒体机构在突发新闻报道中引导舆论、安抚民心、监督工作、稳定社会的传播功效。

突发新闻不仅关注事件的发生，还关注事件的动态发展。如果说最先准确地发声可以抢占互联网平台的注意力市场，那么在群众心中树立长久稳定信任的关键则在于事件发生后的追踪报道与深度报道的质量。突发新闻事件偶然性与动态性并存，不仅现场会随时出现新的变化，事件发生后还会引发一系列持续性的效应，如地震发生后往往会涉及经济损失、人员伤亡、救援行动、救济措施等行为与状况。因此，突发新闻常在后续的跟踪报道中有深度、有力量、有温情地挖掘引发事件的各类因素以及事件引发的系列效应，从而完成对事件的深度剖析，巩固媒体的权威地位与其社会瞭望者、社会减压阀的角色。

（二）严肃与温情共在

突发新闻事件往往伴随着人员伤亡与重大的社会影响，这决定其报道的主基调是严肃的。近几年的突发新闻报道在持续追踪的过程中逐渐转向个体视角，以展现媒体机构对社会民生强烈的人文关怀，表达媒体机构与公众同呼吸、共命运的情怀。但过多地展现个体承受的苦难或新闻工作者因同情对客观事实的不准确表述等情况，都容易导致新闻失实或过度煽情，从而诱发舆论失焦，甚至对受害者产生二次伤害。2014 年 3 月 8 日，MH370 航班突然失联。官方媒体"天又凉了，盼你快回来""永别了，MH370""心悬十七天，心碎一瞬间"等煽情报道不断，却始终缺乏对核心信息的报道，引发了群众的集体反感。对受害者亲属悲痛的特写更是对其造成了二次伤害。媒体对突发新闻的煽情报道，一方面影响着公众对事件的理性判断，易滋生谣言；另一方面破坏着媒体的公信力，导致公民产生政治疏离[1]。

因此，突发新闻应当严格把控温情与煽情的边界，在报道中既要表达对受害者的关切，又要时刻注意情感的"尺度"。

（三）单向与互动齐行

突发新闻的传授关系往往是自上而下的。媒体机构拥有专业的采写编团队与全面的信息传播渠道，能够以最快的速度进入现场、接触到核心人物（部门），从而掌握事件的现状与发展动态，在一定程度上"垄断"着突发新闻信息。

新媒体技术的发展重构了新闻的产销与传播格局。随着智能通信技术的发展和社交媒体的普及，新媒体平台用户有机会扮演"公民记者（citizen journalism）"[2]的角色，越来越多的用户选择在社交媒体平台上发布或寻找最新的新闻消息，公民新闻提供的信息也成为突发新闻重要的信源之一[3]。部分用户甚至会通过后台私信或评论区留言的方式与媒体机构进行信息的交换，为突发新闻提供辅助信源，推动着事件的调查与发展。

值得注意的是，新媒体时代"人人都有麦克风"，"公民记者"的出现也意味着大量未经证实的消息会充斥在互联网生态中，移动通信技术加快了未经证实的信息在互联网络中的传播速度和广度，既增加了专业媒体机构跟踪突发新闻事件实时动态、核查突发新闻信源的难度，也容易引发负面舆论或激发群众的负面情绪。目前部分媒体机构和突发新闻记者会利用大数据、AI、云计算等新技术筛选、分析和整合信息资源，例如利用 AI 算法鉴别虚假信息，利用云计算核查新闻事实等。但这些技术运营成本高，且存在算法"黑箱"，难以在所有的突发新闻报道中推广

[1] 束晓舒. 煽情报道带来的政治疏离：以马航事件为例 [EB/OL]. (2016-03-01) [2024-04-18]. http://media.people.com.cn/n1/2016/0301/c402777-28162102. html.

[2] THORSEN E, ALLAN S. Citizen journalism: global perspectives [M]. New York: Peter Lang, 2009.

[3] 张庆. 传统电视媒体进军短视频的误区与着力点[J]. 现代传播（中国传媒大学学报），2017, 39（12）：158-159.

与普及。

另外，在数字可视化技术的发展赋能下，突发新闻越来越多地运用图表、地图、动画等方式呈现报道[1]，在报道形式上增强了与受众的互动。例如 GeaMap 网站通过卫星大数据收集全球实时的火灾发生情况，为公众提供全球火灾数据的实时动态、地理分布、具体位置，公众也可以根据自身的需求有选择性地查看某地某时的火灾动态，减少了信息决策的路径。

[1] 徐腾飞,颜清华,彭兰.信息图表助力科技类新闻的可视化报道[J].新闻界,2013（16）：34-39, 46.

三、突发报道存在的不足

（一）体裁限制，风格固化

突发新闻紧急性、危险性、关联性的特点决定了报道体裁有限。一般而言，首篇报道常以新闻消息的形式出现，篇幅短小，语言生硬，注重表象，内容浅显，可读性不强。但因突发新闻本身的显著性，即使是新闻消息也能激发群众的兴趣。突发新闻后续的跟踪报道则篇幅较长，有实时直播、视频、图文等多媒体形态的报道体裁。近几年兴起的数据新闻报道也广泛应用于突发新闻中，但部分数据驱动的突发新闻存在数据生硬、"形式大于内容"、可读性差的弊端。突发新闻报道应当通过数据分析和故事叙述的手法，将数据转化为可理解和有洞察力的故事，以增加报道的可读性和影响力。

（二）信息碎片，全貌缺失

突发新闻往往伴随着偶发性和不确定性，现场随时可能出现新的变化。在"流量为王"的互联网时代，部分媒体机构为了抢占报道先机牺牲信息的准确性，导致虚假报道和失实报道盛行。突发新闻在追求时效性的过程中，倾向于报道事件的某处细节或片段，导致呈现出的信息碎片化、同质化，无法满足公众对事件全面深入的知情需求；抑或是偏向于某一方，缺乏不同角度、不同立场的声音，使公众对事件产生认知偏差、误解，甚至出现激发社会矛盾的情况。如 2021 年至 2022 年《新京报》《红星新闻》

对"刘学洲事件"的失实报道，暗示刘学洲寻亲是为了钱财，导致刘学洲生前遭受了大面积的网络暴力，最终自杀身亡。另外，部分媒体在突发新闻报道中还存在"标题党"等博眼球的行为。

上述行为既损害了媒体的公信力，又容易导致舆论失焦、群众情绪失控、社会恐慌。突发新闻报道应当完善数据收集和处理机制，将大数据、云计算、人工智能等新技术应用于报道的操作全流程中，增强新闻报道的准确性和全面性。同时，在报道中保持客观中立的立场，避免立场偏向，从而加强主流媒体在突发事件中的话语权，增强舆论引导的感染力和说服力。

（三）媒体失声，关怀不足

突发新闻报道中，部分媒体过于追求新闻报道的吸引度和关注度，忽视了事件中受影响的"人"的感受，这种缺乏人文关怀的报道方式可能导致公众对媒体产生冷漠和疏离感，也影响了媒体的道德形象和社会责任。部分突发新闻报道在初发时引起广泛关注后，缺乏后续的跟踪报道，逐渐销声匿迹，使得公众无法了解事件的最新进展、后续影响和最终处理结果，也可能导致事件被遗忘或忽视，从而影响媒体的公信力和影响力。根据媒介依赖理论，越是社会不稳定时期，受众就越需要依赖媒介获取信息以克服"未知性"与"不确定性"。在突发新闻中，只有及时、准确、真实、透明的消息才能缓解或消除群众的负面情绪，从而起到稳定社会的作用。

四、突发报道的写作方法

下文将以《迈阿密先驱报》的工作人员关于尚普兰塔南公寓大楼倒塌事件的报道为例来分析总结优秀突发新闻的写作方法，此报道荣获 2022 年普利策新闻奖——突发新闻报道奖。《迈阿密先驱报》的工作人员关于公寓坍塌事件的报道角度新颖，融合多媒体样态，以时间为线索详细地还原了事件的始末，并深度挖掘其中的动人故事，跟进事件调查的后续，始终呈现了新闻媒体作为“第四权力”的担当与责任以及对受害者的人文关怀。

（一）平衡速度与深度，还原事件真相

新媒体时代，传统媒体纷纷转型，开设视频号、微博号、微信公众号等新媒体账号，打造新媒体传播矩阵。在“流量为王”的时代，媒体往往先通过社交媒体争取第一时间发声。突发事件报道的常见手法为：先在社交媒体平台通过快讯、简讯实现“快传播”，再加以报道、追踪，在新媒体平台提供深度解析。前者满足读者对新闻时效性的需求，而后的长篇报道则满足了读者对深度的追求。这一机制平衡了互联网的速度和报道的深度，是优秀突发新闻报道的体现。此外，媒体还应持续跟进事件进展，特别是在新媒体时代，突发事件信息要么蜂拥而至、难辨真假；要么失去热度、销声匿迹。此时，权威和专业媒体可以利用新闻专题、滚动报道进行持续追踪和播报，避免事件因滞后、失实导致舆论走偏。通过持续的报道和关注，还可以推动相关政府部门、专业机构等采取应对措施，促进风险的控制和问题的解决。

“Tragedy in Surfside：a Sampler of the Herald's Social Media/Breaking News Coverage”汇编了《迈阿密先驱报》的社交媒体跟踪报道尚普兰塔南公寓大楼倒塌事件的全过程，“Mass Casualty，High Rise Collapse”——《迈阿密先驱报》社交媒体账号以“一句话式”的短讯成为全网最早报道倒塌事件的新闻媒体，此后继续沿用“一句话式”的报道方式，在社交媒体上持续更新倒塌事件的进展：从最开始报道倒塌事件的发生，到现场样貌、伤亡人数、救援行动的跟进，再到受害者及家属状况、官方调查、3D 情境还原，等等。“一句话式”的社交媒体报道风格既简明扼要地浓缩了事件的重点，又满足了新闻用户碎片化阅读的习惯，更是回应了群众对重大事件的关切。随着调查的推进，

June 23, 2021	Tragedy in Surfside: A sampler of the Herald's social media/breaking news coverage
June 23, 2021	After the collapse of Surfside's Champlain tower: a day of dread, helplessness, heroism ↗
June 23, 2021	'The apartments were gone.' Survivors recount harrowing escape from collapsed condo ↗
June 24, 2021	99 feared missing in rubble of collapsed condo in Surfside as search, vigil continue ↗
June 24, 2021	Here are the names and stories of the missing and dead in Surfside condo collapse ↗
June 27, 2021	Two days before condo collapse, a pool contractor photographed this damage in garage ↗
July 1, 2021	See where experts identified an 'initiation point' of the condo collapse — in the garage ↗

图 18-2　2022 年普利策新闻奖——突发新闻报道奖获奖作品截图[1]

[1] The 2022 Pulitzer Prize winner in breaking news reporting [EB/OL].（2022-12-28）[2024-04-18]. https://www.pulitzer.org/winners/staff-miami-herald.

《迈阿密先驱报》开始在官网上发布事件相关的深度报道，社交媒体账号报道的速度与官网报道的深度相互配合，实现了对事件全貌的真实还原以及全面剖析。

图18-3 "Tragedy in Surfside：a Sampler of the Herald's Social Media/Breaking News Coverage" 部分内容截图之一 [1]

[1] MIAMI H.Tragedy in Surfside：a sampler of the Herald's social media/breaking news coverage ［EB/OL］.（2021-06-23）［2024-04-18］. https：//www.pulitzer.org/winners/staff-miami-herald.

（二）平衡内容与形式，丰富报道维度

随着媒体融合的持续推进，新闻报道突破了以往简单的"文字＋图片"的呈现方式，转而形成集图、文、音频、视频等多媒体样态于一身的"融合新闻"样态，建构了多元的报道形式。如今既可以通过航拍进行全景式直播报道，呈现现场全貌，提高新闻用户的体验感与沉浸感，还可以借助3D、AR、VR等技术高度还原现场细节，重塑事件原貌与氛围，加深新闻用户对事件的理解。

如果说《迈阿密先驱报》报道中的文字是单维的、平面的，那么报道中图片、视频、动画等多媒体形态的融入则让整个报道变得立体生动，更富有故事性，进一步加强了故事的厚度。《迈阿密先驱报》关于尚普兰塔南公寓大楼倒塌事件的报道首先使用了大量的图片，其次是短视频和3D动画。图片、短视频的使用丰富了先驱报社交媒体账号"一句话式"报道的维度，对灾难现场、相关受害者的直观展示更是起到了调动情绪、助推报道的作用。但值得注意的是，关于受害者状况的呈现往往也是新闻伦理

图18-4 "Tragedy in Surfside：a Sampler of the Herald's Social Media/Breaking News Coverage" 部分内容截图之二 [1]

[1] MIAMI H.Tragedy in Surfside: a sampler of the Herald's social media/breaking news coverage [EB/OL]. (2021-06-23) [2024-04-18]. https://www.pulitzer.org/winners/staff-miami-herald.

问题多发的薄弱地带，在新闻报道中应当尽力避免二次伤害的问题。深度报道中图片、视频的使用起到塑造故事表达场景、营造情感表达氛围、辅助强化事件细节与真实性的作用。而3D动画则是以建模的形式直观地还原了大楼倒塌的深层原因、倒塌过程与危害，进一步强化了报道的深度与维度。

（三）平衡情感与事实，保持客观立场

人物的经历往往可以从侧面展现事件的危害性、影响程度和发展过程。突发事件中对人物故事的描写能够起到感染、鼓舞的宣传报道效果，同时还能平衡突发新闻报道的严肃性、强化新闻报道的真实性、还原事件发展始末。在编写突发新闻报道时应突出人物故事，以人物参与事件的时间线串联整篇报道的叙事逻辑和事件的发展顺序。另外，在报道突发事件中的人物故事或经历时，应当采访当事人、专家、相关机构和社会团体等多方群体，涵盖多方观点和意见，尽可能避免使用带有个人情感色彩的词语和表达方式，要以事实和证据为基础，提供客观的描述和分析，进行公正客观的报道，使公众能够自行从多角度对事件进行判断和评估。

突发事件，尤其是自然灾害、安全事故、群体事件，往往会对人民生活、社会秩序造成极大的消极影响。新闻媒体不仅是新闻事件的传播者，还承担着推进事件解决的社会责任。因此，对突发事件的采访与报道要保持尊重与关切，尊重受访者意愿，关注个人命运，不消费人民苦难；要始终坚持客观公正原则，避免煽情和炒作，用事实说话，用事实表达，警惕对灾难的娱乐消解。

同样以《迈阿密先驱报》对尚普兰塔南公寓大楼倒塌事件的报道为例,《迈阿密先驱报》的 7 篇获奖作品均聚焦于不同身份处境的人物,从人物各自的经历和感受中来还原事件发展的脉络与真相,呈现事件对个体带来的影响,从侧面展现了事件的破坏性与危害程度。

"After the Collapse of Surfside's Champlain Tower: a Day of Dread, Helplessness, Heroism"以时间为节点,以人物为主线,串联了住户凌晨惊醒逃亡的过程、消防救援队和警察救援疏散的细节、医院公布受害者的情况、公寓附近建筑中居住者的目击经过、镇上工程师关于公寓坍塌原因的分析、受害者亲友的状态、市应急管理部门主任关于救援进展的讲解、人道主义援助组织的救济、关于受难者的安置等关键群体与事件,多方主体的联动,建构了较为完善的事故表达情境,完整地呈现了事故发展的脉络,展现了宏观但不失生动的灾难现场[1]。

[1] SARAH B, AARON A. After the collapse of Surfside's Champlain tower: a day of dread, helplessness, heroism [EB/OL]. (2021−06−23) [2024−04−18]. https://www.pulitzer.org/winners/staff−miami−herald.

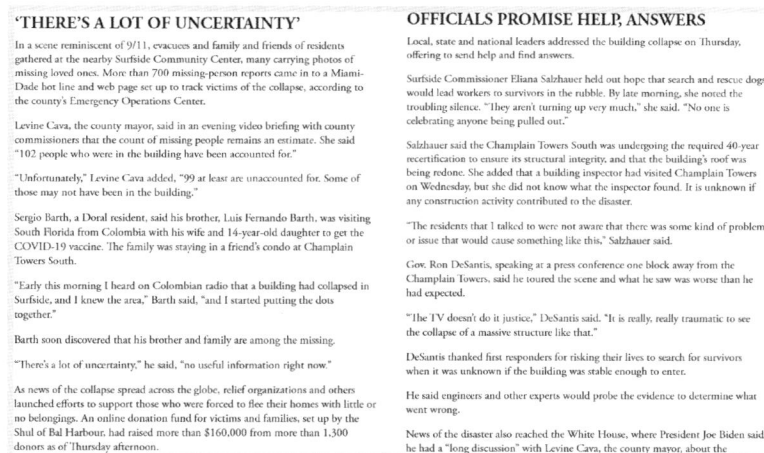

图 18-5　"99 Feared Missing in Rubble of Collapsed Condo in Surfside as Search,Vigil Continue"部分内容截图[2]

总体而言,"After the Collapse of Surfside's Champlain Tower: a Day of Dread, Helplessness, Heroism""'The apartments were gone.' Survivors Recount Harrowing Escape from Collapsed Condo""99 Feared Missing in Rubble of Collapsed Condo in Surfside as Search, Vigil Continue""Here are the Names and Stories of the Missing and Dead in Surfside Condo Collapse"4 篇

[2] MARIE−ROSE S, SAMANTHA J G, BIANCA P O, et al. 99 feared missing in rubble of collapsed condo in Surfside as search, vigil continue [EB/OL]. (2021−06−24) [2024−04−18]. https://www.pulitzer.org/winners/staff−miami−herald.

报道将重心放在了救援工作和人物经历上，且报道之间呈现出层层递进的关系，具体表现为跟进救援工作的推进、伤亡人数的变化、人物对事故回忆的完善度等。一方面是为了还原事故面貌，另一方面则是为了跟进现状回应社会关切。

最后两篇报道则将重点放在了事故原因剖析上，突破表面现象去挖掘真相。6月27日的报道"Two Days before Condo Collapse, a Pool Contractor Photographed This Damage in Garage"分享了知情人士与承包商事发前参观的经历、公寓维护经理关于事故的看法，并邀请了专家就爆料者和承包商在事发前拍摄的照片进行专业的分析，指出了可能造成公寓倒塌的影响因素之一。7月1日的报道"See Where Experts Identified an 'Initiation Point' of the Condo Collapse — in the Garage"呈现了工程学教授、工程师、工程研究院等各类专家就游客拍摄的事发前建筑视频分析的可能引发公寓倒塌因素的观点，文章始终保持客观中立的立场，未对事故原因轻下定论，而是客观转述了专家们的观点，将判断权交给了读者。

🔗 思考题

1. 记者在奔赴突发事件现场前，需要做哪些准备工作？为什么？

2. 突发新闻的特征是什么？

3. 如何写出高质量的突发新闻报道？

4. 如何看待突发新闻报道中的二次伤害问题？

5. 突发新闻报道在新媒体时代面临着哪些困境？如何破局？

参考文献

［1］李良荣.新闻学概论［M］.7版.上海：复旦大学出版社，2021.

［2］黄德华.地方纸媒新闻策划三昧［J］.中国记者，2010（6）：68-69.

［3］THORSEN E, ALLAN S. Citizen journalism : global perspectives ［M］. New York : Peter Lang, 2009.

［4］张庆.传统电视媒体进军短视频的误区与着力点［J］.现代传播（中国传媒大学学报），2017，39（12）：158-159.

［5］政府如何应对"麦克风时代"［J］.新闻记者，2009（7）：16.

［6］徐腾飞，颜清华，彭兰.信息图表助力科技类新闻的可视化报道［J］.新闻界，2013（16）：34-39，46.

［7］ZHANG X L. Breaking news, media coverage and 'citizen's right to know' in China ［J］. Journal of contemporary China, 2007, 16（53）: 535-545.

［8］王菲，王自跃.浅谈如何提升新华网的国际竞争力［J］.新闻世界，2015（1）：67-68.

［9］普利策评选强调实时报道：突发新闻类奖有调整［J］.国际新闻界，2011，33（12）：89.

［10］潘姝羽.融媒体环境下出镜记者应对突发新闻事件的策略［J］.新闻传播，2020（12）：71-72.

第十九章

舆情报告：舆情治理与智库服务

导　语

　　舆情报告严格来讲不是新闻作品，它既不是专业报道，也不是深度报道；既不谋求公开发布，也不会直接面向公众；而是为政府机构和企业用户定制提供的舆情对策服务，大部分都是付费产品。确切地讲，它是媒体机构生产的新型产品，是媒体融合发展中形成的新型服务形态、新型服务能力。

　　舆情不等于舆论，也不能简单混同于网上舆情，虽然它经常需要通过网络采集数据和跟踪舆情动态。因此，舆论报告的生产机制也完全不同于新闻报道的采写规则。归根到底，舆情报告是一种特殊的文体，旨在针对特定话题、事件或组织的公众舆论进行信息文本和数据收集、提供分析研判和舆情应对建议。

——南方舆情数据研究院院长　戴学东

　　舆情报告小组有导师 1 名：戴学东；助教 1 名：张姣；学生 15 名：黄玟骆、郑铭茵、董宣辰、阚宇轩、蒋佳轩、许语芹、翁莉、卢秀颖、王莹莹、曾智翔、卞露露、孙琪、何泳陶、庄颖桐、黄诗茹。

一、舆情报告的概念与发展驱动力

（一）舆情报告的概念

舆情报告是以梳理舆情事件为主要内容的报告文本，通常分为常规性报告、专题性报告和综合性报告三种类型。舆情报告一般围绕某一主题或某一事件进行，对事件发展过程进行梳理、跟踪、整合、分析，或是集中获取一段时间内的舆情信息，对信息进行综合分析后，以专题报告的形式呈现。[1]

（二）舆情报告发展的驱动力

1.技术发展：推动专业舆情服务的出现

技术的发展使部分商业机构能够借助网络数据挖掘技术，利用大数据分析技术，及时发现海量信息中与舆论存在关联的信息，从而提出相应的预警措施，最终将危机化解。

2.社会需求：事后处理变为事前预警

进入社交媒体时代，信息具有多点辐射的特点，较难事后控制。于是，相关部门希望通过事前预警了解可能出现的危机，将危机解决于萌芽状态。

3.媒体转型：探索新的盈利空间

移动传播技术的发展挤压了传统媒体的生存空间，舆情服务能较好地将市场需求和传统业务相结合，作为将信息服务商业化的一种探索，具有较强的现实价值。

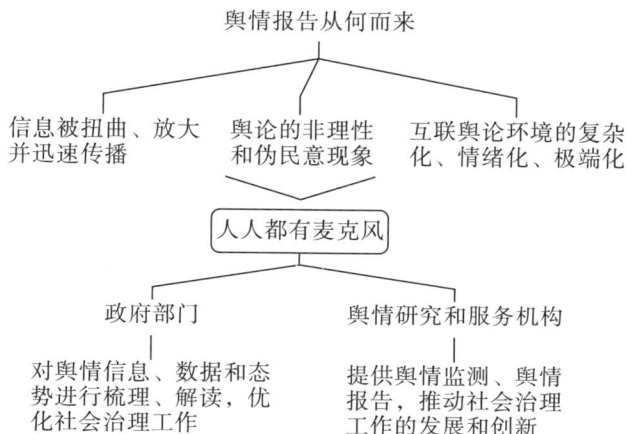

图 19-1　舆情报告从何而来

[1]丁柏铨.略论舆情：兼及它与舆论、新闻的关系[J].新闻记者，2007（6）：8-11.

二、舆情报告的发展状况

（一）舆情报告的分类和作用

1. 舆情报告的分类

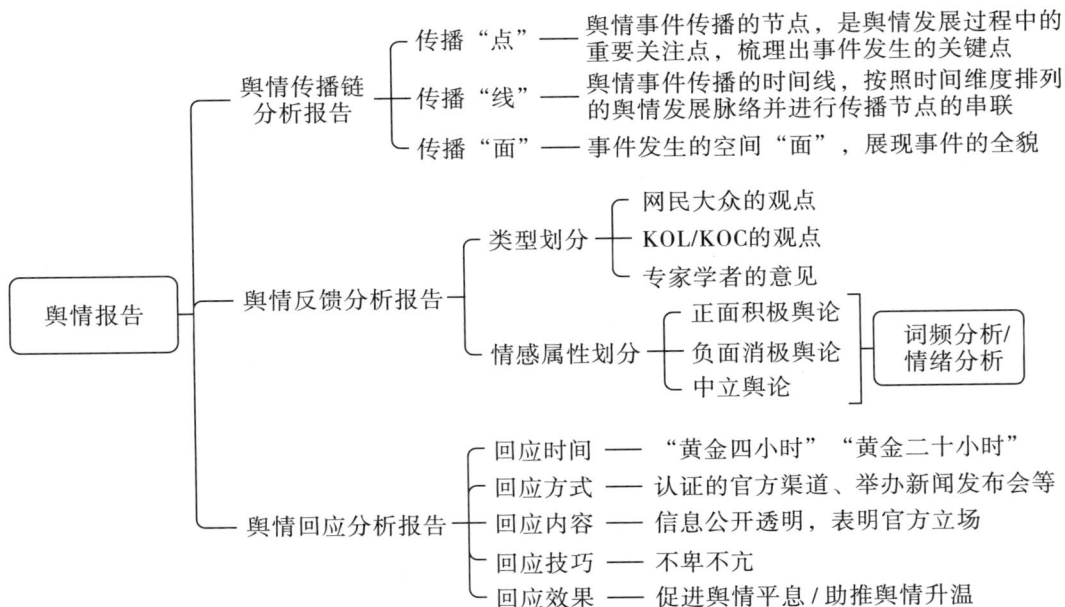

```
                           ┌─ 传播"点" ── 舆情事件传播的节点，是舆情发展过程中的
                           │              重要关注点，梳理出事件发生的关键点
            舆情传播链      │
            分析报告       ├─ 传播"线" ── 舆情事件传播的时间线，按照时间维度排列
                           │              的舆情发展脉络并进行传播节点的串联
                           └─ 传播"面" ── 事件发生的空间"面"，展现事件的全貌

                                        ┌─ 网民大众的观点
                           ┌─ 类型划分 ─┼─ KOL/KOC的观点
                           │            └─ 专家学者的意见
   舆情报告 ─┤ 舆情反馈分析报告
                           │            ┌─ 正面积极舆论 ┐
                           └─ 情感属性划分┼─ 负面消极舆论 ├─ 词频分析/
                                        └─ 中立舆论   ┘   情绪分析

                           ┌─ 回应时间 ── "黄金四小时""黄金二十小时"
                           ├─ 回应方式 ── 认证的官方渠道、举办新闻发布会等
            舆情回应分析报告├─ 回应内容 ── 信息公开透明，表明官方立场
                           ├─ 回应技巧 ── 不卑不亢
                           └─ 回应效果 ── 促进舆情平息/助推舆情升温
```

图 19-2　舆情报告分类图

2. 舆情报告的作用

（1）掌握舆情发展态势。

近年来，反转事件频频出现，舆情报告将最新的舆情态势和数据汇总编报，更加直观地反映舆情动态，帮助决策者更好地把握舆论引导的主动权。舆情事件会因官方回应、当事人表态或媒体监督而出现舆情态势的变化。

（2）分析研判舆情内容。

要做好舆情应对，舆情从业者应掌握实时的网络舆情动态，包括网民、媒体对舆情事件的评论及看法。这就需要舆情分析师、资深编辑对舆情事件进行全面复盘，解析各方观点，从海量信息中筛选出有价值的数据，了解各媒体平台的反馈情况，为舆情应对工作提供有力依据。

（3）为决策提供客观参考。

俗话说："当局者迷，旁观者清。"基于具有明显倾向的舆情

分析产品，难以在"第三方"的视角上站住脚跟。因此，第三方舆情报告为舆情决策提供非常重要的参考。

（4）为舆情修复提供助力。

无论是成功案例还是失败案例，都可以从中学习到舆情应对的经验。舆情报告集合了各行各业的舆情案例，可以为政府、企业提供参考，有助于其深度修复公信力、重塑形象，提升社会治理水平和企业管理水平。

（二）舆情报告的现状、困境与现实目的

1.舆情报告发展现状与困境

（1）舆情报告发展现状。

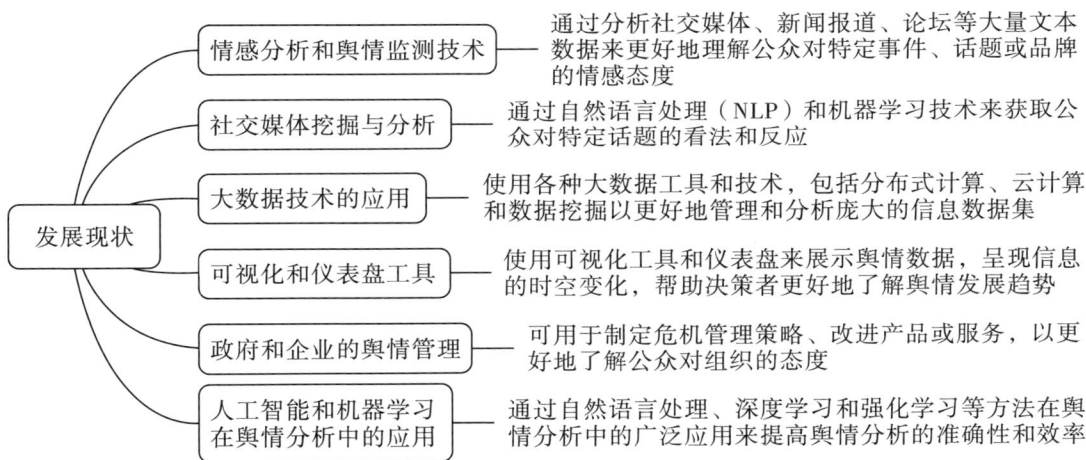

图19-3 舆情报告发展现状

（2）舆情报告面临的困境。

①舆情治理能力仍需提升。

面对舆情集聚的社会性事件，舆情主体应当从传统的管理理念转变为治理理念，从"硬性管理"转变为"柔性治理"，强化网络舆论的疏导工作，避免因信息沟通不顺畅、强力制压而爆发次生舆情。

②舆情治理主体不够明确。

目前，我国舆情仍是政府主导型治理模式，运用舆情治理的主体涉及政府众多部门，彼此之间的权限划分无法明确且多有交叉，存在因职责不清、相互推诿而出现的舆情真空地带。

③网络舆情监测方面存在技术瓶颈。

新媒体的不断发展促使舆情的迅速传播与演化，给政府部门的舆情监测带来了新的挑战。政府在舆情治理中需要对舆情信息实现全时段、全方位的监测，为舆情治理争取时间，助其打好基础。

2. 舆情报告的现实目的：媒介化治理

根据舆情报告服务对象的不同，可将舆情报告分为政务舆情报告与企业舆情报告两类。其中企业舆情报告主要用于为企业提供管理和决策依据，而本章所讨论的舆情报告则更多地集中于政务舆情报告，即为政府治理提供支撑的舆情报告。

数字化带来了媒介化社会的转型，数字化能力产生新的社会连接力。这种连接力要求治理者切实提升媒介化治理能力。舆情报告与媒介化治理密不可分，它为治理者引导舆情提供了指导，聚集多方力量共同作用，维持社会治理的高效稳定。

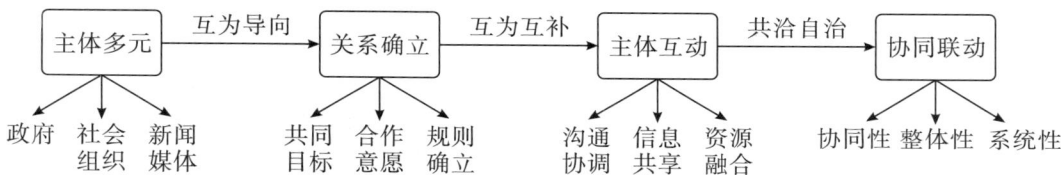

图 19-4　媒介化治理关系图

三、五种社会舆情的处理

舆情报告首先要回答三个问题：舆情如何生成、具体情况如何、如何应对舆情。前两个问题的答案构成了舆情报告的基础部分和客观分析部分，即事件概况、时间线梳理和焦点信息提取。接下来将从城市、健康、企业、应急和公共五个方面入手，选取典型案例分析其舆情发展态势和舆论场内各主体行为，发现规律，为回答最后一个问题——如何应对舆情提供方案。

（一）城市治安

表 19-1 "唐山烧烤店打人事件"舆情分析表

事件名称	发生时间	事件概述	完整过程
唐山烧烤店打人事件	2022 年 6 月 10 日至 21 日	2022 年 6 月 10 日下午，一则记录唐山机场路附近某烧烤店内多名男子殴打女生的监控视频在社交平台流出，在监控画面中，烧烤店内一男子在搭讪一白衣女子遭拒绝后，便对其进行掌掴、殴打。随后，这名男子及其同行男子将该名女子拖拽到外面的街道上，继续对其拳打脚踢。视频一经流传，唐山烧烤店打人事件便迅速引爆网络，引发多家新闻媒体报道与公众的广泛关注	萌芽阶段(6 月 10 日)： 6 月 10 日凌晨 2 点 40 分许，唐山市某烧烤店发生一起寻衅滋事、暴力殴打他人案件，现场监控视频一经曝光便迅速成为公众焦点。 爆发阶段(6 月 10 日至 15 日)： 6 月 10 日 17 时 50 分，唐山市公安局路北分局官微发布通报称，该案为一起寻衅滋事、暴力殴打他人案件。唐山市委书记回应称已锁定嫌疑人，正在实施抓捕。 6 月 10 日 23 时 26 分，唐山路北公安分局官微通报称，涉案两名犯罪嫌疑人已被抓获，其他犯罪嫌疑人正在抓捕中。两名受伤女子在医院治疗，伤情稳定；另两名女子伤势较轻未住院。 6 月 11 日 5 时 15 分，路北公安分局官微通报称，6 月 11 日凌晨已再抓获三名涉案人员，同时赴外省抓捕其他四名涉案人。 6 月 11 日 11 时 23 分，路北公安分局官微通报称，唐山公安组成抓捕组赶赴江苏，在江苏警方的支持配合下，于当日上午在某检查站将陈某亮、马某齐等三名涉案人员抓获。另一名涉案人员正在全力抓捕中。 6 月 11 日 14 时 26 分，路北公安分局官微通报称，当日下午，在江苏警方的协助下，最后一名涉案人员沈某俊被抓获。目前，受伤女子伤情稳定。 6 月 11 日晚，唐山市召开的会议强调，针对烧烤店恶意伤人事件，要从严从快依法严惩，深入开展扫黑除恶"回头看"专项行动，保持依法严厉打击高压态势，持续深化社会治安综合治理，还伤者公道、还市民安宁、还社会稳定。 6 月 11 日 22 时 59 分，河北省廊坊市公安局广阳分局发布通报称：根据省公安厅指定管辖，上述案件由廊坊市公安局广阳分局侦查办理。 6 月 12 日 11 时 02 分，广阳分局逮捕陈某志等 9 名犯罪嫌疑人。 6 月 12 日，唐山市召开会议，决定从即日起开展为期半个月的夏季社会治安整治"雷霆风暴"专项行动。

（续上表）

事件名称	发生时间	事件概述	完整过程
			6月13日，天目新闻记者来到收治被打女子的华北理工大学附属医院实地探访，该院一位工作人员向天目新闻记者表示，两名受害者已转入普通病房。 6月15日晚，唐山市委书记武卫东就夏季社会治安整治"雷霆风暴"专项行动到市公安局调研检查。 平缓阶段（6月15日至21日）： 6月21日，河北警方通报唐山打人事件侦办进展和被打女孩最新情况，唐山公安局路北分局局长等人被免职。

对该舆情中各主体的行为进行分析评价会发现：

第一，治理主体及时调查舆情讨论点、积极做出相应行动、公开事件各阶段处理结果，能够在舆情爆发期最大限度安抚公众、降低舆情热度、挽救城市形象。面对舆情中后期的黑恶势力热议，唐山市及时开展了相关专项行动来向公众汇报进展，对于次生舆情处理较为及时。

第二，央视新闻等官媒对于事件的关注，起到了一定的舆论监督作用。及时传达了公众对于"黑社会"等话题的讨论，持续揭露了"唐山市蛋糕店恐吓威胁"等事件。

第三，主流媒体对某些民众中热议的争议话题采取"冷处理"。报道对性别议题采取了"冷处理"手段，有些媒体甚至偷换概念，引起了公众反感。主流媒体需要给予争议话题一定关注度，客观公正地参与讨论，引导舆论正向发展。

（二）食品安全监管

表 19-2 "食堂吃出鼠头事件" 舆情分析表

事件名称	发生时间	事件概述	完整过程
食堂吃出鼠头事件	2023 年 6 月 1 日至 17 日	一名江西工业职业技术学院学生于 2023 年 6 月 1 日在食堂发现形似啮齿类动物头部的物体，当其拍摄影片公布于互联网后，引起舆论争议。涉事校方初时坚称此物为鸭脖，食品管理局也佐证校方说法，当事学生也出面"澄清"；舆论则普遍认为此物明显为鼠头，质疑校方与食品管理部门施压当事学生。江西省政府在社会舆论的压力下，责成相关部门重启调查组，并在经过调查后于 6 月 17 日正式宣布此物为老鼠类啮齿动物头部，而非鸭脖	**萌芽阶段（6 月 1 日至 3 日）：** 6 月 1 日，涉事学生在抖音平台上传就餐视频，称在饭菜中吃出了老鼠头。 6 月 2 日，沸点视频最早报道该事件并电话采访涉事学校餐饮管理人员，对方称已看到该视频，会安排调查。 6 月 3 日，涉事学校官方微信发布情况通报，称经学生本人对比，确认"异物"为鸭脖，且该学生已对视频内容进行了澄清，不满的声音开始出现；同日，江西广播电视台《都市现场》栏目报道该事件，南昌市高新区市场监督管理局昌东分局局长江协学介绍，执法人员第一时间赶到现场反复对比，确认这个异物就是鸭脖，引发大量网友质疑；当晚，疑似学校控评的微信截图被曝光，影响再次升级，舆论升温。 **爆发阶段（6 月 4 日至 7 日）：** 6 月 4 日，相关话题陆续登上各大平台热搜榜，网民开始玩梗，称古有指鹿为马，今有指鼠为鸭。 6 月 5 日，央广网记者实地调查，涉事学校历史事件被扒出：2021 年南昌市监局曝光该校青山湖校区后厨老鼠事件，涉事的承包商为菁禾餐饮公司。公众对学校信任度进一步降低。 6 月 6 日，疑似受事件影响，绝味食品、周黑鸭等鸭脖股票股价连续下跌，微博话题＃绝味食品股价下跌＃登上热搜。 6 月 7 日，江西省教育厅回应已经介入该事件。 **反复阶段（6 月 8 日至 17 日）：** 6 月 8 日，学校食堂意见反馈群内容截图被曝光，曝光截图显示，该校食堂几乎每个月都有大量投诉。当日，涉事学校食堂又被曝出饭菜里吃出大青虫，舆论持续升温。

（续上表）

事件名称	发生时间	事件概述	完整过程
			6月9日，南昌市委宣传部新闻处回应市监局正核查，以通告为准，事件暂时降温。 6月10日，新华社报道江西省已成立由省教育厅、省公安厅、省国资委、省市监局等部门组成的联合调查组进行调查，再次引发舆论等待调查结果。 6月17日，调查结果公布，判定异物为老鼠类啮齿动物头部，认定江西工业职业技术学院对此次事件负主体责任，涉事企业负直接责任，市场监督管理部门负监管责任，并依据《中华人民共和国食品安全法》及其实施条例进行处罚。

公共卫生事件与公众的生命健康密切相关，针对类似事件，官方应及时抚慰民众因食品安全而生的焦虑之心，平息舆论。

在本次事件中，官方在应对舆情时具有以下可取之处：第一，适时介入舆论，把握态势。在鸭脖品牌受牵连、食堂又现大青虫时，官方的及时回应避免了次生舆情和舆论搭车现象。第二，处置有头有尾，实现闭合。通过调查和追责，还原了事实真相，也挽回了公众信任。同时，也有做得不足的地方：第一，干涉时机过晚，干预方式被动。舆论爆发近一周才正面回应，给民众留下"千呼万唤始出来"的懒政印象。第二，没有及时审查学校回应的真实性，没有深入调查企业作风的敏感性。

因此，对于相关舆情报告，建议官方将重心集中在以下三个方面：第一，主动、及时向公众和媒体发布信息，掌控舆论引导权。第二，畅通民众监督机制，让民意得以充分表达，恢复民众对食品安全及官方公信力的信心。第三，与涉事方充分沟通，协同发声，避免前后矛盾。

（三）企业危机公关

表 19-3 "鸿星尔克向河南捐款引来'野性消费'事件"舆情分析表

事件名称	发生时间	事件概述	完整过程
鸿星尔克向河南捐款引来"野性消费"事件	2021 年 7 月 21 日至 29 日	7 月 21 日，鸿星尔克官方微博发表声明，向河南捐赠 5000 万元物资以援助抗灾，并于次日登上热搜，随后引起网友冲入直播间"野性消费"，鸿星尔克董事长呼吁大众理性消费，部分网民到其他品牌直播间发布恶意言论。一时间，鸿星尔克这一品牌受到了广泛的关注，媒体和网民纷纷对相关事件发声，促使其成为舆论关注的焦点	**萌芽阶段**（7 月 21 日至 22 日）： 7 月 21 日，鸿星尔克官方微博宣布向河南捐赠 5000 万元物资。 7 月 22 日晚，有网友评论"感觉你都要倒闭了还捐这么多"，引起网民共鸣，推动话题"鸿星尔克的微博好心酸"冲上微博热搜榜第一，舆论迅速发酵。 **爆发阶段**（7 月 22 日至 24 日）： 7 月 22 日，鸿星尔克淘宝直播间观看人次超过 200 万，单场直播带货的销售额超 1022 万元。鸿星尔克在抖音直播创造的销售额也超过了 1500 万元。 7 月 23 日下午，鸿星尔克官方微博显示，微博会员已经被赠送开到了 2140 年。 7 月 23-24 日，鸿星尔克品牌官方旗舰店淘宝直播间销售额突破 1.07 亿元，总销量 64.5 万件，直播间观看人次近 3000 万。同一时间段，鸿星尔克抖音直播间点赞量达 4.2 亿次，成为抖音直播最高纪录，鸿星尔克 3 个抖音直播间的累计销售额超过 1.3 亿元。 **争议阶段**（7 月 24 日至 26 日）： 同时，有部分网民到其他品牌直播间进行辱骂和声讨。 7 月 24 日，有自媒体发表文章《捐了 20 万瓶冰露矿泉水的鸿星尔克，怎么捐出 5000 万物资？》。 同日，有网友质疑鸿星尔克为外资公司。7 月 25 日，知名媒体人"理记"在微博就"鸿星尔克驰援河南"一事发文，提出对鸿星尔克捐款的质疑。 7 月 26 日，浙江杭州、江西婺源、湖北黄冈等地旅游景区以及湖南省岳阳市和平江县的文化旅游部门宣布，穿"鸿星尔克"鞋可享受优惠甚至免费参观景区。

（续上表）

事件名称	发生时间	事件概述	完整过程
			回落阶段(7月25日至29日)： 7月25日，鸿星尔克官方微博做出相关回应，郑州慈善总会和壹基金也在当天证实鸿星尔克捐款事宜。 7月26日，中央纪委国家监委网站发布评论称，鸿星尔克爆红是"善引发善的动人故事"。 7月29日，鸿星尔克发布紧急通知称，由于近期订单大量涌入，导致公司系统崩溃，40多款产品跟不上备货量的需求，各地的仓库已售空，主生产线已超负荷生产。

对该舆情事件进行分析评价发现：

第一，企业在舆情起始阶段迅速做出回应。针对网民的"野性消费"，鸿星尔克董事长吴荣照多次表达感谢、呼吁理性消费，避免对其他国货品牌造成困扰。对捐款问题的质疑，官方也在第一时间联合相关基金机构发布了详细的物资捐赠说明。

第二，主流媒体应当做好舆论引导工作，迅速进行调查和信息梳理，及时发表评论性文章对事件进行定性，促使舆情稳定，并做好次生舆情的防控工作。《光明日报》及时对"旅游景区对穿着鸿星尔克人群优惠或免费"事件做出评论。在事件热度消退后，央视网点评《鸿星尔克：从一夜爆红到30万人取关》，对舆情背后存在的问题进行思考。

第三，对于关注度高的话题，应该随时监控舆情走势，做好舆情防控工作。由于关注度较高的话题涉及"捐款"等敏感话题，也出现了少部分质疑，所以要对瞬时发生的舆情进行监控与防控。

（四）公共安全事件

表 19-4　"7·23 齐齐哈尔市中学体育馆楼顶坍塌事故"舆情分析表

事件名称	发生时间	事件概述	完整过程
7·23 齐齐哈尔市中学体育馆楼顶坍塌事故	2023 年 7 月 23 日至 24 日	7 月 23 日，黑龙江省齐齐哈尔市第三十四中学体育馆发生坍塌。经核实，事故发生时，馆内共有 19 人，其中 4 人自行脱险，15 人被困。截至 24 日 10 时许，15 名被困人员均被找到，现场搜救工作结束。此次事故共造成 11 人死亡	**萌芽阶段**（7 月 23 日）： 事故发生以后，对被困人员的救援进展是网民最关心的问题之一，尤其是因为事故发生地点在中学的体育馆，更加吸引了公众对于师生伤亡情况以及遇难人员家属的关心。同时，随着事故现场鸟瞰图被公布，以及媒体公布"经现场初步调查，与体育馆毗邻的教学综合楼施工过程中，施工单位违规将珍珠岩堆置体育馆屋顶。受降雨影响，珍珠岩浸水增重，导致屋顶荷载增大引发坍塌"的初步结论，大众讨伐豆腐渣工程的舆论开始初步显现。 **发展阶段**（7 月 23 日至 24 日）： 随着舆情讨论的不断发酵，越来越多民众将本次事件与以往出现的类似案例一同提起，如"莱荣高铁被举报偷工减料"等，引发更大规模的负面舆论情绪，引发大众舆论场中对于建筑质量与施工资质的声讨，民众进一步要求彻查这一事件，舆情被催化。除此以外，各类个例进入大众视野，网络上疯传类似的视频，其中就有一段疑似遇难学生家长在医院质疑无人出面沟通的视频。视频中涉事家长称，遇难学生送医之后，自己在医院等待 5 个小时，其间无一人出面与在场家长沟通学生伤情，甚至有家长直到自己的孩子失去生命体征才知情。"孩子抢救这么长时间，谁能和我们家属说一声情况？"该内容以视频的形式传播，进一步加强了声讨的巨浪。 **消退阶段**（7 月 24 日后）： 随着各类报道与信息的公开，以及民众注意力的减弱，本次舆情开始消退。

对该舆情事件进行分析评价后发现：

第一，主流媒体在应急处理过程中发挥了信息发布的协同作用。本次事故中，救援进展均通过媒体报道对外发声。可以看到新华社、央视新闻等官方账号在事故救援进展通报中多次作为首发渠道，第一时间向公众传递现场最新情况，巩固了主流媒体在新闻报道方面的专业性、权威性和公信力。

第二，自媒体动态发布，客观还原事件面貌。23日18时许，各自媒体先后发布的事故信息中，事故发生时间为"23日下午4时许"，被困人员数量表述为"初步研判有10余人被困"；24日早间，自媒体发布被困人员具体人数，"事故发生时馆内人员共有19人，其中4人自行脱险，15人被困"……这种数据的不断更正、明确，让事件在动态发布的过程中逐渐呈现出客观面貌，以此回应舆论关切。

第三，政府舆论引导不够。在这次事故的报道中，有许多信息来自"知情人士""该校师生"或是"附近居民"等非官方的消息来源。这样的信源不仅降低了网民对于信息可信度的评估，同时也强化了对当地政府通报信息不及时的感知。

灾难事故中，沟通安抚更见真情。与救援工作同样重要的是对遇难者家属的情绪安抚。在齐齐哈尔本次坍塌事故中，网传视频中家长的质问引发公众广泛共情，更加剧了公众对于相关部门应对措施缺失的不满情绪。由此提醒相关部门在灾难事故中，除集中力量救援之外，亦要加强人文关怀，安抚遇害者家属的情绪。这给予我们的启示是，需要关注灾难报道当中的舆情风险与信息传达的规范，根据不同情况转换叙事风格，既要准确也要有人文关怀。

（五）突发公共事件

表 19-5 "东航 MU5735 昆明—广州航班失事事件" 舆情分析表

事件名称	发生时间	事件概述	完整过程
东航 MU5735 昆明—广州航班失事事件	2022 年 3 月 21 日至 27 日	2022 年 3 月 21 日 14 时 38 分许，一架东航波音 737-800 客机在广西壮族自治区梧州市藤县埌南镇莫埌村神塘表附近山林坠毁，并引发山火。习近平总书记对东航客机坠毁做出重要指示后，各方救援力量进入飞机失事地点，彻夜展开搜寻和救援工作。国家应急处理指挥部多次举行新闻发布会回应社会各界关切的各种问题，但失事原因目前尚未公布	爆发阶段(3 月 21 日)： 3 月 21 日下午，网络上开始出现关注 MU5735 的信息，@FATIII 发布 "我们正在关注 MU5735,暂时未能确定最新情况"；@航空物语发布消息称 "飞常准已经把 MU5735 状态改为'失联'。另据消息，飞机上乘客超过 100 位"。随后官方确认一客机在广西藤县发生事故，各大媒体纷纷报道了此事件。紧接着客机以及乘客数量等信息被及时报道，该事件的传播热度即时达到峰值，引爆网络舆情，全网的关注热度强势汇集。 蔓延阶段(3 月 21 日至 22 日)： 救援情况、家属信息及民间分析推动舆情热度延展，客机失事的信息被确认之后，后续搜救工作成了全网关注的焦点。各方援救力量紧急启动，进行彻夜搜救。3 月 22 日，相关媒体进入事故发生地进行直播报道，现场基本情况被披露，撞击地点以及飞机残骸等救援情况深受网民关注。事故中乘客的家属安抚情况、部分失事乘客的相关信息也在网络中曝光，牵动了亿万网友的心。网民们对于此次空难事故的猜想分析，如发生原因、可能出现的结局等内容也在网络中不断生成，这些信息的传播推动舆情热度不断上升。 回落阶段(3 月 22 日至 23 日)： 22 日晚 9 时，国家应急处置指挥部召开第一场新闻发布会，对搜救结果、事故原因、黑匣子搜寻、家属救助等问题展开了回应，从回应内容来看，搜救以及调查并未有实质性的进展。3 月 23 日上午，因下雨暂缓搜救工作。对于后续进展公众保持观望和等待，在这个过程中，舆情热度也呈现出下落的状态。相较前两日的趋势，热度值处于较低的状态。

（续上表）

事件名称	发生时间	事件概述	完整过程
			回升阶段（3月23日至27日）： 3月23日下午，坠毁飞机的一个黑匣子被找到，这则消息迅速被媒体报道，找到黑匣子成为解密此次坠机事故原因的出口，舆情热度再次急速攀升。晚间新闻发布会的召开，官方通报在现场发现人体组织碎片等信息，再一次强化了公众的悲痛情绪。10时35分，中国民航局的机关报《中国民航报》称："第二个黑匣子已找到。"上述内容发出后，各官媒、自媒体转载报道。 但紧接着，《中国民航报》删除了该消息，舆论质疑声在网络上起伏不断。新华社10时49分发布消息称，3月25日从"3·21"东航MU5735航空器飞行事故国家应急处置指挥部了解到，目前还未找到第二部黑匣子，救援现场正在抓紧搜寻，有关消息将以指挥部新闻发布会发布消息为准。随后，《中国民航报》做出郑重致歉。 3月27日上午9时20分许，在撞击点东侧山坡坡面1.5米土层下，消防员发现一橙色罐体，经专家确认，是"3·21"东航飞行事故客机第二个黑匣子。

该事件中各舆情主体的措施为：

政府对事件及时发声，对舆情引导起到了定调作用。"事故发生后，中共中央总书记、国家主席、中央军委主席习近平立即作出重要指示，惊悉东航MU5735航班失事，要立即启动应急机制，全力组织搜救，妥善处置善后。国务院委派领导同志靠前协调处理，尽快查明事故原因，举一反三，加强民用航空领域安全隐患排查，狠抓责任落实，确保航空运行绝对安全，确保人民生命绝对安全。"[1]

主流媒体对各种谣言进行辟谣，防止次生舆情的扩散。例如，《人民日报》发布《辟谣！这些关于MU5735的说法都是谣言》一文。[2] 同时也通过更具人文情怀的文章抚慰民众，例如

[1]习近平对东航客机坠毁作出重要指示［EB/OL］.（2022-03-21）［2024-04-28］. https://www.gov.cn/xinwen/2022-03/21/content_5680278.htm?eqid=d0dcce7a00036b6300000004647da3d2.

[2]辟谣！这些关于MU5735的说法都是谣言［EB/OL］.（2022-03-22）［2024-04-28］. https://baijiahao.baidu.com/s?id=1728001529833998673&wfr=spider&for=pc.

《中国青年报》发布的文章《蝴蝶证明你来过》中指出："不只是爱人、亲人、朋友、同事，这场事故对我们在场的每个人，对全中国人的心都是一次重重的撞击，留下了深深的伤口。"[1]

总的来说，舆论场内话题多元复杂，负面舆论引导有待强化。谣言带来的恶意解读引起了舆论愤慨，强烈沉痛情绪之下的高度压抑和过分挖掘细节隐私带来的负面舆论在舆论场内生成扩散，带来了严重的不良影响。因此，应该强化对负面舆论的正向引导。

[1]谢洋.蝴蝶证明你来过[EB/OL].（2022-03-31）[2024-07-23].http://zqb.cyol.com/html/2022-03/31/nw.D110000zgqnb_20220331_2-03.htm.

此外，部分媒体需要提高素养。部分媒体及记者由于新媒体素养、舆论素养不高，仅展示部分事实，调查不完全，对事故报道妄下定义，过度报道当事群体。同时，也要警惕蹭流量行为。灾难面前，要警惕营销号以及好事者利用灾难吃"人血馒头"，唯流量无下限的恶劣行径。尤其是在房地产行业、娱乐业、微商、网络直播等方面，要加强内容审核，提醒网民注意信息甄别。我们要传递正能量，引发群众共情。许多媒体转发搜救队员于事故现场发现黑色蝴蝶的视频，借蝴蝶在传统文化中的寓意表达对罹难者的关怀。还有一些媒体对"蝴蝶结女孩"及其他罹难者进行报道，引起网民的共情与感动。

四、舆情报告的写作要点和优化路径

（一）舆情报告的写作要点

1. 对舆情的梳理和分析

舆情概况应呈现发生了什么事，交代时间、地点、人物、起因、经过、结果，对于众人皆知的事情略写，可以为后文关注焦点、研判风险等相关信息做铺垫。舆情传播情况应包括某段时间内的舆情数据和传播趋势。舆情数据主要包含相关信息总量、各平台信息数量、平均传播速度、主导情感倾向、敏感类信息占比等，传播趋势主要包含主流舆论情况、传播整体趋势及传播各阶段情况。各阶段情况一般包含舆情讨论主要话题与网络声量两方面。舆情关注的焦点一般根据传播数据或趋势分析得出。要掌握多数人的焦点以把握舆论主导权，也要关注少数人的焦点以预防潜在风险。在根据传播趋势分析时应分阶段对舆情焦点进行梳理，从媒体和网民观点多视角分析，比较他们不同的关注点。

在撰写舆情事件的客观分析时，需要注意以下三点。首先，舆情报告的客观分析重在客观求实，不得夸大也不得轻慢，只有足够规范和科学才能反映舆情真实情况，解决公众关心的问题，让后续正确高效的决策能够顺利进行。其次，分析时所用数据应来源于可靠、权威的渠道，不得随意修改、增减媒体来源，在收集媒体及网民观点时，不能偏向、拘泥于某些人群或观点。最后，在客观分析中也应注意详略得当和深浅适度，尽可能提供有效新鲜的信息，这一部分的主要任务是反映客观事实，应把已知信息尽可能全面地展现出来。通过客观分析，政府、媒体可以了解公众的关注点、情绪倾向和态度，有利于预判和应对潜在的风险和挑战，提高公共管理的效率和质量。同时，也为媒体和公众提供了客观全面的信息，促进了公众参与，提高了信息透明度。

2. 舆情报告的研判与建议

舆情报告的研判部分主要针对舆情发展的周期、议题、模式，进行定性、定量、定向以及定位分析。在定性分析上，整个研判流程需要规范化，研判主体通过多种方法对多项指标进行文本分析，从而确定相关信息在舆情事件中的演绎，以此对舆情信息进行分析。例如通过构建清晰的逻辑框架，聚焦重点内容，再从不同主题切入，先粗后精，为舆情报告提供针对性建议。在定量分析上，通过精准识别舆情发展过程中的规律来研判解决路径，明晰舆情引导处置的"提前量"，包括分析舆论环境中的话题热度、互动量、网民情绪指数等指标。在定向分析上，对舆情风险点进行趋势预判，根据舆情发生的特点和规律，把握时间的动态发展方向。从小体量的舆论争议话题出发，预判性地延展到背后涉及的深层领域，对潜在问题做好预警，尽量避免重大舆情事件的发生。在定位分析上，舆情研判主体通过定位分析，提供专业的参考方案和应对建议，有效避免舆情扩散。

上述"四定"明确后，撰写舆情报告时还要注意从舆情的几个特点来展开论述。首先，由于舆情的自发性真实、客观地反映了现实社会的矛盾，体现了不同群体的价值观，在舆情研判报告中，不能过分关注观众反应而忽略新闻真实，同时调研主题也要明确。其次，由于舆情的交互性与偏差性，舆情环境下多方观点同时出现，往往会出现意见交锋的情况，一些情绪化的言论可能在众人的响应下发展成为有害的舆论。因此，舆情研判报告更需要把握新闻的客观性，在研判内容方面，加上具体、有说服力、有支撑作用的细节与例子，真实反映多方声音，提供直接、多角度的参考建议。最后，由于舆情发展往往需要一个比较长的时间，舆情报告的内容与时间线需要得到扩展。

（二）舆情报告的优化路径

在大数据时代，善于获取数据、运用数据是写好舆情报告的基本功。多渠道获取数据有助于准确地判断舆情趋势，使舆情报告更有参考价值。舆情报告的撰写应该基于社交媒体、新闻报道、调查数据等多种信息来源，利用智能监测系统、舆情工作平台来对舆情信息等数据进行采集和归类。

1. 科学解读舆情数据

数据是舆情分析的基础，但数据本身并没有意义，只有当数据被科学分析时，才能转化为有价值的信息。因此，舆情报告的撰写需要利用大数据、语义分析等技术，结合专业舆情分析师的综合研判，对已有数据进行科学的解读，从舆情的传播范围、风险程度和可能造成的影响等多维度进行分析。以舆情数据的分析为基础，提出相应的建议，促进科学决策。

2. 确保报告分析的客观性

对舆情发展趋势的准确研判，是提出建议的基础。为了确保舆情研判的客观性和公正性，舆情报告的撰写需要以客观事实和数据为依据，实事求是，避免任何形式的隐瞒或夸大。为了提高舆情研判的客观性，可以采取多人参与、多角度分析的方法，在集思广益的同时，还能减少个人主观因素的影响。通过多元化的视角和分析方法，我们可以更全面地了解舆情发展趋势，提供更有价值的建议。

3.明确受众与用户意图

舆情报告的目标读者可能是决策者、利益相关者、公众或其他相关团体，因此，明确舆情报告的目标读者是撰写有效舆情报告的重要前提。了解目标读者不仅有助于确定报告的角度、风格和内容，还可以帮助我们更好地传达信息。此外，明确报告的意图能够确保报告内容与目标一致，是满足读者需求的关键步骤。

4.提出具有参考价值的建议

舆情报告的本质是"参谋"、是"决策参考"、是"智力服务"，因此，舆情报告提出的建议要有实际的参考价值，用具体的解决方案帮助决策者解决问题和应对挑战，尽可能做到"可实施性"和"有针对性"。

5.进行形式上的创新

传统的舆情报告通常采用固定的格式，以文本的形式呈现内容。但根据实际需要，也可以采用不同的风格、形式，更好地呈现信息。例如，可以采用时间轴格式，根据时间顺序列出事件并解释其影响，也可以采用图像、视频等形式，直观地展示数据。

总之，在当今这个信息爆炸的时代，"人人都有麦克风"，每个人都可以在网络上发表自己的观点言论，各种信息也因此得以迅速传播。但是，网络的便利也带来了一些问题，比如信息的真实性和客观性难以保证，负面信息更容易被扭曲、放大，继而发展成舆情，甚至成为一些不良势力煽动情绪和扰乱社会秩序的工具。

这时就需要有专门的舆情研究和分析机构，通过大数据分析和舆情分析技术，去伪存真、抽丝剥茧，帮助各级党政机关、相关单位或部门更好地把握社情民意，提供决策参考。从多个维度分析和解读各种舆情信息和舆情数据，全面深入地探究其中的真实诉求和背后的社会现象，同时积极整合各方媒体的智力资源，加强各方合作，推动公共舆论引导，促进社会和谐发展。

媒体特别是主流媒体应坚持客观公正、严谨科学的原则，发挥舆情研判、大数据研究、决策参谋等方面的优势，为各级党政机关、相关单位或部门提供更准确、更及时的决策建议。不断探索创新舆情分析方法和技术，为推动媒体积极有效参与社会治理、促进社会发展做出新的贡献、提供新的服务。

思考题

1. 舆情报告发展的驱动力有哪些？
2. 舆情报告的种类有哪些？
3. 舆情报告的作用体现在哪几个方面？
4. 舆情报告的写作要点是什么？
5. 如何对舆情报告进行优化？

参考文献

［1］王平，谢耘耕. 突发公共事件网络舆情的形成及演变机制研究［J］. 现代传播（中国传媒大学学报），2013，35（3）：63-69.

［2］毕宏音. 网民的网络舆情主体特征研究［J］. 广西社会科学，2008（7）：166-169.

［3］李雯静，许鑫，陈正权. 网络舆情指标体系设计与分析［J］. 情报科学，2009，27（7）：986-991.

［4］张勤. 网络舆情的生态治理与政府信任重塑［J］. 中国行政管理，2014（4）：40-44.

［5］丁柏铨. 论网络舆情［J］. 新闻记者，2010（3）：4-8.

［6］熊茵，赵振宇. 微信舆情的传播特征及风险探析［J］. 现代传播（中国传媒大学学报），2016，38（2）：79-82.

［7］刘勇，王雅琪. 公共危机中"次生舆情"的生成与演化：基于对

"8·12天津港爆炸事故"的考察［J］.国际新闻界，2017，39（9）：116-133.

　　［8］郑雯，桂勇.网络舆情不等于网络民意：基于"中国网络社会心态调查（2014）"的思考［J］.新闻记者，2014（12）：10-15.

　　［9］李明德，张宏邦.微博舆情：模式、表征与趋势［J］.情报杂志，2013，32（7）：49-53.

　　［10］王立峰，韩建力.构建网络综合治理体系：应对网络舆情治理风险的有效路径［J］.理论月刊，2018（8）：182-188.

第二十章

深度报道：以专求深与务实求真

导　语

套用三毛的话，那就是，深度报道不可说、不可说，一说就错。不过我还是佩服曹轲老师手下的这些"初生牛犊"，观点我未必认同，但其勇气到底可嘉。回到深度报道，恐怕也需要这种牛犊般的勇气。写这段文字，我仿佛回到自己当年在《四川日报》经济新闻部做记者的日子。那时候，我至少有过有限的深度报道实践。什么是深度报道？报社好像没有什么人告诉过我，也好像没有什么人对这个问题感兴趣。反正就是找一个选题，围绕这个选题不断地深挖下去，然后成就的文字，便是所谓的深度报道了。简言之，深度报道难得糊涂，"勇气＋深挖"即可。

——深圳大学传播学院教授　尹连根

深度报道小组有导师 3 名：尹连根、庄永志、梁婷；助教 1 名：常琳；学生 16 名：梁栋、刘芸丽、陈铭心羽、谭梓莜、董嘉迪、黄丽影、郑钰纯、张启越、杨笑、许璐、江欣怡、周菁、林泓玥、曹玥迪、蒋京珂、蔡宇星。

一、深度报道的概念与发展历程

（一）深度报道的概念

自 1978 年深度报道的概念确立以来，学界对于其定义的讨论可谓层出不穷。本章参考唐铮老师的分类方法，将目前学界对于深度报道的定义分为"文体说""形式说"和"理念说"。[1]

"文体说"即把深度报道定义为一种报道文体，具有集合性的特点。《现代新闻采访写作教程》提道："在我国，深度报道也称为全息报道、全方位报道、解释报道、大特写、社会纪实。"[2]另外，有一些业内人士把深度报道等同于调查性报道。[3]但以上这些将某种或几种文体定义为深度报道的方式，存在较大局限性。

"形式说"则是从报道形式和报道方法出发对深度报道进行定义。《新闻学大辞典》中将深度报道定义为："运用解释、分析、预测等方法，从历史渊源、因果关系、矛盾演进、影响作用、发展趋势等方面报道新闻的形式。"[4]这类定义方法对深度报道的生产和呈现进行界定，具有一定的实践意义，但从理论研究尤其是定性研究的角度来讲，这类定义的价值不大。[5]深度报道与其他报道的不同之处在于其超文本的价值。"深度报道具有新闻性、解释性、调查性和分析性的特点"，这种理解点出了深度报道的丰富层次。[6]

在"理念说"中，深度报道的灵魂在于其背后的理念。杜骏飞、胡翼青将深度报道看成一种新闻旨趣："它揭示了新闻的主体与客体间的关联，从深度（深刻性）和广度（广延性）两方面指出了新闻文体以受众认知效用为主导的运作方向。"[7]但"理念说"也因与实践之间的割裂而被质疑，刘海贵认为，"理念说"是不完整的，深度思维方式与深度报道是两个概念，它们是理论与实践、精神与物质的关系。"理念说"将客观世界的深度报道等同于主观世界的思维方式或报道理念。[8]

以上三类说法各有优势和弊端，互为补充。我们结合"形式说"和"理念说"，将深度报道定义为：对新闻事实或新闻现象

[1] 唐铮，方汉奇.深度报道 [M].北京：中国人民大学出版社，2021：2-3.

[2] 高宁远，郭建斌，罗大眉.现代新闻采访写作教程 [M].北京：新华出版社，1998：142.

[3] 欧阳明，周双，向小薇.深度报道的界定探析[J].写作，2017（13）：3-8.

[4] 甘惜分.新闻学大辞典 [M].郑州：河南人民出版社，1993：153.

[5] 杜骏飞，胡翼青.深度报道原理 [M].北京：新华出版社，2001：5.

[6] 杜骏飞，胡翼青.深度报道原理 [M].北京：新华出版社，2001：5.

[7] 杜骏飞，胡翼青.深度报道原理 [M].北京：新华出版社，2001：5.

[8] 刘海贵.深度报道探胜：党报——主流媒体发展之路 [M].上海：复旦大学出版社，2007.

进行解释、揭示或预测，以深刻和全面为传播旨趣的新闻报道。

（二）深度报道的发展历程

深度报道源于现代西方新闻思潮，历经 90 多年发展。客观报道自 19 世纪上半叶兴起，至 19 世纪末成为主流，但因其孤立事件报道导致信息片面而被人诟病。为弥补不足，精确新闻报道和新新闻主义相继出现。精确新闻报道结合社会科学与报道技巧，自 1824 年在美国崭露头角；新新闻主义强调主观性，以小说笔法呈现，但因混淆新闻与文学界限而逐渐衰退。

在这两种思潮的修正过程中，深度报道逐渐占据主流。深度报道起源于 20 世纪 20 年代末，亨利·卢斯的《时代》周刊展现了其对解释性报道的洞见。1931 年，《太阳报》开创了首个深度报道专栏，1933 年美国报纸编辑协会确认了其地位。然而，深度报道的真正崛起是在 60 年代，广播电视的崛起使其更能满足公众对完整新闻事件的需求。1978 年，《世界大百科》将深度报道列为 20 世纪美国新闻的重要趋势，标志着对其地位的认可。深度报道不仅汲取了精确新闻报道的合理成分，还试图清晰界定新新闻主义中模糊的文学与新闻界限，使读者能够深刻理解新闻背后的意义与价值。

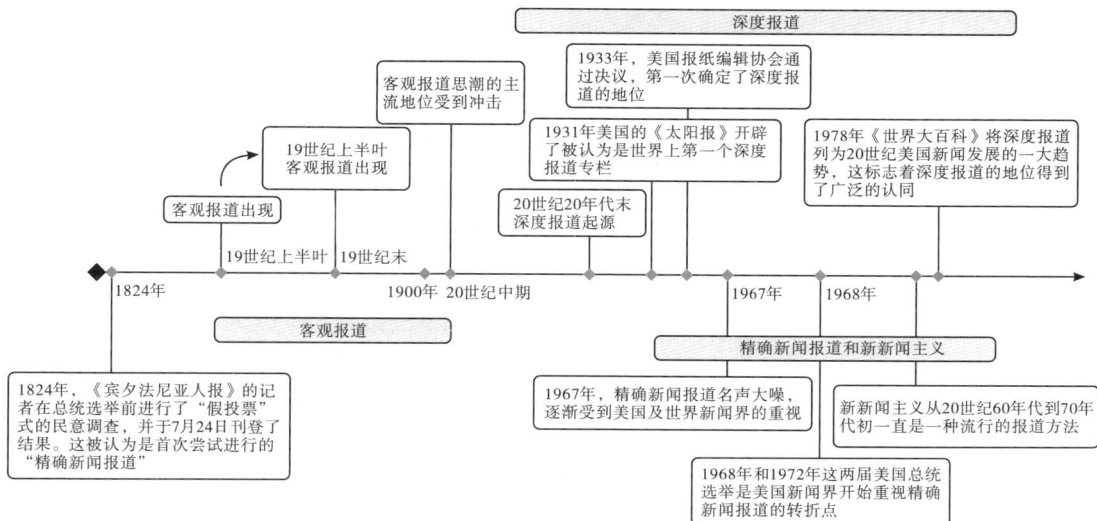

图 20-1　深度报道的发展历程

二、深度报道的分类与特征

（一）深度报道的分类

从形式上区分，深度报道可以分为独立文体的深度报道和组合文体的深度报道。这两种报道形式原本以独立形式出现，后来都被划分在了新闻深度报道这一概念之下。

1. 独立文体的深度报道

研究者依据时间、叙述、篇幅和对象对深度报道进行分类，教材常分三类：解释性报道、调查性报道和预测性报道，也有特稿、人物等类别，但"特稿"概念模糊，易混淆。按题材分的五大类也存在概念重合。深度报道分类方式繁多，因理解方法而异。综合分析之后，我们采用解释性报道、调查性报道和预测性报道的分类方法。

（1）解释性报道。

解释性报道是对新闻事件的成因、影响、趋势及深层含义进行深入剖析的报道，是深度报道的关键部分，旨在为社会提供具有专业性和整合深度的新闻信息服务。其构成通常包括历史性、环境性、简历性、数据性和反应性五类事实，不局限于新闻的正负性质，而是广泛适用于国家重大政策、突发事件、科技成果和公众利益问题。与其他报道相比，解释性报道重在解释而非简单描述，强调让事实说话，以"为什么"为核心进行深入挖掘，而非仅停留在"是什么"的层面，其选题常具有深挖静态选题的特点，透过现象揭示本质。

（2）调查性报道。

调查性报道起源于美国的"扒粪运动"，被誉为新闻界的明珠。它涉及记者挖掘被掩盖事实的报道，要求记者保持道德感和质疑精神，利用丰富的消息来源和文件揭示真相，维护公众利益。选题特点包括反常性、冲击性、时效性、接近性、显著性和冲突性，记者需深入调研分析，挖掘深度信息。

（3）预测性报道。

预测性报道是基于现有材料分析，对未来可能发生的新闻事件进行推论的报道。它具备超前性和科学性，内容需以事实为依据，注重逻辑推理，并常借助科技手段进行预测，确保报道结果与即将发生的事实相符。预测性报道涉及赛事结果、自然灾害、股市形势等多个领域的可能性分析。

2.组合文体的深度报道

对于意义重大、影响广泛、持续时间长的新闻事件与选题，媒体单位还会对报道进行分组分类，通过多篇报道的组合文体进行全方位、多角度的阐释。根据杜骏飞、胡翼青的观点，组合文体深度报道中的元素内容具有相似性，元素个体并不一定为深度报道，也可能是消息、评论、特写等其他文体，但内容上互为补充，丰富最终整体的表现力，大大拓展了深度报道的内涵。因其大容量、多角度、全方位的特点，媒体发现以组合的文体进行报道甚至可以更好地实现"深度"的效果。[1]

组合文体的深度报道大多分为以下三类：

（1）整合报道（组合报道）。

对正在发生并持续发展的新闻事件在一段时间内进行多次、连续的报道。整合报道强调最终报道呈现的全面性。

（2）连续报道。

围绕同一新闻题材、新闻主题从不同侧面、不同角度做多次、连续的报道，各条报道之间没有外在的时态连续，却有内在的必然联系。连续报道强调最终报道在某一段时间内的持续性。

（3）系列报道。

同一事件或主题做出多样式的报道，指集中一组稿件反映同一时间、不同地点的同类情况，或同一主题、不同门类的情况，形成较大的报道规模。系列报道强调组合的视角多样性与报道间紧密的逻辑性。

[1] 杜骏飞，胡翼青.深度报道的文体说与旨趣说 [J].新闻知识，2001（12）：10-11.

[1] 李凤麒. 浅议组合式报道与系列性报道、连续性报道的区别[J]. 新闻世界，2011（7）：40-41.

表 20-1 组合文体的深度报道[1]

类型	特点	稿件完整性	版面	优势	结果
整合报道	内容上具有相关性、互补性；形式上具有多样性	"碎片化"报道	多篇报道，数篇主题相同或相近，不同体裁类型	空间优势：报道视觉冲击力强、形式多样灵活	无法预知
连续报道	在事态进展过程中进行报道，报道之间的时间跨度小	完整的一篇报道	每次一篇，总体数量不少于3篇，各篇的版式修辞具有相似性	时间优势：关注事件动态发展过程，具有悬念、实效性	无法预知
系列报道	多侧面、多角度围绕同一主题反映各方面的情况，内容博而不散，信息量大	各稿件可独立成篇	多篇报道，对报道没有具体限制	角度丰富性优势：布局精致、认知效力强	已知结果

（二）深度报道的"深"

在理论上，深度报道的采访和呈现是没有终结点的。在不考虑外界的条件下，信源可以尽可能地丰富，采访内容也可以尽可能地多。

分 享

只要作者想做，采访可以一直做下去，稿件的呈现也不会结束。

——谷雨工作室编辑总监　赵涵漠

但不可否认的是，在现实环境中，深度报道是有终结点与边界的。在很大程度上，深度报道的深度是受很多因素影响的，比如不同的个人工作能力、不同的媒体调性、不同的新闻环境，等等。

1. 影响其深度的因素

深度报道的深度会受到个人工作能力、媒体调性、新闻环境等因素的影响。

在记者的日常工作中，个人工作能力会影响一篇深度报道的深度。深度报道一定有一个基本的标准线，但在标准线之上，具体有多深入，很大程度上是记者个人的选择。能力强、对选题有热情的记者往往能挖掘出更深层次的内容，而工资绩效和时间限制也可能成为影响报道深度的现实因素。此外，编辑部对选题的判断也很重要。比如突发事件的报道，记者只能秉持越快发越好的原则，尽可能地去深入采访；而对于静态的选题，编辑部也会有基础的判断，大致掌握每个选题需要操作的时间。同时，一个选题的操作时间也与编辑部的承压能力有关。一个编辑部的承压能力越大，记者操作一篇稿件的时间可能越长。

媒体调性不仅会影响深度挖掘的方向，也会影响报道的深入程度。不同调性的媒体对深度有不同的追求，在深度报道的选题上也会有所不同。[1]比如《南方周末》的深度报道更关注对人物的深度挖掘，《南方都市报》则注重对事件社会意义的揭示，而作为党报的《南方日报》更注重在宏观视野下对产业结构的洞察和对社会机理的剖析。

新闻环境也会对报道深度产生影响，包括社交媒体舆论环境的变化、外界审查以及版面大小等因素。因此，在深度报道中，记者需要综合考虑多种因素，尽可能提高报道的深度和质量。

2."深"度探索：多元关联与立体呈现的平衡之道

深度报道的"深"永无止境。可以思考两个问题：一是深度报道需要多元的关联，那关联到什么程度才是足够的、刚好的？二是深度报道立体的呈现应该呈现哪些层面？

这里需要区分采访和稿件的最终呈现。在采访时，在尊重受访者的前提下，可以尽可能深入地获取最多的信息。但在稿件呈现上，需要注意保护受访者的隐私。对于过于敏感的信息，应该进行删减，这也是对记者个人的保护。

[1]赵威，冯韶文.党报深度报道的定位与报道路径：以南方日报"深读"版为例[J].青年记者，2013(21)：58-59.

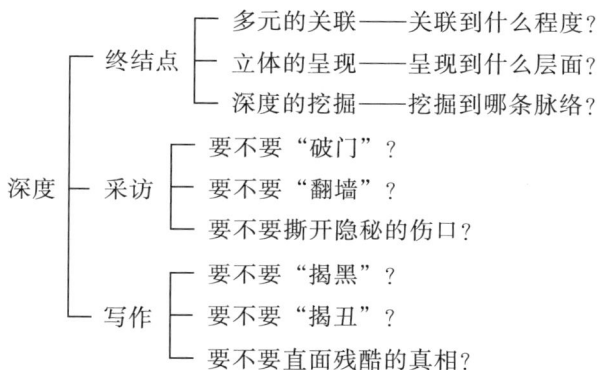

图 20-2　深度的终结点

三、深度报道的操作之道

从深度报道的实践出发，本小组对话北青深一度记者梁婷和谷雨工作室编辑总监赵涵漠，以下方法论内容总结自她们的分享。

（一）选题

1.选题来源：关注社会热点，聚焦自己感兴趣的领域

在人人都有麦克风、人人都是传声筒的时代，社交媒体上的新闻热点是很丰富的。首先，我们可以多关注最新的社会热点信息。其次，养成从日常生活中寻找选题的习惯，朋友圈、日常聊天等场景中都有可能找到选题。最后，聚焦自己感兴趣的领域，了解理论知识、行业现状、未来趋势等。此外，我们还要对社会有更深层次的了解，把某一具体领域的发展置入社会发展之中。

分 享

第一，我们可以养成每天刷 App 的习惯，按照板块有针对性地寻找选题。第二，选题可以从日常生活中寻找。第三，找到自己感兴趣的领域，关注并且聚焦。这既是我们感兴趣的点，也是我们认识社会的切口。

——北青深一度记者 梁婷

在关注社会热点事件的同时，多阅读优秀的报道，有意识地对报道进行拆解复盘：同一类型的事件，可以有哪些切入角度？记者是如何采访、报道的？有没有产生什么争议？

在遇到同类事件时，可以迅速思考：这件事和之前看过的报道之间的共性是什么？此事件又有什么样的特性？进而深入分析，给我们采访提纲的准备和预判打下一定的基础。

2.养题：形成选题库，种下选题的种子

建立属于自己的选题库。有时候我们找到了一些选题，但发现选题目前还不成熟或者我们的拆解还不成立，可以先将选题积累在选题库中，然后定期梳理线索，判断选题是否成熟、是否有明确的思路、是否能联系上采访对象、是否具有可行性，等等。

3. 好选题的标准：兼具普遍性和特殊性

　　找选题的本质是在探寻什么样的选题能够成为一个好故事，要透过选题看到其内核的价值。一个好的选题，一般同时具有共情意义上的普遍性和故事张力上的特殊性。

　　从普遍性的角度上看，需要找到故事让人情感相通的地方。其实故事的外壳千变万化，但故事的母题是相对恒定的。比如我们经常会写的故事母题就是孤独，一个人的孤独和如何对抗孤独。此外还有生存焦虑、高度原子化的社会等母题。在每一个母题背后，我们需要找到让我们共情的内容，这就是普遍性。

　　此外，挖掘特殊性也很重要。如谷雨的《一个名字叫"喂"的女人》，讲述的是一位少数民族妇女被拐卖的故事。这篇稿子里具有特殊性的点是：这位女性代表着被拐卖女性的极端状况，她是少数民族，被拐卖到中原地区，语言不通。同时，在被拐卖的途中她的耳朵被打伤，听力受损，无法再学新的语言，也很难和周围的人交流。哪怕后来她回到老家，她也无法和乡亲真正地交流。这也是一个关于"孤独"的故事，关于人的内核深处的痛苦。

　　一个好的选题可以被凝练为一句话甚至是一个词，这就是这个选题的内核。

4. 选题的验证：在采访中验证对选题的拆解

很多时候，选题设想在落地的采访实践中可能会碰到新的问题，我们可以通过采访来验证对选题的预设。

（二）采访

1. 采访如何突破：抛出一个全新的问题，探索人的"多面性"

在深度报道中有时会采访各领域的"名人"。这些名人很可能已经被多家媒体报道过，这时仍要去尝试找到新的落点。社交媒体易放大名人效应，但采访和写作仍应保持平常心，将其视为普通人。名人可能已多次受访，对常规问题反应平淡，但对于新问题，他们会渴望分享独特见解。因此，以新视角提问，能更好地引导他们敞开心扉。

同时，在采访时应探索采访对象作为"人"的多面性，从不同的角度提出问题。

2.采访深度的挖掘：在采写过程中无限接近现场，明确希望得到的答案

去现场是很重要的。在重大社会事件的采访中，需要无限接近现场，尽可能地去采访当事人和旁观者，挖掘事件最深度的部分。突发事件选题需深度挖掘，关键在于"认识人"与"认识事"。通过采访找到触动人心的人物，还原其经历，使读者感同身受。同时，需要调查事件背后的原因，反映社会发展问题。采访要详尽，重塑现场感，以揭示事件的深度空间。而对于相对静态的选题，去到现场的观察式、跟随式采访也很重要。局限在案头工作，可能陷入一种非常简单、缺乏想象力的思维陷阱，但参与采访对象的生活或工作，可以帮助我们去还原他大致的生存环境，去理解他可能遭遇的问题和困境。这比案头工作更重要。

此外，有些选题背后深刻的结构性问题，也是需要通过采访来挖掘的。要想在采访中更有针对性地获取素材，最好在问出问题之前，明确自己希望得到什么答案。

3.外围采访：构建坐标系，确定采访对象的社会坐标

当我们采访一个人物时，应该通过许多和采访对象有关联的他者来确定采访对象的社会坐标，即这个人在社会和时代的位置。

　　如果你去做一个行业名人的稿子，你可以采访他的合作伙伴，采访他的竞争者，采访跟他处在同一个赛道上的人，或者采访具备行业分析能力的一些人。但归根结底，他们其实都是为我们形成了一个坐标系。采访必须是有坐标系的，坐标系要通过外围采访来获得，外围采访的维度越多越好。

——谷雨工作室编辑总监　赵涵漠

　　作家、《人物》杂志原主编李海鹏曾经提出："真正的采访是从第三次开始的。"在赵涵漠看来，很难在只有一次采访的情况下，去做大量的交叉信源核实。所有提供的新闻事实，记者都需要反复核查。

　　原来在《人物》的时候要求每千字一个信源，但实际上真的在做封面人物的时候，能找到的信源一定要比这个多，甚至其中也有一些人没有出现在稿子里，这也是很有可能的。但是我们会发现，即便是那些没有出现在最终稿件中的采访对象，他们仍然对我们有非常大的帮助，他们帮助我们建立了对于行业、对于主要人物的认知，这是看多少素材都无法解决的问题。

——谷雨工作室编辑总监　赵涵漠

（三）写作

1. 写作准备：理顺逻辑是整理素材的"灵丹妙药"

　　写作准备的首要任务是理顺逻辑，这是整理素材的关键步骤。在分类素材时，方法因文章类型和作者习惯而异。有时可以按照时间顺序构建文章框架，逐步填充细节；有时则需要归纳素材的共性，例如在整理采访录音时，需要聚焦于共同的问题，如遭遇的困境、举报者的身份、处理过程等。在构建写作思路时，需要预先构想文章的结构和内容，明确所需的素材，并据此进行筛选和分类。例如，若文章中间部分旨在展现某人如何突破困境或事件的转折，那么在采访过程中就需要重点关注相关转折点和突破困境的素材，通过同类对比，筛选出更为优质、完整的素材。

值得注意的是，素材分类并没有固定的标准，不同的文章类型可能需要采用不同的分类方法。因此，可以尝试多种分类方式，找到最适合自己的方法。

2. 写作进行时：在结构化的故事中寻找缺失

写稿时结构非常重要，像故事型的报道，因为它有一条天然的故事线，复原故事线就有比较清晰的叙事思路。但当写到一些人物类的稿件或者是一些更复杂的故事型稿件时，会比较难。

分 享

可以去积累一些非虚构写作的结构类型。可以多看一些非虚构写作的作品，将这些结构都拆出来，进行积累。在写稿时可以有意识地去想自己的素材能匹配哪一种结构，先在脑子里头过一遍大概的故事如何勾勒，结构怎么安排，如何起承转合。

——北青深一度记者　梁婷

3. 细节取舍：用思维导图勾勒细节与故事的相关性

分 享

稿子中的细节主要有三个价值：一是调节写作节奏（当稿件的信息量很大时，下一个段落进入描写，就类似进入一个比较舒缓的场景中，有助于帮助读者把整篇读完）；二是反映环境；三是营造一种通感的氛围，让读者能够去理解、去共情故事里的人。

具体操作时，可以根据与故事相关性的远近往外画思维导图，会发现最外面的那些信息细节就不需要了，因为延展得太远跟稿子没什么关系。内部的细节，就是离核心、离关键词越近的细节，就越值得放进去。

——北青深一度记者　梁婷

（四）注意事项

1. 速度与深度：鱼和熊掌如何兼得

新媒体时代的快速发展，颠覆了传统深度报道的理念。在当今的时代，谁先报道新闻，谁就能够获得更高的关注，获取更多的流量，而内容的深刻性已然成为靠后的考虑因素。

一般来说，像大型突发事件的选题，是没有很多时间准备的，必须争分夺秒，唯一的标准就是快。

2. 信源和视角平衡

在新闻报道的过程中，难免会涉及多方的立场和声音，在具体的操作中，我们应不局限、不偏袒于某一方，采访需要注意平衡。

3. 记者的情绪：共情还是冷静客观

一篇成功的深度报道，在寻找选题内核时，需要在一定程度上与受访者共情，找到与读者产生共鸣的点。在采访的过程中，记者需要找到事件当中"触动人心"的那个人物，将这个人物的经历还原得更加令人"感同身受"，让读者能感受到这个人是真实存在的。

尽管需要与受访者共情，但在做深度报道的过程中，特别是采访的过程中，记者仍需要克制自己的情绪，以冷静客观的视角，对受访者提供的信息进行核实。

4. 新闻伦理的探讨

深度报道的深度建立在深入采访之上，但呈现信息时需注意新闻伦理，避免侵犯受访者隐私。在新媒体时代，深度报道可能会影响舆论走向，甚至成为大众审判的工具。部分报道因操作瑕疵或单一信源导致失实，给当事人带来更大伤害。采访中应尊重受访者的感受，如对方表示不愿回忆或回答问题，应立刻停止提问。同时，采访需保持平衡，涉及双方的事件应全面采访。

处理涉及隐私的问题时，媒体应与受访者沟通，寻求隐私与公共利益的平衡。深度报道应展现事情全貌，记者和编辑应进行事实核查，通过信源交叉印证和物证等方式确保信息的真实性。

四、深度报道的困境及其未来

（一）目前的困境

1. 新媒体环境下，流量与内容的失衡

由于互联网商业的本质是注意力经济，"流量经济"应运而生。流量成为各技术平台生存和发展的立足之本，成为衡量内容生产质量的重要指标。在平台资本和变现红利的诱惑下，"流量至上"成为互联网领域内容产业的主导逻辑，深刻影响着内容的生产、传播和消费。

在流量的驱使下，当下新媒体技术平台为了迎合人们"碎片化"阅读的习惯和需求，推出的文本作品和视频作品多以"短""平""快"为主。这对深度报道提出了新的挑战，如何在如此快节奏的推送中建立自身的影响力、吸引更多的用户阅读成为新的命题。这也就要求记者和媒体平衡好流量和内容，重视用户需求，同时也不能过于迎合用户和平台，坚持报道本心，做优质的深度报道作品。

2. 技术适应与内容传播协同的挑战

传统线下采访方式已无法满足现代信息获取需求，记者必须适应线上资料收集、数据挖掘等新方式，这对其信息收集和处理能力提出了更高的要求。同时，新媒体的崛起使得深度报道的内容形态和传播环节发生了深刻变革，从单一的文本作品转变为多样化形式，如短视频、H5 交互页面等。这种变革要求报社机构和记者掌握多项传播技术手段，实现内容传播的协同效果。然而，现实中许多机构和记者尚未能完全适应这种变革，导致深度报道在采写方式、内容形态和传播环节上不够适应新时代，难以充分发挥其应有的价值和影响力。

（二）未来新的发展方向

1. 以媒体融合背景下的深度报道为例，强调多样化表达

媒体融合为深度报道带来了积极影响，包括管理机制更灵活、新闻生产更具吸引力以及传播渠道更广泛。然而，也存在挑战，如多样化表达不足、可视化水平低、数据分析不够等。为应对这些挑战，深度报道需适应新媒体传播方式，提升可视化水平，如增加图表、视频等形式。同时，可切分报道以兼顾连续性和受众需求，同时还需确保报道真实性，做好数据分析，并重视受众需求，调整新闻产品以适应不同平台风格，增强与受众的互动。

2. 建设性新闻和解困式报道，探索社会问题解决之道

建设性新闻和解困式报道是两种类似的报道方式，其关注点超越了冲突或问题本身，更多聚焦于解决方案。两者都是传统新闻中消极偏见的解毒剂，都鼓励结合背景和主题做积极报道，从而增加受众对新闻机构的信任，并为受众赋能[1]。也有学者认为，解困式报道属于建设性新闻的一种形式。

（1）建设性新闻。

"建设性新闻"的概念提出于 2008 年，国内于 2015 年左右引入，其方案导向、积极情绪、受众参与、理性讨论的价值取向为我国传统媒体转型带来了启发[2]。但由于建设性新闻的概念诞

[1] LOUGH K, MCINTYRE K. A systematic review of constructive and solutions journalism research [J]. Journalism, 2023, 24（5）: 1069-1088.

[2] 杨锐. 主流媒体建设性新闻的本土化策略[J]. 传媒, 2023（21）: 90-92.

生之初是为了抵抗西方新闻界的市场化浪潮，用于中国国内深度报道实践还需坚持本土化路径。

（2）解困式报道。

解困式报道聚焦于问题，聚焦于解法，推动形成利用媒体平台发现问题、公共协商讨论问题、推动问题解决的社会治理方式，既化解了一定范围内的社会矛盾，把社会负能量转化为公开协商达成一致的正能量[1]，也有利于强化媒体的社会服务功能，提升其公信力，具有广阔的应用前景。解困式报道可以分类为问题案例、行动案例和效果案例，希望通过生动具体的案例启发受众，乃至于给想要采取行动的人以具体的行动方法。

但同时，解困式报道也存在明显的问题与挑战，即报道本身重视对问题的技术化分析，不仅需要投入大量人力、物力、财力，还具有较高的阅读门槛，且不提倡对情感的渲染，往往很难在社交媒体上成为"流量爆款"。面对激烈的市场竞争，媒体能否持续性参与解困式报道仍有待考量。

[1] 海沫. 解困式新闻的探索与实践 [J]. 现代视听, 2022（12）：75-78.

🔗 思考题

1. 做深度报道时，需不需要一个预设的框架？如果需要，与同类主题报道相比，如何保证自己的报道有一些异质性的出彩点？

2. 采访中如何挖掘场景和细节？如何核实采访中得到的信息？如何处理海量的素材和信息，让它以一个更加自然的方式，像故事一样讲出来？

3. 寻找选题和写稿时如何确定自己的稿子具备一定的问题意识和意义？

4. 在当今信息爆炸的时代，深度报道面临哪些挑战和机遇？你认为应该如何提升深度报道的影响力和传播效果？

5. AI 正在重塑深度报道的边界，深度报道中运用 AI 的困难及存在的问题有哪些？

参考文献

［1］陈力丹，夏琪．2018年中国新闻传播学研究的十个新鲜话题［J］．当代传播，2019（1）：15-20.

［2］张涛甫．非虚构写作：对抗速朽［J］．新闻记者，2018（9）：37-41.

［3］邓力．塑造人物与再现偏差：人物类非虚构写作中讽刺修辞的效果及争议［J］．新闻记者，2018（5）：52-61.

［4］刘勇．新闻与文学的交响与变奏：基于对"非虚构写作"的历时性考察［J］．现代传播（中国传媒大学学报），2017，39（8）：161-162.

［5］曾润喜，王倩．从传统特稿到非虚构写作：新媒体时代特稿的发展现状与未来［J］．新闻界，2017（2）：29-33.

［6］周逸，顾小雨．非虚构写作的新闻实践与叙事特点［J］．新闻与写作，2016（12）：83-86.

［7］计永超，刘莲莲．新闻舆论引导力：理论渊源、现实依据与提升路径［J］．新闻与传播研究，2016，23（9）：15-26，126.

［8］丁柏铨．深度报道：概念辨析及深度探源［J］．新闻记者，2014（10）：73-78.

［9］张志安，阴良．新闻生产：职业意识与社会环境的影响：以1987"深度报道年"为个案［J］．新闻大学，2009（1）：10-18.

［10］陈力丹．深度报道"深"在哪儿？［J］．新闻与写作杂志，2004（4）：10-11，17.

第二十一章

人物报道：个体命运与内在世界

导　语

世界能够被感知和认识，是因为"人"本身，由此可分为——人外世界和人内世界。外在的政治、经济、社会、文化等，加上内在的价值观、人生观、欲望、理想等，依靠"人"这一生动而复杂的介质，构成了平衡与冲突。

广义而言，所有的报道，都是人物报道。没有离开"人"的报道。新闻工作的每一道程序都离不开"人"，且最终目的是"人"。狭义而言，芸芸众生，没有完全一样的人，包括受访者、采访者和阅读者，以"人"为目的的报道，难有定论。这是人物报道的难处所在，也是魅力所在。因为"人"，平衡是暂时的，冲突是永恒的。人终其一生都在解决内外世界的关系，人物报道因此而重要。

——《南方人物周刊》副主编　卫毅

人物报道小组有导师 1 名：卫毅；助教 1 名：宋佳宁；学生 16 名：梁曼欣、袁芳菲、邱晨希、杨仪宸、郑洁婷、黄芊蓁、林华婷、杨芳、覃敏、韩旸、韩颖、阚泽宇、钟言、罗彦清、陈康羽、成琳昕。

一、人物报道的概念辨析

（一）人物报道的定义

人物报道聚焦于个体或少数人物，旨在通过他们的言行举止揭示思想内涵。这类报道通常围绕一个核心主题展开，融入丰富多样的素材，尤其侧重于展现人物的精神风貌，以期触动读者。[1] 在写作手法上，人物报道注重凸显人物性格的独特之处，善于借助环境描写来刻画人物，并通过真实事件的叙述来塑造人物形象，使其栩栩如生、跃然纸上。

人物报道与人物传记各有特色。报道注重捕捉人物细节，呈现生平成就，而传记则更强调文学性，深情追忆典型人物的精神品质。两者在形式、描写对象及篇幅上有所不同，但均强调真实性和深度性，旨在展现人物卓越品质并引发社会反思。

去世人物的报道与讣闻亦有差异。人物报道运用生动的文字刻画逝者的生前事迹与品德，而讣闻则正式庄重，强调逝者离世的事实及敬意。人物报道篇幅较长，关注逝者生平与影响；讣闻则简短传达死亡信息，有时也会包含葬礼信息。人物报道与讣闻均回顾逝者生前的成就与事件，以敬意纪念人物生平，并通过多种媒体渠道传达信息，方便人们悼念和了解逝者。人物深度报道与专业报道亦有各自不同的侧重点。深度报道以人物故事与精神为核心，专业背景服务于人物形象塑造；而专业报道则聚焦行业深度解读，以人物作为切入点反映行业现状与发展趋势。两者并不相悖，常相伴而生，共同丰富新闻报道的内涵与视角。

不同的报道体裁虽在形式和内容上有所区别，但都以真实性和深度性为基础，致力于展现人物的卓越品质和社会价值，为读者提供了不同维度的思考与启示。

（二）人物报道的分类

1. 依据新闻体裁的人物报道分类

根据新闻体裁，人物报道作品主要可以分成消息类的人物新闻、人物特写，通讯类的人物通讯、人物访谈，深度报道类的人

[1] 邝云妙.新闻写作教程[M].修订本.广州：广东高等教育出版社，1986：393.

物调查、人物述评六种体裁。[1]

（1）人物新闻，又称人物消息，是一种专注于报道人物活动和事迹的新闻形式。它短小精悍，以人物为核心，捕捉人物的动态与成就，让读者能够迅速了解人物的最新消息。

（2）人物特写聚焦于人物的侧影、片段或生活瞬间，通过细腻的描绘手法，将局部细节放大，使读者仿佛身临其境，感受到人物的真实与生动。

（3）人物通讯是一种深入、全面的新闻报道形式，致力于展示人物的新闻事迹和精神风貌。它的篇幅较长，在我国应用广泛，通过塑造众多先进模范人物，为宣传党的路线、方针、政策，以及树立道德榜样、弘扬社会正气做出了重要贡献。

（4）人物访谈是记者与特定人物进行问答、谈话的新闻报道形式。在这种形式中，人物、现场和记者共同构成了访谈的三要素，通过深入的对话和交流，揭示人物的真实想法和内心世界。

（5）人物调查是以记者调查为主导，由媒体独立完成的深度报道形式。它致力于揭示那些鲜为人知的人物新闻事实，通过深入的调查和分析，让读者更加全面、客观地了解人物的背景和故事。

（6）人物评述是一种注重解释和评价的报道形式。它大量运用背景资料，揭示人物的经历、命运或思想，对人物的成长轨迹、功过得失或影响意义进行深入分析和评价。无论是正面人物、负面人物还是争议人物，都能在人物评述中得到全面而客观的呈现。

2. 依据人物类型的人物报道分类

根据人物类型，可将人物报道分为两大类，即公众人物的报道和社会"小人物"的报道。其中，公众人物又可以分为典型人物、文娱艺人、运动员、科研人员等小类。社会"小人物"的报道，旨在从日常琐碎的平凡生活中发掘出人物身上那份真实而动人的朴素之美，捕捉那些令人心生亲近与喜爱的温馨瞬间，进而

[1] 谢丛容，陈航行. 人物报道的概念、类别及写作要求[J]. 新闻知识，2017（7）：29-32.

[1] 孙媛媛.发现"小人物"的人文之美[J].传媒评论，2021（6）：67-68.

引导读者洞察"小人物"身上所散发的独特光芒[1]，以小人物的经历反映政策热点、社会热点、民生热点，以"小人物"精神折射时代精神。

3.依据报道视角的人物报道分类

根据报道视角，可以将人物报道分为三类，即传记式人物报道、特写式人物报道和群像式人物报道。

（1）传记式人物报道的写作核心在于按照主人公的成长轨迹进行有序的叙述。这一过程旨在通过其成长经历，构建出一个立体丰满的人物形象。该形式借助人物成长路上的种种故事来展现新闻报道的真实性，从而引导读者对报道人物产生认同与赞赏。在撰写传记式人物通讯时，应牢牢把握三个关键点：确保内容的真实性、依赖第一手资料、注重故事的叙述性。

（2）特写式人物报道侧重于展现主人公某一方面的独特气质。这种方式能更有效地凸显新闻报道的主题，但也可能因过分聚焦于某一特点而导致人物塑造片面化，难以引发读者的深度共鸣。因此，在撰写特写式人物通讯时，需特别注意以下三点：首先是选取具有代表性的故事片段，其次是确保人物形象的丰满与多维，最后是要加强对故事细节的描绘，以丰富人物的形象。

（3）群像式人物报道是一种更为复杂的写作方式，它通常涉及多个主体的描写，通过不同视角来讲述同一人物或事件，为读者呈现一个真实而全面的故事面貌。由于群像式人物通讯对作者的要求较高，作者需要在紧扣主题的前提下，巧妙地处理多个视角的叙述。在撰写过程中，需要明确典型，精心选择人物，并合理安排文章结构，以确保故事的连贯性和深度。[2]

[2] 刘甲平.新闻报道人物通讯写作方法探究[J].新楚文化，2022（5）：79-83.

4.依据报道对象数量的人物报道分类

（1）典型个人报道。典型个人报道的初衷在于弘扬典型人物所代表的时代精神，传递社会主流价值观，凝聚广大人民群众的力量，营造健康和谐的社会氛围。对此，新闻工作者应拓宽典型人物报道叙事主体的选择范围，贴近现实生活，不再将叙事主体局限于英雄模范中，而是将目光聚焦于各行各业的普通楷模中，突破典型个人报道与受众之间的隔阂，丰富典型个人报道的叙事主体。无论是时代英雄楷模，还是基层普通奋斗者、青年建设者，都能体现出典型人物的榜样力量，展现出丰富、立体的典型人物群像。报道主体选择多元化既延伸了报道主体选择范围，也深入人民群体的日常生活，为充分发挥报道的引导与宣传作用奠定扎实基础。

（2）典型群体报道。典型群体报道要以有限篇幅构建丰富人物群像，用缜密的逻辑有效整合分散的信息，协调处理共性与个性的关系。找准时代定位、内在联系，突出主题描摹群像；抓住人物特点、生动细节、个性化语言，轮廓鲜明地刻画个性；写出真情实感、回应重点关切、展现典型价值，才能在描摹好群像的同时兼顾人物个性刻画。

二、人物报道的对象与范围

（一）人物报道的对象——人物

我们常说的人物报道，是指将人物放在主导地位上引领整篇文章的一种叙事方法。正因为人的复杂性，所以人物报道的对象人物也呈现出丰富的多样性。

从人物的数量上来说，人物报道既可以是一个人的专访，例如《英雄无言——95岁老党员张富清的本色人生》[1]，全篇围绕"张富清"一人进行刻画。也可以是多人的群像描绘，例如《走近新时代卫国戍边的英雄官兵：英雄屹立喀喇昆仑》[2]，用一个主题和线索将相关的人和事串联起来，用多视角的方式去进行表达。

从人物的地位来说，人物报道既可以写模范宣传的典型人物，例如对张桂梅等具有楷模意义的人进行正面宣传；也可以写生活气息浓厚的平凡人，例如《见字如面23年》[3]，通过小人物将他们的事迹衬托得更为动人。

从人物的状态来说，人物报道并不只是生物意义上存在或生活在现实中的人，还包括虚构的人和去世的人，既可以是文学作

［1］唐卫彬，杨依军，谭元斌.英雄无言：95岁老党员张富清的本色人生［EB/OL］.（2019-04-08）［2024-04-18］. http://dangjian.people.com.cn/n1/2019/0408/c117092-31018222.html.

［2］王天益.走近新时代卫国戍边的英雄官兵：英雄屹立喀喇昆仑［EB/OL］.（2021-02-19）［2024-04-18］. http://www.81.cn/yw_208727/9987403.html.

［3］康劲.见字如面23年［EB/OL］.（2024-01-18）［2024-04-18］. http://www.zgjx.cn/2024-01/18/c_1310750071_2.htm.

品、电影或电视剧中的角色等，也可以是已故的历史人物、知名人士或文化偶像等。

从人物的价值来说，人物报道并不只是"大多数"，还有"小部分"，即以弱势群体为代表的人，以呼吁社会关注和改善他们的处境，如贫困人群、难民、少数民族、残疾人、性少数群体等，通过报道他们的故事引起社会对他们权益和福祉的关注。对弱势群体的报道中蕴含的社会价值往往会更触动人心。

综上，人物报道里的"人物"，其概念很宽泛，并没有一个严格的界限。因此我们需要以人物为重心和主体，注重展示人物的生存状态，刻画人物的语言行为，揭示人物的精神世界[1]，表达出人物身上闪光的人性及其背后所蕴含的社会秩序和文化根基。

[1]谢丛容，陈航行.人物报道的概念、类别及写作要求[J].新闻知识，2017(7)：29-32.

（二）人物报道的范围与内容

人物报道旨在服务报道主题，形式灵活，可聚焦于某时期、事件或领域的经历与成就，不必涵盖整个人生。报道范围依目的和主题而定，有时涉及生平各阶段以展现变化，有时则聚焦特定的事件、成就或挑战，以深入挖掘故事和影响。这种形式更专注、更有针对性，能提供深入、具体信息，帮助读者理解报道重点。

人物报道的目的是通过展示个人的经历、观点、成就或挑战，向读者传达特定的信息、思考或引起共鸣。因此，报道的范围和内容应该与报道的目的和主题相一致，以提供最具价值和意义的信息。

三、人物报道的风格与不足

（一）不同媒体类型的人物报道风格

[2]张志安.数字新闻业研究：生态、路径和范式[J].新闻与传播研究，2018，25（S1）：90-92.

张志安[2]从媒体文化的角度将当下的媒体分为机构媒体、专业媒体、自媒体与平台媒体，以下将从这三个方面分别进行叙述。

1. 机构媒体

机构媒体为特定机构或行业的传播和沟通而建立，包括政务机构媒体等。此类媒体在人物报道上呈现出语言平实客观、选材贴近社会热点、关注普通民众真实生活的特点。[1]例如，"浙江宣传"微信公众号《浙江首位"时代楷模"的"战斗"》[2]通过深入挖掘时代楷模万少华和他的团队救死扶伤的故事，展现了新时代"好医生"的群体画像。这种报道方式不仅弘扬了时代精神，也传递了积极的社会价值观。

2. 专业媒体

专业媒体指职业化新闻媒体，追求生产专业化的原创新闻，在人物报道上更加注重多元化和灵活性，它们以细腻的情感描绘和生动的语言风格为特点，善于从日常生活中的小事或细节入手，展现人物的内心世界。如《南方都市报》的人物报道《为了快乐挖土，一个考古学家决定去当美食博主》[3]，通过主人公张良仁的娓娓讲述，让这些历史深处的知识和趣闻一一浮现，读者们也能在轻松愉快的阅读中感受到生活的美好与温暖。

3. 自媒体与平台媒体

自媒体与平台媒体具有高度的互动性和独特性，在塑造报道对象时，特别注重对个性特征的精准捕捉，力求通过鲜活具体的形象来传递信息，避免陷入"千人一面"的窠臼。在写作手法上，自媒体追求个性化的语言表达，大量采用直接引语，使报道更具特色和感染力。这种报道方式既符合多元化价值观的时代特点，也体现了对个人价值的尊重和推崇。例如，在《狮子林桥，跳水大爷，人生的荣光》[4]这篇报道中，巧妙地运用了天津方言的直接引语，使文章更接地气，更具生活气息，为读者带来愉悦的阅读体验。[5]

（二）人物报道的不足之处

在实际操作中，各类媒体在人物报道方面均存在一些不足之处。

1. 机构媒体：形式创新与内容深度不足

机构媒体在人物报道上，往往采用传统的报道方式，缺乏形式创新，这种单调的报道形式难以吸引现代读者的注意力，也无法充分展现人物的个性和魅力。同时，报道内容往往停留在对人

[1]盛芳.人物报道的多元风格及缺失[J].新闻爱好者，2007（11）：16-17.

[2]浙江首位"时代楷模"的"战斗"[EB/OL].（2022-07-29）[2024-04-18].https://mp.weixin.qq.com/s/nvmkHnYmjDWWr0rokgP7BQ.

[3]为了快乐挖土，一个考古学家决定去当美食博主[EB/OL].（2023-11-13）[2024-04-18].https://mp.weixin.qq.com/s?__biz=MTk1MjIwODAwMQ==&mid=2651518617&idx=1&sn=b6f840dab672c5c29f347377de78d571&chksm=479df57770ea7c61ee3442de2e45eba98e611da9bf8a25895d390af392e54863b4f006500d7a&scene=27.

[4]李雨凝.狮子林桥，跳水大爷，人生的荣光[EB/OL].（2023-09-13）[2024-04-18].https://baijiahao.baidu.com/s?id=1776885637857326910&wfr=spider&for=pc.

[5]陈琳琳，李建成.自媒体视域下人物报道的叙事风格分析：以《人物》为例[J].新闻研究导刊，2017，8（4）：30，146.

[1] 秦珍子.想"出圈",先"出框"：融媒时代人物报道的守真与谋变[J].中国记者，2024（3）：4-8.

物基本信息和成就的陈述上，缺乏对人物内心世界、成长轨迹的深入挖掘，使报道显得苍白无力，难以引发读者的深度思考。人物报道的难度源于人性的复杂性和媒介环境的不断变化[1]，为了提升报道质量，机构媒体应积极探索新的报道形式，并结合现代传播手段，以更生动、有趣的方式呈现人物故事。同时，报道应加强对人物深度的挖掘，对行为的动机进行充分分析，展现其真实、立体的形象，避免脸谱化和人设化的报道方式。

2. 专业媒体：深度挖掘与客观性失衡

专业媒体在追求阅读量和市场效益的过程中，有时难以在人物报道的深度挖掘和客观性之间找到平衡点，为了吸引读者，可能不自觉地加入主观色彩，影响报道的客观性。为了改进这一点，专业媒体应更加注重深入调查和客观报道，以呈现更真实、全面的人物形象。在追求阅读量的同时，不应忽视对人物深度的挖掘和对客观性的坚守。

3. 自媒体与平台媒体：社会背景分析不足

自媒体与平台媒体在人物报道方面具有较高的灵活性和创新性，但往往缺乏对人物所处社会背景的深入分析。这种报道方式可能导致读者无法全面理解人物成长、发展的社会环境因素，使人物与社会背景脱节。为了提升报道的深度和广度，自媒体与平台媒体应更加注重社会背景的分析，揭示人物与社会之间的紧密联系。通过理解人物所处的环境，让报道更加生动、有趣，同时也能为读者提供更多思考和启示。

四、人物报道的写作方法

（一）典型人物的选取

典型人物报道的核心目的在于颂扬那些能代表时代精神的人物，通过他们传递社会的核心价值观念，并以此来汇聚民众的力量，共同构建一个和谐、健康的社会环境。为了实现这一目标，新闻工作者在报道典型人物时，应当更加宽泛地选择叙事主体，确保报道内容更加贴近现实生活的各个方面。

我们不应再将报道的焦点仅仅放在英雄模范身上，而是应当将视线拓展到社会的各个角落，去发现那些在各行各业中默默奉献、奋发向前的普通人。这样做不仅能打破典型人物报道与受众之间的隔阂，还能使报道内容更加丰富多彩，引发广大群众的共鸣。无论是那些时代英雄楷模，还是那些在基层默默奋斗的普通人，甚至是那些充满朝气的青年建设者，他们都是典型人物的代表，都体现出了榜样力量。他们以自己的实际行动，展示了典型人物的立体形象，成为社会的楷模和榜样。

报道主体选择的多元化，不仅拓宽了报道的视野，使报道内容更加丰富多彩，还更深入地反映了人民群众的日常生活。这样的报道方式，有助于充分发挥报道的引导与宣传作用，为社会的和谐稳定和发展进步奠定坚实的基础。

新闻工作者在报道典型人物时，应当更加注重报道主体的多元化，以更贴近现实、更富有深度的报道内容来弘扬时代精神，传递社会主流价值观，激发广大人民群众的积极性和创造力。

（二）群像的刻画

群体典型报道，旨在通过有限的篇幅构建一幅幅丰富的人物群像图，运用缜密的逻辑有效整合各种分散的信息，并在共性与个性之间找到恰当的平衡点。为了实现这一目标，我们需要精准把握时代定位、深入剖析内在联系、挑选典型事例，以突出主题并描摹出鲜活的群像；同时，抓住每个人物的独特性格、生动细节和个性化语言，以轮廓鲜明地刻画出他们的个性。只有在描摹好群像的同时又兼顾到每个人物的个性刻画，才能写出真情实感、回应重点关切、展现典型价值。

在描摹群像的过程中，如何确保主题突出、形象立体且避免扁平化，我们可以从《走近新时代卫国戍边的英雄官兵：英雄屹立喀喇昆仑》这篇佳作中汲取灵感，深入分析其成功之处：

首先，文章找准了时代定位，深入挖掘了人物群像的精神内核[1]。在群体人物报道中，要使群像不散乱，提炼主题并围绕主

［1］王天益. 典型报道的群像描摹与个性刻画：《英雄屹立喀喇昆仑》创作实践与感悟［J］. 新闻战线，2022（23）：37-40.

题选材创作至关重要。这篇报道正是通过描绘一个英雄集体的群像，展现了新时代官兵忠诚奉献的精神风貌和新时代青年家国大爱的情怀。有了这样的基本认识，文章自然能够纲举目张，主题鲜明。

其次，文章在谋篇布局上巧妙处理了人物之间的内在联系。为了避免文章臃肿累赘或过于笼统，作者找准了人物间的关联线索，通过提取关键词如"忠诚、英勇、团结、奉献"来确立文章结构，并精心设计了小标题和副标题，使得各部分之间贯穿多条明暗线索，相互呼应，协调连贯。

最后，文章在选材上注重典型事例的有机铺排组合。群像式人物报道的选材领域广泛，但如何挑选出最具代表性的事例并平衡不同人物的故事，是写作的关键。在这篇报道中，作者精心挑选了如"祁发宝背战士蹚冰河""陈红军风雪夜让帐篷给战士"等感人至深的事例，并通过巧妙的铺排组合，既将群体人物的典型事例有机结合在一起，又保证了各个个体形象的相对饱满和完整。

（三）人物报道的多样叙事结构

叙事结构可以被视作一种框架结构，是文本的基本呈现方式，包括叙事框架、叙事线索等[1]，以下是人物报道中可以运用的叙事结构：

1. 时间连接叙事结构

叙事的时序是指在对文本进行叙事的时候，时间顺序是怎样发生的[2]，顺叙、倒叙、预叙是叙事时序最基本的三种形式。《"时代楷模"黄文秀：风雨兼程新长征　初心无悔永芳华》[3]以黄文秀书记工作经历为主线，倒叙引出其成长，再顺叙展现驻村工作，交错结构凸显其对家乡的热爱与无私奉献的精神。报道清晰展现黄文秀书记为村庄脱贫的努力，引发情感共鸣，为脱贫攻坚提供精神动力。读者在感动中感受其初心无悔、永葆芳华的精神风貌。

2. 单线性叙事结构

单线性叙事结构在新闻报道中，常围绕核心人物或事件展

[1] 赵秀红. 创新人物报道模式的实践探索[J]. 青年记者，2021（10）：73-74.

[2] 刘东皖. 新媒体时代人物深度报道的叙事研究：以新京报"剥洋葱people"为例[D]. 上海：华东师范大学，2022.

[3] 汤婧，罗广勋，等. "时代楷模"黄文秀：风雨兼程新长征　初心无悔永芳华[EB/OL].（2020-10-14）[2024-04-18]. http://www.zgjx.cn/2020-10/14/c_139436684_2.htm.

开。以《末代守墓人：背负历史重担 390 年》为例，文章以佘幼芝为线索，展现了她与守墓使命的紧密关系。从明朝守墓传统的源起，到"文革"期间的家庭风波，再到北京市政协副秘书长蒋建国带来的新希望，最后到国家接手守墓重任，佘幼芝的离别之泪成为历史的注脚。她离世后，她的办公室成为守墓历史的见证，墓祠前的宁静与周围高楼形成鲜明对比，述说着历史的永恒与时代的变迁。[1]

3. 并列式叙事结构

何纯[2]认为，并列式结构的内涵可理解为多个独立序列的有机结合，这些序列以并列关系呈现，形成完整的新闻事实。在这里，"序列"是指新闻事件按照某种内在逻辑所构成的有序集合，比单一事件更具综合性与系统性。《我还没老，但我的行业已经衰落了！》[3]一文聚焦七个不同行业从业者，尽管他们经历和背景各异，却共同诉说着行业衰落的困境。从投身虚拟现实的青年到坚守银行柜台的员工，再到矿山辛勤劳作的矿工，他们各自的故事交织成一幅衰落行业现状的画卷。这些独立却并列的故事，构建了一个全面深刻的新闻叙述，展现了衰落行业人员的心路历程与生存状态，引人深思。

4. 故事化表达

故事化表达将抽象理念具象化，使受众沉浸于情节之中，与人物共鸣，深入思考并认同故事中的价值观。《光明日报》长篇通讯《一个人感动一个国》通过王继才的八个平凡事件，如守岛、升旗、接生等，以故事化手法展现其伟大之处。记者摒弃传统歌颂方式，将小事串联，呈现其坚韧与善良。受众在阅读中感受其精神，在共鸣中思考价值观，最终深刻认同王继才及其精神。[4]

（四）人物报道的写作手法

1. 用"矛盾"塑造人物

在人物与各种社会的联系即矛盾冲突里，人的本质才能得到最充分的显示。人物报道中也可以利用"矛盾"来使人物形象更加丰满。例如，《东京不见叶诗文》[5]充分描写了人物与环境间的

[1]孙亚茹.新媒体平台深度报道的叙事特点研究：以《南方人物周刊》微信公众号深度报道《末代守墓人：背负历史重担390年》为例[J].西部广播电视，2021，42（13）：16-18.

[2]何纯.新闻叙事学[M].长沙：岳麓书社，2006：28.

[3]易方兴.我还没老，但我的行业已经衰落了！[EB/OL].（2018-06-16）[2024-04-18].https://www.sohu.com/a/236286792_707778.

[4]杨丹，郑晋鸣.新时代典型人物报道的叙事策略：以"时代楷模"王继才系列报道为例[J].青年记者，2022（4）：79-81.

[5]林松果.东京不见叶诗文[EB/OL].（2021-08-06）[2024-04-18].https://mp.weixin.qq.com/s?__biz=MjEwMzA5NTcyMQ==&mid=2653138057&idx=1&sn=17fe5c30ebce00adc239b1afb3fde28f&chksm=4eb24a4f79c5c3590603ec08de11f3aa9dbaac6ff3cd5d8432bcb258a2c9cd55d953ede28726#rd.

矛盾、叶诗文好胜心与下降的成绩间的矛盾、清华读书与继续比赛间的矛盾、身体机能老化与奥运会推迟间的矛盾，等等，都揭示了她情感、情绪、心理上的狂涛巨澜，以此来揭示人物丰富的个性。这使叶诗文在读者眼中的形象更加生动，人物性格、命运都通过这些"矛盾"得到展现。

2. 非虚构写作

非虚构写作，指的是以小说、戏剧性技巧来叙述真人真事的写作技巧。[1]非虚构写作源于真实事件与人物，强调写作者的主观介入，通过细致的观察、实践与体验，运用巧妙的构思和多元的社会调查方法，挖掘事实内涵。如今，新闻非虚构写作已超越信息传递，记者们以多重身份深入探索世界，揭示新闻背后的真实面貌，构建出风格独特的作品。在《南方人物周刊》的非虚构人物报道中，文体灵活多变，结合叙事新闻与对话访谈，展现人物的生活轨迹、内心世界和情感纽带。这些作品让我们更全面地理解和认识鲜活的人物，感受他们的真实想法和状态。

[1] 金敏.《南方人物周刊》人物报道的非虚构写作研究[D]. 长春: 长春理工大学，2020.

✂ 思考题

1. 人物报道可以分为哪些种类？

2. 人物报道的范围与内容是什么？

3. 如何准备采访问题？

4. 典型个人报道与典型群体报道有哪些区别？

5. 人物报道可以采用哪些叙事结构？

📖 参考文献

[1] 邝云妙. 新闻写作教程 [M]. 修订本. 广州: 广东高等教育出版社，1986.

［2］谢丛容，陈航行. 人物报道的概念、类别及写作要求［J］. 新闻知识，2017（7）：29-32.

［3］孙媛媛. 发现"小人物"的人文之美［J］. 传媒评论，2021（6）：67-68.

［4］刘甲平. 新闻报道人物通讯写作方法探究［J］. 新楚文化，2022（5）：79-83.

［5］陈琳琳，李建成. 自媒体视域下人物报道的叙事风格分析：以《人物》为例［J］. 新闻研究导刊，2017，8（4）：30，146.

［6］张志安. 数字新闻业研究：生态、路径和范式［J］. 新闻与传播研究，2018，25（S1）：90-92.

［7］盛芳. 人物报道的多元风格及缺失［J］. 新闻爱好者，2007（11）：16-17.

［8］陈永红. 影响新闻采访成功的关键因素探讨［J］. 科技传播，2014，6（19）：51-52.

［9］秦珍子. 想"出圈"，先"出框"：融媒时代人物报道的守真与谋变［J］. 中国记者，2024（3）：4-8.

［10］宋秉琴. 如何利用融媒体观念写好人物通讯稿［J］. 西部广播电视，2022，43（8）：172-174.

［11］王天益. 典型报道的群像描摹与个性刻画：《英雄屹立喀喇昆仑》创作实践与感悟［J］. 新闻战线，2022（23）：37-40.

［12］赵秀红. 创新人物报道模式的实践探索［J］. 青年记者，2021（10）：73-74.

［13］刘东皖. 新媒体时代人物深度报道的叙事研究：以新京报"剥洋葱 people"为例［D］. 上海：华东师范大学，2022.

［14］孙亚茹. 新媒体平台深度报道的叙事特点研究：以《南方人物周刊》微信公众号深度报道《末代守墓人：背负历史重担 390 年》为例［J］. 西部广播电视，2021，42（13）：16-18.

［15］何纯. 新闻叙事学［M］. 长沙：岳麓书社，2006.

［16］杨丹，郑晋鸣. 新时代典型人物报道的叙事策略：以"时代楷模"王继才系列报道为例［J］. 青年记者，2022（4）：79-81.

［17］金敏.《南方人物周刊》人物报道的非虚构写作研究［D］. 长春：长春理工大学，2020.

众包金句选

一、对新闻专业的认识

▶ **胡倩华**

在信息的时代，我们应该记住什么？不论从前还是现在，总有那些值得被看见的新闻或者说历史。我想，新闻人要做的一件事情就是淘洗探求出那些值得记住甚至讨论的信息。问题晦涩，人寿短促，但我们总应该记住点什么。

▶ **陈娜娜**

新闻无学，但记者应当博学。

▶ **许语芹**

在事实真相的历险中心观人间，笔书万物。

▶ **谭梓莜**

保持深度思考和表达的锋芒，我相信，总有奋不顾身、坚韧恒久的勇气。

▶ **郑铭茵**

不胆怯、不畏惧，翻山越岭，上山下海，迷雾终被层层拨开。

▶ **郑钰纯**

新闻要想取得读者信任，事实是灵魂，鲜活是生命。

▶ **王诗杰**

我们生活在"时代"里，却无法感知"时代"的面貌，因而需要新闻。新闻的生命具有鲜活的意义，它不具备定义，总是被忽略，可它却能尝试定义全世界。

▶ **陈祺元**

新闻的力量是真实的力量，除此之外，别无其他；记者的力量是专业的力量，除此之外，别无其他。

▶ **杨笑**

新闻是一个实践至上的学科，但理论的理解并不只是"掉书袋"，更是让人明白为什么要去做这个报道。方法论与技巧或许会过时，但对好报道的判定却不会。

▶ **邓泽思**

每个不同类别的新闻，无论常见与否，都一定有独属它自己特别的意义，而这份意义值得每位新闻工作者去探究。

▶ **任俊杰**

让我们所学的知识成为一盏明灯，不只照亮鲜活的光明，也能扼杀腐烂的阴暗，赞颂高尚和伟大，揭露卑劣和不公。

▶ **黄佩芳**

每提笔写下一个字，里面都饱含了前人与后人在思想上的碰撞与融合。每一篇新闻报道都像是在破解一道谜题。正如日本推理小说家东野圭吾所说：世上没有无用的齿轮，也只有齿轮本身能够决定自己的用途。

苏铵淇

致所有追求新闻理想的人：做种花的邮差，做勇敢的月亮。希望所有新闻工作者能有勇气报道自己心中的真相，有力量将真相传播到群众中去。

蔡梓炀

心中有光，才能看清前路；脚踏实地，方可行入正途。何况我们手中执笔、心中有墨；必能不负众望，向着心中的理想奋斗！

陈槿榆

新闻是一座桥梁，连接着我们的过去、现在和未来。它们不仅记录了人类历史的点滴，也见证了我们社会的变迁和进步。新闻的力量在于它能够激发我们的思考，唤起我们对真相的追求，并引领我们踏上改变世界的道路。

庄斯梵

太阳底下无新鲜事，新闻报道力求真实。

刘晓琳

不仅是报道事实，更是揭示真相，深入探究背后的故事。通过不断追求客观、全面、公正的报道，承担着引导公众思考、推动社会进步的责任。坚持原则，勇于挖掘，始终以公共利益和社会责任为先导，为读者提供可信赖的报道。

关晋安

美国哲学家乔姆斯基说：新媒介成为人类解放的工具还是成为支配人类的工具，关键看媒介掌握在什么人手里。任何媒体技术的刀锋都是双刃的，应该批判性地从对社会的影响来判定它的好坏优劣。

郑子健

新闻不管在任何时代、任何时期都是不可或缺的信息渠道，因此新闻人需要谨记自己身处人云亦云的大环境中，仍旧要追求新闻的真实性并坚持为人民发声。

赵惜雨晨

新闻如探照灯，照亮每个瞬息万变；笔下如刀，剖析真相本质。报道背后，是无数筑梦者的不懈追求。以笔下之力，传递每一个温暖与震撼。

杨濬芃

做新闻，为百姓报道，谱写世事无常。为真相追问，坚持事实真理。做新闻，喊破嗓子不如甩开膀子，实事求是，追求现场，奔赴前线。

陈莳儿

事实的真相不是单一的，而是具有多面性，是不断探寻的过程。记者不应该只是冰冷地把事实摆出来给大家看看，而是应该要能把手伸进社会熔炉的灰烬里，用心感受冷暖凉热。

韩颖

我相信：新闻是有温度的，文字是有力量的。

袁杨

三思而后行，亲近群众，坚持真理。

▶ **张羡瑛**

新闻人成长于新闻事，新闻事需要新闻人。

▶ **王欣然**

文字为人增色，也为人遮掩，但报道不会向邪恶让步，更不会让明珠蒙尘。专业新闻与深度报道，是要让真更真，让新闻的生命力更旺盛、更丰满。

▶ **陈丽莹**

马克·吐温说："当真相还在穿鞋，谎言已经跑遍了半个世界。"媒体守望公义，守护正义，当谨慎、理性、科学地进行报道，力求公众能正确感知事实事件，此为媒体责任之核心要义。

▶ **刘宪军**

都说新闻无学，然而新闻的确一刻不息地担当着世界动态的描绘者，它跨越时空，涉及各行各业，也正因如此，探索未来新闻写作的新形态显得至关重要。

▶ **吴婉茜**

新闻工作者的笔下有千钧之重，将每个采访对象的人生收于笔尖，也游走于时代之流中，勾勒着无数的光荣与梦想、困境与向上。

▶ **卢美莎**

新闻采写不仅是呈现事件的过程，更是发掘其中蕴含的深意，挖掘背后的故事，以及揭示社会价值和意义的过程。

庄祎雯

就像抡起一把利斧，一定要专了又专，一定要深了再深，才可能劈砍出读者欲求却未得的新闻。

周源

千千万万新闻工作者，为生计奔波者众，心怀火炬者众，新闻理想的明灯将永远照亮每个新闻工作者的前行之路。

蔡宇星

再华丽的辞藻，再高的赞誉，再多的流量，抵不过给群众带来一丝切实的改变。写新闻，下笔是助人，亦是修己。只要能为群众谋得福祉，能为社会带来反思，就不惧被流量裹挟，不会迷失于热点与名利。

张歆钰

新闻报道不是冰冷的文字，而是火热的思考过程。它以深入的方式揭示着世界，每一个报道都寓含着记者的洞察与情感。

许璐

新闻之专业在于，让思考引导写作，而非写作让人被动思考。因而新闻是在素养之上的专业主义，而非无用论。

贺正雄

不知则问，不能则学。面对快速发展的时代和迭代的知识，我们始终是一个学习者。千行百业触类旁通，学通透了，笔墨便顺畅了。

▶ 李智森

专业新闻与深度报道，是我们心中的灯塔，指引着前行的航船，在未知的海洋中，探索真相，启迪智慧，书写时代的篇章。

▶ 陈韦希

在我选择学新闻的时候，网络上还没有出现"新闻学无用"的说法。其实只要深入学习就会发现，关于新闻写作，我们需要学习的地方还有很多。关于写作的每一个知识点，都是对此说法的漂亮回击。

▶ 罗敏錂

文字会说谎，只有付出的情义足够笨拙坦荡。我想无论是何种报道，去追逐和去探索，才是我们这一路上一直想要的。

▶ 江宇婷

新闻报道没有模板，我们一直在探索。所有的规律、总结、建议都是过去，未来或许延续，或许颠覆，变化才是常态，新闻报道不该是一味传承。

▶ 邱奕君

自由是选择的权利，而不是强迫。你有权利选择成为你想成为的人。我们总是想着要去理性地分析，一定要做出一个完美的抉择，但没有选择是完美的，所有选择都是两面的。

▶ 胡荧荧

深度报道，洞见时代脉搏；专业新闻，承载社会良知。我们众志成城，以笔为剑，记录历史变迁，引领思潮涌动。编委团队携手并进，共筑新闻高峰，为读者呈现最真实、最深刻的世界。

▶ 蒋佳轩

集结行业智慧与洞察，理解新闻本质与价值。深度报道让我们透过文字的笔触，拨开新闻背后的面纱，呈现了真相的光芒。

二、对专业报道的认识

▶ **郭嘉盈**

法治报道捕捉着每一次律法的判决，描绘着每一份法治实践的生动画面，将法治理念与法律知识，通过文字传递给每一位读者。

▶ **姚兰**

要想法治报道写得好，专业、求真、创新样样不能少。

▶ **林莹莹**

法治报道是严肃、严谨的，却也有情理包含其中。希望每一个报道法治事件的人既能尊重法律与事实，也能用真情实感感受整个案件。

▶ **田静雯**

简单学习过后，我觉得财经报道就是"财富"+"经验"的"报数道理"。先学会财富定义，再找准行业经验，利用数值或者行业通用单位说清道理，就是我理解的财经报道。"报道"二字也可以延伸到其他行业。

▶ **徐瑞婉**

财经报道，从数据中窥见社会变迁，寻找人的身影。从小人物的角度切入，反映财经热点事件，是财经报道具有温度的一面。

▶ **武李丹**

财经新闻是社会经济纵横交汇的灯塔。

► **程冰雨**

在文化报道的汪洋大海中，我们是航行者，驾驭着语言的风帆，让多彩的文化之光照亮读者的心灵，让每一篇报道都成为启迪思维、拓宽视野的航标。

► **麦安琪**

无"微"不至的文化光芒，蕴含着中华文化历史悠久的文化品质，是新闻内容的"源头"，是新闻播报的"活水"。

► **陈纪作**

文化是民族延续的血脉，也是国家强盛的基石。文化报道所行的是弘扬文化之精神，传播文化之内核，我们记者如同一个默默耕耘只为百花齐放的农夫。

► **张鸣朝**

那些注重人文精神、具有温度的文化报道往往更能打动人。用饱含人文关怀的故事化方式报道，能让读者更深地感知文化的魅力。

► **孙舒颜**

若说电影延长了人类的生命，那么文化报道就是增加了生命的宽度，让人们可以足不出户地感受到世界文化的魅力。希望对文化报道有更深一层的了解，并且能将中华文化传播到五洲四海！

► **贾瀚阳**

文化是我们经久不衰的精神家园。愿以传统为基，融当下之新，以报道为媒，续中华文明之生生不息。

▶ 钟莉薇

科技报道聚焦科技前沿，传递科学真知，唤起公众的理性思考，提升大众的科学素养，让科学精神"飞入寻常百姓家"。

▶ 张熙唯

科学在实验室，科普在田野间。如果做不好科普和科技报道，科学就永远停留在思想的锥形瓶中。数万人之力比一人之力更能改变世界。

▶ 乔彦申

在网络时代下，体育报道有引导观众情感态度的作用。报道背后的人需要有良知、责任和担当，应该守住底线，不要让体育报道成为攻击他人的网络利器抑或是博眼球的赚钱手段。它应是正确客观、代表正义的。

▶ 郑温妮

体育报道写的是生命力，不只在赛场上，更在生活中。

▶ 罗晓鹏

体育报道不只是精彩的再现，而且是一代代人精神的印记。

▶ 蔡昕呈

我从未有过如此深入了解一个报道领域的体验，交通乃国之大动脉的体会从未在我心里如此震耳欲聋，令我更加明白了交通对于国家建设与发展的重要意义。

► **罗钰涵**

我觉得一篇真正好的、读者喜欢的乡村报道，应是可以真切感受到乡村振兴成果的、能了解乡村治理方法的、能带动其他地区振兴的报道。

► **沈婷**

乡村的报道，不仅是文字的叙述，更是对于文化的传承和人性的关怀，每一篇报道都是对乡村生活的一次深情追溯。

► **侯佳宜**

乡村报道，可以为农村地区带来更多的关注和资源，提高农民的文化素质和自我意识，促进城乡交流和融合，是乡村发展的监测站与指南针。

► **范逸**

教育新闻事关民生大计，只有实地调研才能助力实现更加公平的教育体系，推动素质教育朝着更完善的方向发展。

► **晏西雅**

以人为镜，可明得失；以史为镜，可知兴替。任何领域的研究大抵都绕不开历史与现状的对比，教育报道是留存已久的新闻主题，且极具我国国情特色，正适用于这话。

► **侯宣言**

人生不该只有城市的霓虹，也应该有乡村的月光。把论文写在大地上，真正来地里面写，才叫真本事。在乡村振兴的田野上，书写新的人间奇迹。

▶ **罗元**

希望通过剖析教育报道当前存在的问题，推动当前教育报道向纵深发展，让更多人看到教育的本质、认识到教育的价值。

▶ **何韵思**

很累但是很有意思，从教育报道看到了教育的很多面，它不只是主体与阶段的简单分类；感受到了世界的很多面，但只要有人在，就需要教育。

▶ **张烨静**

教育即生活，生活即教育。在庞杂的媒体世界，教育报道以其根本性和民生性而深植、扎根。一篇小的教育报道，往往能够隔山打牛、以小见大，让我们瞥见社会结构中的隐秘一角。

▶ **罗丰瑜**

就业是最基本的民生。在变幻莫测的就业环境中，与时俱进、贴近群众，报道方能真正有用。

▶ **黄碧莹**

消费报道平衡"新体系"，体现"新"的所在，遵守"旧"的准则。既要呈现消费平衡现状以及探究其背后原理，又要关注媒介与内容的平衡，做引领者与倡导者。这可不是随便一个报道框架可以做到的。

▶ **钟珮妍**

新消费在数字化影响之下，希望大家能够提倡"绿色消费并非消费绿色"：作为地球生物的一分子，做到爱护地球、保护地球。

韦燕菲

关于消费报道，我认为每一篇报道都是一次冒险、一趟旅程。记者则穿梭于商品堆积如山的市场之中，去探寻那些真正与消费者息息相关的产品。

林依敏

消费不仅是一种行为，更是一种态度，引领着我们的生活方式，展现着我们的生活味。消费类新闻是人们消费生活的陈述，为人们的消费增添生活的温度和智慧。

张梓涵

传统消费的目的，相对于新消费而言一般是有形的，或者是寄托于有形的产物之上，比如产品、服务。而新消费，往往指向无形的事物，如情绪。

胡红雨

先有以美食为内容的报道还是先有以报道美食为目的的报道呢？问题的答案，涉及美食报道的定义、分类和意义，我们尝试以现有知识储备给出目前的回答，希望这个问题的答案能在现在和未来的新闻实践中不断发展、完善。

成卓灿

以"食"为媒，传播中华文化之"美"。

郝梓竹

美味无法完全通过文字让你感受，当你看到美食报道，那是在提醒你去尽情地品尝吧，说不定我们会在某一个餐厅遇见。新闻，我们顶峰再见。

▶ 许骞文

食物背后是一条条产业链、一层层社会皮肤的叠加。菜肴进了谁的嘴巴？钱又进了谁的口袋？源头的追溯有时比浅层表象更值得关注。

▶ 蔡芷莹

节假日不仅仅是短暂的休憩和放松，而且是普通百姓生活中重要的节点，是承载着无数情感、回忆与希望的特殊时刻。

▶ 罗佳雯

要立足于人们最基础的需求，注重节假日本身存在的意义和价值，才能做好节假日报道。

▶ 吴恺珩

节假日报道可以是对经济大势的宏观观测，也可以展现无数大小人物的岗位坚守，但不论是图文报道还是多媒体呈现，都应彰显媒体人的责任担当。

▶ 廖铭彤

静下心看世界，以专业做判断，多方位巧传播，为弱势群体发声，尽媒体之力量，传递公益温暖。

▶ 张渝

编此书让我对公益有新认知。公益并不是一味地卖惨，也可以通过轻松的方式凝聚原子化的大众，让大家为公众利益做贡献。我也认识到，社会发展到今天，个体是如何一步一步地受到更多的关注。

► **陈芷惠**

美在公益之风，美在凡心善举。做公益报道是一件洋溢爱心、散播温暖的事情。写好公益报道，将公益落在实处，让公益之风吹到各地，使公益之花尽情绽放。

► **郑诗炀**

公益传播，应以公众利益为出发点，切身实地去感受当下的公众需求，传播社会大爱。身为新闻人，我们要永远牢记使命，用自身力量推动公益事业的发展，做好公益事业的宣传者，让爱流传千里。

► **卞迁**

在这个信息爆炸、媒介多元的时代，公益报道不再是单一声音，而是成了连接人心、激发善行的桥梁。作为新闻人，我们的责任不仅是传递信息，更是点亮公益之火，唤醒世界的善良之心。

► **任晓芊**

生命的流转，无声无息中却藏着许多告别的时刻，就如同星辰流转在天空中，无数的星光交织在这条名为"死亡"的银河之中。生命变化莫测，讣闻报道记录每一位逝者生前的美好回忆，感慨生命的无常和珍贵！

► **黄韵旬**

媒体在公益事业的宣传上发挥着重要作用。温暖的、有力的、能让受众共情的公益报道，推动着我国公益事业的发展。

► **唐瑜泽**

感谢阅读，希望我们写下的文字能为各位带来一点点对公益传播现状与未来的思考与启发！我们一起以传播护航公益、以公益延续希望吧！

▶ 陈煜希

不为写而写，不编造不虚构，不过分渲染、不煽情，用客观的、平淡的文字，记录逝者生前的一切，让他们虽死犹生。

▶ 张乐彤

讣闻诉说着逝者的故事，承载着生者的怀念，是对曾经闪耀人世的生命的缅怀。死神面前人人平等，一个个尘世过客通过讣闻留下动人故事。

▶ 朱恺熙

读了一篇篇经典的讣闻报道，从中汲取到的并不只是如何去写、如何去套框架，更是明白了生命不是脆弱和短暂的，生命的真谛不在于外在的繁华和声名，人们逐渐不再重生恶死，而是通过死亡砥砺生者。

▶ 臧子涵

讣闻的意义即宣告死亡，这是我曾以为的定义。后来我发现，讣闻可以是思念，是表彰，是爱，是无数对往生者的念想凝聚而成的故事。死亡是冰冷的，讣闻不是。

▶ 陈芷欣

真相是不断逼近的过程，眼之所及、耳之所闻也未必是真，事实的真相，永远得靠不断摸索。这次关于国际新闻报道内容的编写，带给我最大的影响是对于真实性的认知。它不断地改变以及丰富我认识世界的角度。

▶ 周宇婷

在国际报道的道路上，只有用真实的声音讲述世界的故事，才能赢得读者的信任和尊重。每一篇国际报道都是一扇窥视世界的窗口，让我们得以洞察不同文化的碰撞与融合。

▶ **林桐**

新闻，既要新，也应为人所"闻"。知天下事，百利而无一害。国际新闻的报道，应从"人"出发，简洁明了，实事求是，有所言，客观言，让新闻真正成为人的读物，成为老少皆懂的信息来源。

▶ **郑苏芯**

国际新闻舆论场同样是一个战场，这个战场上可能没有枪林弹雨，但有着是非曲直。面对不公，我们必须主动反击。

▶ **吴怡萱**

好的国际报道在一定程度上帮助构建了中国国际传播话语权，写好国际报道，改变西方对中国的"有色眼镜"，是新传学子所肩负的责任。

▶ **余励**

原来战争离我们如此之近。原来一个远离前线的人，也会因为战争做出那么多改变。

▶ **钟宸**

为苦难者歌与哭，在战争新闻中尤其重要，希望能够用新闻专业的力量关怀战争的受害者。愿世界和平，战争新闻"无处安放"。

▶ **孙则尧**

和平与合作是人类共同走向未来的基础，战争和冲突不会放过无辜者，希望传播技术的发展可以让世界上更多的人选择人类的共同利益，弥合分歧，共同走向明天。

▶ 列绮童

追赶突如其来的事件，挖掘深藏于心的情感，唤醒每个角落的共振，是这些事物组成了突发新闻记者的每一次奔赴。

▶ 陈艺涵

突发新闻是公众在面临突发事件时的可靠消息源，同时也是对媒体机构应急能力的考验。媒体对突发事件的响应因此具有不同寻常的意义。

▶ 翁莉

舆论无情，但可以被赋予人性的光辉。我们将为之努力。

▶ 卢秀颖

舆情是社会思潮的窗口，是我非常感兴趣的内容，能够以小见大，从舆情把握社会动态是一件很有意思的事情。

▶ 孙琪

舆情报告可以汇集民意，成为治理工具，也能不受控制成为攻击武器。

▶ 黄诗茹

当舆情报告与媒体智库相结合，便能为社会治理赋予智慧，把舆论引向更加理性和成熟的方向，从而推动社会进步与发展。

▶ **黄丽影**

只有跳出"百度百科式"的、学生气太重的框架，与业界对话，在经验中反思，才能真正重构并加深对深度报道的理解。

▶ **陈铭心羽**

深度报道的使命之一，或许是在于书写一段社会逻辑。新闻写作的终极目标，无非在人、在理。

▶ **何泳陶**

舆情就像汛期的河流，要"疏"而不能"堵"。舆情报告要防止决堤带来洪水暴发，就应该预见痛点、薄弱点，帮助"疏通河道"、解决问题。

▶ **蒋京珂**

感叹于真实与虚构的纠缠与挣扎，仍然坚信新闻的真实自开始便是第一要义。

▶ **曹玥迪**

以深写情，深入人心。

▶ **刘芸丽**

深度报道需要取得某种意义上的社会最大公约数。

▶ 梁曼欣

现场感，特殊性和细节是人物报道也是新闻报道的精髓。但说实在，学理论的感受绝对没有真正去实习实践得来的深刻。

▶ 林华婷

写人物报道的记者像画家，画的是写实画。

▶ 杨仪宸

人物报道看似易于入门，实则蕴含深奥的技艺，采访环节尤其考验功力。如何巧妙融合多元视角以塑造丰满的人物形象，让故事成为深度与广度并重的价值载体，是一项需要持之以恒练习的基本功。

三、对参与众包的认识

▶ **莫思蓝**

这个所有同学与老师一起努力的过程让我明白："百围之木，始于勾萌；万里之途，起于跬步。"没有等出来的成功，只有干出来的精彩。

▶ **吴洁雯**

第一次参与编书，展现我对专业的认知。我可以掌控每一个字、每一个句子，将我对专业报道的想法展现给读者。这种创造力的释放带来的喜悦是无可比拟的。

▶ **廖璜**

何为权威？如果以社会身份而言，学生反倒是最没有权威的个体，人多却声弱。这次众包，是学生群体集体发出的声音，万人拾火。

▶ **吴嘉雯**

这本书不仅是一本特殊的新闻教科书，更是一部特别的人生教科书、一部具有深刻社会意义的作品，它让我们反思人性、社会与未来。

▶ **萧耘**

揭示真相，保持敏锐！我们用心聆听，用笔记录，将时代的脉搏、人民的心声，——呈现在纸上。相信我们的作品，既能记录当下，更为传承未来。

▶ **施琪铧**

《红与黑》中有句名言："一条路并不因为它路边长满荆棘而丧失美丽，旅行者照旧向前行进。"过程充满困难，好在我们能克服，共同完成了这部作品。

李卓贤

山高水长，怕什么来不及，慌什么到不了；天顺其然，地顺其性，一切都是刚刚好。愿我们此次众包合作，成为梦想前进的开始。

汤家怡

个体有时候会被各种东西局限，但是当大家聚集起来的时候，思想发生碰撞以及共鸣，思考得更多层次、更多角度了，每个人都了不起！

温嘉琪

生活要埋了我，却不料我们都是种子。破土而出，长成不同的模样才是我们的未来。我参与，所以我存在。

梅咏雯

我带着对新闻的敬畏，将心灵的火花融入文字的海洋中。它就像一场热闹的派对，我用此书与你分享新闻的入场券，邀您共赴一场永恒不朽的狂欢。追随内心的归宿，是灵魂自由的狂欢。

卢金燕

学以增智，学以立德，学以致用。一个人的本领不是天生的，只能通过学习和实践来获得。要知道，对未来真正的慷慨，是把一切献给现在。

曹茜

学习新闻写作的采编流程不只在课上，每一篇报道文章的深意都值得反复品味。并非行业精英，但初学者的恒心与热情也不容小觑。

▶ 罗彦清

平等的姿态，冷静的笔触，流淌的态度……是读者看不见的庞大人际蛛网与漫长故事追溯，带来了读者看得见的精练精彩文章。

▶ 谭心悦

这次课于我而言是"学"新闻采写，更是"教"新闻采写。当"教"字落在身上，当责任落在肩头，必然更多地投入，不言而喻。

▶ 岑倩

采写的多维方式，报道的众包融合，大胆创新的尝试，多元视角的新思，是多重奇思妙想的碰撞，是专业、有温度、有思考的深度报道探索！

▶ 谢雨欣

集聚众智，汇聚众力，方得此书。

▶ 钟言

每一个故事的终章，都是新的序曲的开始。这本书承载着我们的探索，希望它能为读者带来一些启发或者乐趣。

▶ 古炜铭

新时代的新闻报道需要新的创作形式、新的创作理念。这样一本书正体现了这个 Z 世代新闻创作的需要。

▶ 谭晨菲

文字是思想的喉舌，众编是生命的和声。

▶ 刘烁霖

天下新闻海海，深度报道渺渺；聚而授之是为众包，集老师、学生之合力，得事半功倍之功。

▶ 米仓实

我更愿意把这本书看作塞满了老师和同学们思考的一个漂流瓶，希望拾起漂流瓶的你，也可以体会到一份份小小思绪汇聚成的厚重思考。在新闻逐渐悬浮与娱乐化的当下，也希望这一次对于专业性的追求可以在时间长河中有所沉淀。

暨南文库·新闻传播学
第二辑书目